促进京津冀协同发展的
财政政策研究

姚东旭 等 著

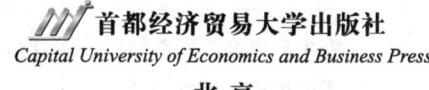
首都经济贸易大学出版社
Capital University of Economics and Business Press
·北京·

图书在版编目（CIP）数据

促进京津冀协同发展的财政政策研究/姚东旭等著. --北京：首都经济贸易大学出版社，2020.10

ISBN 978-7-5638-3154-8

Ⅰ.①促… Ⅱ.①姚… Ⅲ.①区域经济发展—协调发展—财政政策—研究—华北地区 Ⅳ.①F127.2

中国版本图书馆CIP数据核字（2020）第209079号

促进京津冀协同发展的财政政策研究
姚东旭 等著
Cujin Jingjinji Xietong Fazhan De Caizheng Zhengce Yanjiu

责任编辑	陈雪莲
封面设计	风得信·阿东 FondesyDesign
出版发行	首都经济贸易大学出版社
地　　址	北京市朝阳区红庙（邮编100026）
电　　话	（010）65976483　65065761　65071505（传真）
网　　址	http://www.sjmcb.com
E-mail	publish@cueb.edu.cn
经　　销	全国新华书店
照　　排	北京砚祥志远激光照排技术有限公司
印　　刷	北京建宏印刷有限公司
成品尺寸	170毫米×240毫米　1/16
字　　数	328千字
印　　张	17.25
版　　次	2020年10月第1版　2020年10月第1次印刷
书　　号	ISBN 978-7-5638-3154-8
定　　价	65.00元

图书印装若有质量问题，本社负责调换

版权所有　侵权必究

前　言

2014年2月26日，习近平总书记视察北京时强调，实现京津冀协同发展是面向未来打造新的首都经济圈、推进区域发展体制机制创新的需要，是探索完善城市群布局和形态、为优化开发区域发展提供示范和样板的需要，是探索生态文明建设有效路径、促进人口经济资源环境相协调的需要，是实现京津冀优势互补、促进环渤海经济区发展、带动北方腹地发展的需要，是一个重大国家战略。2015年6月，中共中央、国务院颁布《京津冀协同发展规划纲要》，京津冀协同发展步入快车道。

京津冀区域经济协调发展的思路由来已久，最早可以追溯到20世纪80年代，此后也经历过几次高潮：2004年原国家发展和改革委员会（以下简称"发改委"）召集三省市发改部门召开京津冀区域经济发展战略研讨会，达成"廊坊共识"，同年三地草拟了《环渤海区域合作框架协议》；2005年国务院批复的《北京城市总体规划（2004年—2020年）》提出，积极推进环渤海地区的经济合作与协调发展；2008年第一次京津冀发改委区域工作联系会召开，签署了《北京市天津市河北省发改委建立"促进京津冀都市圈发展协调沟通机制"的意见》；2011年，首届京津冀区域合作高端会议在河北廊坊召开。然而，由于三地经济发展水平不同，财政能力差距较大，各种体制机制没有理顺，跨区域合作始终难有较大突破。京津冀协同发展上升为国家重大战略，显示了中央推进京津冀区域经济协调发展的坚强决心。

在推进京津冀协同发展过程中，政府发挥着至关重要的作用，无论是体制机制的理顺，还是发展瓶颈的突破，抑或是新兴产业和产业集群的培育，或者是非首都功能的疏解等，都离不开政府的统筹与推进，这其中，财政作为国家治理的基础和重要支柱，发挥着不可替代的作用。本书全面论述了以财政政策推进京津冀协同发展的理论依据、实施路径、政策措施以及具体举措等，希望能够助力区域经济协调发展，为国家和京津冀区域经济健康发展提供有价值的建议。

本书由首都经济贸易大学财政税务学院"促进京津冀协同发展的财政政策研究"课题组完成初稿。课题组成员包括姚东旭、张立彦、郎大鹏、史兴旺、刘辉、陈远燕、李林君、刘翔、黄芳娜、王海南、刘文瑞、李金娟、王秋来、尤淑慧。课题负责人姚东旭提出全书框架构想，组织撰写初稿并最终修订成书。由于水平有限，加之时间仓促，错漏之处在所难免，恳请各位专家批评指正。

目录 CONTENTS

第一章　财政政策促进京津冀协同发展的理论分析 …………………… 1
　第一节　相关概念界定 ……………………………………………… 2
　第二节　理论基础 …………………………………………………… 3
　第三节　研究述评 …………………………………………………… 6

第二章　京津冀区域财政状况分析 ……………………………………… 10
　第一节　京津冀三地的财政现状概述 ……………………………… 10
　第二节　京津冀三地当前财政状况的比较 ………………………… 17
　第三节　京津冀三地财政能力的比较分析 ………………………… 22

第三章　京津冀区域基本公共服务均等化研究 ………………………… 27
　第一节　相关概念及理论基础 ……………………………………… 27
　第二节　京津冀区域基本公共服务供给现状 ……………………… 31
　第三节　京津冀区域基本公共服务均等化评价 …………………… 48
　第四节　京津冀基本公共服务供给差异的原因分析 ……………… 64
　第五节　推进京津冀基本公共服务均等化的政策建议 …………… 70

第四章　京津冀区域基本公共服务增量差异动态研究 ………………… 76
　第一节　研究背景及意义 …………………………………………… 76
　第二节　文献综述 …………………………………………………… 77
　第三节　理论分析 …………………………………………………… 81
　第四节　实证分析 …………………………………………………… 90
　第五节　结论及政策启示 …………………………………………… 108

第五章　京津冀区域协同创新研究 …………………………………… 110
第一节　京津冀协同创新的现状 ………………………………… 110
第二节　欧盟区域协同创新的国际经验及其对京津冀
一体化的启示 …………………………………………… 125

第六章　京津冀区域基本医疗保险统筹层次研究 …………………… 150
第一节　研究背景与理论综述 …………………………………… 150
第二节　京津冀基本医疗保险统筹层次现状分析 ……………… 151
第三节　提高京津冀基本医疗保险统筹层次的制约因素 ……… 158
第四节　提高京津冀基本医疗保险统筹层次的路径 …………… 161

第七章　京津冀协同发展中的财政投融资 …………………………… 165
第一节　财政投融资在京津冀协同发展中的必要性 …………… 165
第二节　京津冀协同发展中财政投融资的现状 ………………… 166
第三节　京津冀协同发展中财政投融资方面存在的问题 ……… 168
第四节　促进京津冀协同发展的财政投融资策略 ……………… 170

第八章　京津冀基础设施协同建设财政政策研究 …………………… 175
第一节　京津冀三地基础设施与财政投入的现状比较 ………… 175
第二节　京津冀地区基础设施协同建设的必要性 ……………… 180
第三节　促进京津冀三地基础设施协同建设的财政政策建议 … 181

第九章　京津冀协同发展中的税收协调机制研究 …………………… 194
第一节　研究背景与现状 ………………………………………… 194
第二节　京津冀税收收入的基本态势 …………………………… 197
第三节　京津冀协同发展中存在的税收问题 …………………… 204
第四节　京津冀税收协调机制的实现路径 ……………………… 206

第十章　疏解非首都功能背景下北京市税源建设研究 ……………… 210
第一节　相关研究文献及理论分析 ……………………………… 210
第二节　北京市产业发展与税源现状分析 ……………………… 216
第三节　北京产业升级促进税源建设的实证分析 ……………… 228

第四节　国外疏解非核心城市功能的税源建设相关经验借鉴 …… 232
　　第五节　疏解背景下加强北京市税源建设的建议 …………… 237

第十一章　促进京津冀协同发展的财政政策：经验与借鉴 …… 243
　　第一节　国外经验梳理 …………………………………… 244
　　第二节　国内经验梳理 …………………………………… 249
　　第三节　对京津冀协同发展的启示与借鉴 ……………… 252

参考文献 ………………………………………………………… 256

第一章　财政政策促进京津冀协同发展的理论分析

京津冀地区位于环渤海地区的中心位置,是国家经济发展的重要引擎和参与国际竞争合作的先导区域。无论是经济发展、社会空间布局,还是生态环境方面,都对三地协同发展提出了迫切要求。

一是经济梯度格局亟须产业分工协作。从经济发展阶段来看,北京、天津、河北分别处于后工业化阶段、工业化后期阶段和工业化中期阶段,呈明显的梯度变化格局。对于后工业化地区,城市规模不经济问题较为突出,大量劳动力和产业将从城市中心向外扩散,区域对外作用以辐射为主。对于工业化中期地区,集聚作用正发挥主导作用,以特定增长极为载体,吸引着外部的各类资源向此集聚。对于工业化后期地区,集聚辐射作用介于两者之间。目前,京津冀经济发展阶段协调互补,客观上要求三地之间进行产业分工协作。然而,目前京津之间、北京新城与环京县市之间、河北各县市之间都存在不同程度的产业结构雷同、资源分散利用、地区恶性竞争的情况。

二是社会空间差异亟须区域协同合作。作为全国三大城市群之一,2019年京津冀地区城镇居民家庭人均可支配收入约为4.7万元,仅为长三角地区的4/5左右,也低于珠三角地区的平均水平；城市化率落后长三角地区和珠三角地区10个百分点以上,社会发展程度相对较低。另外,京津冀内部城市体系结构性失衡问题较为突出。城市体系出现了明显断层,大城市数量明显偏少,仅有六个,且人口在300万人以上500万人以下的城市仅有唐山市一个。地区城市体系中,顶层是北京、天津这两个超大城市和特大城市,底层是数量占95%的中等城市和小城市,中间层的大城市数量过少,无法承接来自顶层的辐射,带动底层发展的能力也较弱。由此导致了京津冀地区城市体系和社会发展的整体失衡。城市体系中间层之所以未能壮大,主要是因为区域发展故步自封,尤其是超大城市和特大城市与区域整体合作体系未能建立,人流、物流、资金流、信息流并未在区域间顺畅流通。

三是生态环境现状亟须环保联防联控。京津冀地区整体地势呈西北高、东南低的特征，基本由东南平原区、冀西冀北山地区、坝上高原区组成。区域地形地貌特征是生态环境保护的重要依托，对北京而言尤其如此。生态环境的外部效应在相邻区域表现得更为明显，改善生态环境客观上要求京津冀联合行动。

京津冀协同发展是实现京津冀优势互补、疏解非首都核心功能、促进环渤海经济区发展、带动北方腹地发展的需要。在实践中，京津冀协同发展已得到高度重视，已经成为一个重大国家战略。京津冀协同发展目标的实现，离不开政府的适度干预。财政政策是政府干预经济的重要手段之一，区域经济协同发展中的基础设施建设、产业分工协作、环境保护等方面都与财政政策有关，所以，对促进京津冀协同发展的财政政策进行研究，具有重要意义。

第一节　相关概念界定

在研究京津冀协同发展时，经常会涉及区域合作、区域协调发展、区域协同发展、区域一体化等概念，有必要对这些概念做一个明确区分。所谓区域合作，主要指"区域经济合作"，是与区域经济冲突相对应的区域经济关系的一种表现形式，是构成一个区域的不同空间单元在要素、生产与销售等方面展开的多方互利行为。区域协调发展与区域协同发展没有显著差异，是指在明确的政府干预下，一个区域内部或不同区域之间发展格局合理化的过程或状态。区域一体化包括区域内部一体化与外部一体化，前者是指构成一个区域的不同空间单元形成了一个利益共同体，后者是指一个国家的多个区域或所有区域形成了一个利益共同体。这三个概念的关系是：区域经济合作是指具体的行为，区域协调发展（区域协同发展）是指有目的的政府干预下的趋近于区域一体化的过程，而区域一体化是指区域格局完全合理化的一种理想状态。要实现区域一体化，必须促进区域协同发展，而促进区域协同发展的关键之一是促进区域经济合作。

财政政策也是本书研究涉及的一个重要概念。一般认为，财政政策是指一国政府为实现一定的宏观经济目标，而调整财政收支规模和收支平衡的指导原则及其相应的措施。财政政策贯穿于财政工作的整个过程，是由税收政策、支出政策、预算平衡政策、国债政策等构成的一个完整的政策体系。财政政策是国家整个经济政策的组成部分。一般意义上的财政政策主要以实现宏观经济稳定为目标。本书所提出的财政政策，泛指一切有利于促进区域协同发展的财政手段。

第二节 理论基础

一、区域经济发展理论

(一) 平衡发展理论

平衡发展理论，是以哈罗德-多马新古典经济增长模型为理论基础发展起来的。平衡发展理论认为，由于各经济要素间存在相互依赖性和互补性，如果一味地侧重某一个部门或地区的投资，那么落后的部门和地区的阻碍作用，将使得所有的部门和地区都不会得到发展。因此，各地区、各产业应基本保持同步发展，通过平衡部署生产力，实现区域经济的平衡发展。该理论注重加大对相对落后地区、不发达产业的投资，以使各地区和产业之间平衡发展。平衡发展理论注重于促进社会公平、缩小地区间发展差距和维护社会稳定，在经济发展到一定阶段的时候，有利于区域和产业协调发展。

(二) 非平衡发展理论

1. 冈纳·缪尔达尔的循环累积因果论。该理论认为，经济发展过程在空间上并不是同时产生和均匀扩散的，而是从一些条件较好的地区开始，一旦这些区域由于初始优势而比其他区域超前发展，则由于既得优势，这些区域就通过累积因果过程，不断积累有利因素继续超前发展，从而进一步强化和加剧区域间的不平衡，导致增长区域和滞后区域之间发生空间相互作用，由此产生两种相反的效应：一是回流效应，表现为各生产要素从不发达区域向发达区域流动，使区域经济差异不断扩大；二是扩散效应，表现为各生产要素从发达区域向不发达区域流动，使区域发展差异得到缩小。在市场机制的作用下，回流效应远大于扩散效应，即发达区域更发达，落后区域更落后。基于此，缪尔达尔提出了区域经济发展的政策主张：在经济发展初期，政府应当优先发展条件较好的地区，以寻求较好的投资效率和较快的经济增长速度，通过扩散效应带动其他地区的发展；但当经济发展到一定水平时，也要防止循环累积因果造成贫富差距的无限扩大，政府必须制定一系列特殊政策来刺激落后地区的发展，以缩小经济差距。

2. 阿尔伯特·赫希曼的不平衡增长论。该理论认为，经济进步并不同时出现在每一处，经济进步的巨大推动力将使经济增长围绕最初的出发点集中，增长极的出现必然意味着增长在区域间的不平等，是经济增长不可避免的伴生物，是经济发展的前提条件。他提出了与回流效应和扩散效应相对应的"极化效应"和"涓滴效应"。在经济发展的初期阶段，极化效应占主导地位，因此区域差异会逐渐扩大；但从长期看，涓滴效应将缩小区域差异。

3. 佩鲁的增长极理论。法国经济学家佩鲁首次提出增长极概念，其出发点是抽象的经济空间，后者以部门分工所决定的产业联系为主要内容，所关心的是各种经济单元之间的联系。他认为，增长并非同时出现在各个部门，而是以不同的强度首先出现在一些增长部门，然后通过不同渠道向外扩散，并对整个经济产生不同的终极影响。显然，他主要强调规模大、创新能力强、增长快速、居支配地位且能促进其他部门发展的推进型单元即主导产业部门，着重强调产业间的关联推动效应。

布代维尔从理论上将增长极概念的经济空间推广到地理空间，认为经济空间不仅包含了经济变量之间的结构关系，也包括了经济现象的区位关系或地域结构关系。因此，增长极概念有两种含义：一是在经济意义上特指推进型主导产业部门；二是在地理意义上特指区位条件优越的地区。该理论强调区域经济的发展主要依靠条件较好的少数地区和少数产业带动，并把其培育成经济增长极。通过增长极的积聚和扩散效应，影响和带动周边地区经济发展。增长极的积聚效应主要表现为资金、技术、人才等生产要素向极点聚集；扩散效应主要表现为生产要素向外围转移。在发展的初级阶段，积聚效应是主要的；当增长极发展到一定规模后，积聚效应减弱，扩散效应增强。但总体上，积聚效应往往会大于扩散效应，市场力量的作用往往会扩大区域经济差距。需要指出的是，点-轴开发理论可看作是增长极和生长轴理论的延伸，它不仅强调"点"（城市或优区位地区）的开发，而且强调"轴"（点与点之间的交通干线）的开发，以点带轴，点轴贯通，形成点轴系统。

4. 弗里德曼的中心-外围理论。该理论在考虑区际不平衡较长期的演变趋势基础上，将经济系统的空间结构划分为中心和外围两个部分，二者共同构成一个完整的二元空间结构。中心区发展条件较优越，经济效益较高，处于支配地位；外围区发展条件较差，经济效益较低，处于被支配地位。因此，经济发展必然伴随着各生产要素从外围区向中心区的净转移。在经济发展初始阶段，二元结构十分明显，最初表现为一种单核结构。随着经济进入起飞阶段，单核结构逐渐为多核结构所替代。当经济进入持续增长阶段，随着政府政策的干预，中心和外围的界限会逐渐消失，经济在全国范围内实现一体化，各区域优势得以充分发挥，经济获得全面发展。

5. 区域经济梯度推移理论。该理论的基础是美国跨国企业问题专家弗农等的工业生产生命循环阶段论。该理论认为，工业各部门甚至各种工业产品都处在不同的生命循环阶段上，在发展中必须经历创新、发展、成熟、衰老四个阶段，并且在不同阶段，将由兴旺部门转为停滞部门，最后成为衰退部门。区域经济学者把生命循环论引用到区域经济学中，创造了区域经济梯度转移理论。根据该理论，每个国家或地区都处在一定的经济发展梯度上，世界上每出现一种新行业、新产品、新技术，都会随时间推移由高梯度区向低梯度区传递。因此，区域经济差距的出现不可避免。

二、区域经济发展中的政府行为

（一）公共用地悲剧

公共事物悲剧最早可以追溯到古希腊哲人亚里士多德的断言："凡是属于最多数人的公共事物，常常是最少受人照顾的事物。人们关怀着自己的所有，而忽视公共的事物；对于公共的一切，他至多只留心到其中对他个人多少有些相关的事物。"具体分析这一断言并使之成为公共选择分析模型的，是加雷特·哈丁。他于1968年在美国著名的《科学》杂志上发表了《公共用地的悲剧》一文，提出了著名的"公共用地悲剧"理论。在此理论中，他设想了一个向一切人开放的牧场，其中每个牧羊人的直接利益的大小取决于他所畜牧的牲畜数量的多少。当存在过度放牧问题时，每个牧羊人只承担公共用地退化成本的一部分，这时就会出现所有人都追求各自的最大利益的现象。这就是悲剧所在。在信奉公共事物自由的社会中，每个人均追求自己的最大利益，公共事物中的自由给所有人带来毁灭性的灾难。哈丁的理论蕴含的合作思想在于：在公共管理领域，区域政府是区域利益主体，为避免"公共用地悲剧"的发生，必须加强区域政府间的合作。

（二）集体行动的逻辑

1965年，美国著名经济学家曼库尔·奥尔森在《集体行动的逻辑》一书中，对流行的"集团利益的存在会促使集团成员为了追求共同利益而行动"的观点提出质疑，指出"实际上，除非一个集团中人数很少，或者除非存在强制或其他特殊手段以使个人按照他们的共同利益行事，有理性的、寻求自我利益的个人不会采取行动以实现他们的共同或集体利益"。为什么会出现这样的情况呢？奥尔森认为，关键在于具有公共物品特性的集团利益所引起的个体"搭便车"行为。公共物品消费的非排他性使得集团成员认为即使不为公共物品的生产和供应承担任何成本也照样可以享用。在经济发展中，不同地区之间有时会共享一种或几种资源，如水资源、森林资源、矿产资源、生物资源等。当某一地区对共享资源实施保护时，由于它不能阻止其他地区享受该资源保护带来的效益，极易产生"搭便车"问题，从而使集体行动失效。集体行动的可能性只有在特定的条件下才存在，即组成集团的人数足够少，并且集团内存在迫使或诱使集体利益的选择性刺激机制，在这种条件下，"搭便车"倾向会得到遏制。例如，在人数较少的社区中，某一成员虽然因为"搭便车"享受了短期利益，但他会失去社区成员的信任而有损于自己的长期利益。出于这一考虑，社区成员"搭便车"的动机就会大大减弱。集体行动的逻辑为构建区域政府间合作组织，形成区域政府间合作的激励机制和约束机制提供了有益的启示。

三、小结

通过对区域经济发展理论中的平衡发展理论和不平衡发展理论所包含的几种理论进行的上述考察，我们可以得出以下结论，即区域经济的平衡发展离不开高层级政府尤其是中央政府的适当干预。加雷特·哈丁提出的"公共用地悲剧"理论表明，为了实现区域整体利益，避免"公共用地悲剧"的发生，必须加强区域政府间合作。但这一理论并没有探讨区域政府间能否进行自愿合作。集体行动的逻辑理论认为，在组成集团的人数足够少，并且集团内存在迫使或诱使集体利益的选择性刺激机制时，集体行动的可能性是存在的。在通过政府干预实现区域经济平衡发展的过程中，就财政政策而言，中央政府主要应该通过完善财政转移支付制度，促进各地区公共产品供给的均等化，从而促进区域经济平衡发展。同时，应该出台有利于各地区进行财政合作的法律法规。对于地方政府而言，在区域内成员数量很少的情况下，地方政府之间的自愿合作很可能能够实现。其中，探索实施横向财政转移支付制度，应该成为地方政府之间进行财政合作的一个重要方面。

第三节 研究述评

一、关于京津冀协同发展的研究

（一）如何进行产业转移、升级的研究

李玉涛（2015）从城际轨道交通、通勤交通、港口、疏港通道、高速铁路等交通运输基础设施的角度，指出实现京津冀一体化，先要实现交通运输基础设施一体化。王曼怡等（2015）通过分析金融支持京津冀产业结构调整机制，从理论上明确了京津冀地区金融协同对推进地区产业转移、升级的必要性。张峰等（2015）指出，充足有效的资金支持、完善的金融组织体系、便捷高效的金融服务和科学合理的金融监管，是支持产业转移和承接的有力保障。邬晓霞等（2015）和谷瑞等（2015）进一步测度了京津冀金融协同发展程度，总结出采取自上而下方式推进京津冀金融协同发展的结论和具体措施。除了产业转移、升级的保障研究，臧秀清（2015）从功能区分的角度规划三地进行产业转移的定位与特色。马俊炯（2015）从定量指标分析出发，提出了京津冀三地需依靠工业内部结构差别，继而通过测算潜力值，结合地理位置，将京津冀区域 13 个主要城市分为核心区、紧密协作区、联动支撑区三个等级圈域，各圈域需以不同定位在京津冀产业转移、升级中发挥各自的作用。孙久文、姚鹏（2015）利用地区相对专业化指数、地区间专业化指数、制造业平均集中率指数、sp 指数测算了京津冀区域经济一体化对制造业空间布局的影响，并得出结论：在产业发展过程中，北京应该充分发挥其人才、技术、信息齐备的首都优势，发展知识密集型产业；天津应该发展成为创新产品的实验和制造基地；河北省应该成为协同创新共同体的产业化基地。孙芳等（2015）通过应用区位商、生产规模、产量、产值的比较分析，表明河北省是京津冀地区的重要农副产品主产区，其农产品供给京津两大城市人口消费具有优势条件，从而提出在京津冀区域协同发展中，构建农业生产、流通、加工、销售、服务和消费区域新型农业产业经营一体化体系。刘雪芹、张贵（2015）通过比较分析京津冀三地产业创新要素和创新环境，继而用数据包络分析法对产业协同创新能力进行评价，结果显示，北京产业协同创新整体能力强，天津产业升级方面能力较强，河北省总体效果较差。因此，三地应走"强点、集群、组链、结网成系统"的产业协同创新路径。石林（2015）设想了京津冀产业协作发展应以技术"进链"、企业"进群"、产业"进带"、园区"进圈"为主线，以"缺链补链、短链拉链、弱链强链、同链错链"为思路，形成"项目带动、企业拉动、集群驱动、产城互动、区域联动"的新格局。聂巧平等（2015）从区域环境治理创新机制出发，寻找京津冀产业升级、转移的路径。吴康（2015）利用人口数据，从城市群职能分工角度指出，京津的产业升级、转移相对明确。河北省大部分城市职能分工尚不明显，是京津冀协同发展面临的重大问题。姚峰等（2015）强调，在产业承接中，河北省应遵循坚守生态底线的原则，构建低碳发展的现代产业体系，明确去重型、再加工化的发展路径，绕过同构竞争。薄文广、陈飞（2015）提出，在京津冀区域进行产业转移、升级是一个长期的宏伟目标，主要原因在于，京津冀产业的相互依赖性和上下游关联性较少，很难形成产业互动，也无法通过产业关联、产业协作、产业融合而达到利益互惠。

（二）极化效应与扩散效应的研究

贾琦、运迎霞（2015）从人口、经济、社会和空间四个层面，运用熵值法和多目标线性加权法，得出 2000 年以来京津冀区域呈现出京津冀的梯度排列，从经济城镇化入手实现扩散效应大于极化效应，是可行的措施。王少剑、方创琳、王洋（2015）构建了耦合协调度测算模型，在城市化与生态环境客观复杂动态关系的基础上，通过交互胁迫关系和动态耦合应用，预测京津冀地区的城市化与生态环境的耦合协调度变化趋势的两种类型，从而为京津冀区域极化效应的改变提供理论支持。鲁金萍、杨振武、孙久文（2015）借助中心职能强度模型对京津冀城市群进行中心城市等级划分，对城市群内部各等级中心城市间的经济联系强度进行综合分析和测度，发现城市间经济联系多集中在北京、天津、廊坊、唐山几个点之间，石家庄对省内城市的扩散作用弱，河北省内城市之间联系松散，京津冀城市群联系存在明显极化效应。在大量实证证据面前，杨崇勇（2015）指出，造成河北省与京津巨大差距的主要原因是政策差距大，京津冀的协同发展要实现扩散效应，应该把拉平京津冀的政策差距作为协同发展的重要目标。臧维等（2015）提出，要实现京津冀协同发展，解决好要素单向流动的极化难题，要从高技术产业协同创新探索入手，其中政府的政策制定和资金支持是引导高技术产业协同创新方向的关键资源；高技术产业和科研机构的创新活动是推动协同创新的核心资源。陆大道（2015）在深入了解实际情况后指出，三地资源流向更多受政府政策干预，很难通过市场优化资源配置。他认为，将北京定位为以高端服务业为主体的国家经济中心城市，是实现环境治理、要素重新配置的有力措施；将天津定位为华北地区经济中心城市，将河北省定位为以资源为基础的中高制造业和农业基地，有助于改变同构竞争、资源单向流动的现状。程恩富（2015）认为，要在实现京津冀协同发展的内在机制中消除北京市的极化现象，需要极其倾斜的政策，让河北地区尽快享受到基本公共服务的均等化。王辉等（2015）认为，京津冀交通一体化是一项系统工程，有利于实现中心城市资源的扩散，从而有利于消除京津贫困带，促进京津冀有效融合。

（三）如何促进区域合作的研究

臧秀清（2015）认为，建立区域合作的体制与协调机制，使之作为多方利益共享及分配机制的组织保障，是政府协调的关键，即形成有决策层、协调层、执行层的，由上至下、由中央至地方的多层合作机制。杨开忠（2015）提出，将北京城市功能疏解作为推进京津冀协同发展的优先领域，强调对北京市全面取消地区生产总值考核，填入"四个服务"考核，从而改变京津冀政府间利益竞争的局面。肖金成（2015）总结了"一轴两带三城四区五群"京津冀区域发展格局，为京津冀政府间的竞争合作关系提供了理论基础。祝尔娟（2015）指出，城镇布局、产业布局、生态布局、交通体系以及重大跨区域项目等规划，应在中央层面做好京津冀区域规划的顶层设计，避免无序竞争。匡贞胜等（2015）从边界效应转化的视角，提出摒弃地方政府干预，建立市场、中央政府、次区域合作组织联动的传导机制。张瑞平（2015）认为，破除囚徒困境的体制与制度障碍，需要建立由国家发改委牵头，各行政区行政长官参加的京津冀区域协调发展联席会。陈兰杰（2015）从推进政府信息资源共享机制的角度，提出区域政府信息资源共享是走出政府博弈困境，实现京津冀协同发展的关键。

二、关于促进京津冀协同发展的财政政策的研究

高洪显、陈渝（2015）对京津冀地方政府财政政策协同提出如下建议：建立并完善京津冀地区区域利益协调机制，进一步规范财政转移支付制度，优化财政支出结构，提升政府行政绩效。赵国钦、宁静（2015）认为，京津冀财政合作的操作框架建构可从如下几方面展开：一是融合刚性制度框架和柔性协商机制；二是探索建立区域预算协同机制；三是平衡横向资源配置和成本收益关系；四是理顺政府和市场的关系以及财政投融资机制。高雪莲（2015）以财政公平和效率为基准原则，建立了财政标准横向分配模型，测算京津冀各区县和各城市 2012 年标准财力和均衡分配额度，建议在整个京津冀区域内，通过横向财政平衡，促进公共服务一体化。张波（2016）认为，运用财政政策促进京津冀协同发展，应该进一步深化财政收入、支出和转移支付改革，进一步探索产业转移利益分享、京津横向生态补偿、交通建设多元融资、公共服务成本共担等机制。

总体上看，关于京津冀协同发展的研究很多，而关于促进京津冀协同发展的财政政策的研究非常有限。已有的促进京津冀协同发展的财政政策的研究在广度上为进一步研究提供了重要参考，但对于某些重点问题，研究深度还明显不够。进一步还需注重研究如何完善相关制度，使提出的促进京津冀协同发展的政策建议能够有效实施。

第二章 京津冀区域财政状况分析

2011年国家"十二五"规划纲要提出,"推进京津冀、长江三角洲、珠江三角洲地区区域经济一体化发展,打造首都经济圈,推进河北沿海地区发展",将京津冀地区的经济发展纳入国家战略层面。2014年2月,习近平总书记主持召开京津冀三地协同发展座谈会,强调实现京津冀协同发展是我国的重大国家战略。从国家战略至国家重大战略的提升,意味着京津冀一体化已成为我国区域经济发展的重中之重。

京津冀地区包括北京、天津两个直辖市和河北省地区,是我国最重要的政治和文化中心,是北方最大和发展程度最高的经济核心区。在百余千米的空间范围内,更是有着世界罕见的人口均超过1 000万的京津两个世界级的大城市。这种独特的区位条件,为两个城市的各自发展和联合互动创造了优越的条件。然而,从经济发展活跃度和区域整合收益看,京津冀地区的协同发展效应要落后于长三角地区。仅以国内生产总值(GDP)为例,2013年京津冀GDP只有长三角地区的57%。即使在京津冀内部,也存在着巨大的发展差距。在2005年亚洲开发银行所做的"河北省经济发展战略研究"报告更是指出,"河北省与京津接壤的3 798个贫困村、32个贫困县形成了'环京津贫困带',贫困人口达到272.6万"。发达的京津之间存在着如此大规模的贫困带,引起了广泛的社会关注。

受行政区经济的影响,京津冀三地区域合作进展缓慢,区域一体化的体制、机制尚未建立。尤其是在财政行为的协调方面,合作不足而恶性竞争有余导致区域整体发展缓慢。事实证明,京津冀只有合作协同、借势借力发展、共建共享,才能实现共赢。

第一节 京津冀三地的财政现状概述

一、北京市财政发展概况

(一)财政收入质量稳步提高,体现首都特点

对于财政收入,本书选取2005年至2015年的年度数据,相关财政收支

的数据指标主要源于2006—2016年《北京统计年鉴》[①]。近年来，北京市财政收入呈现出不断增长的态势。由于分税制改革和国民经济较快发展，北京市财政收入在2005年首次突破1 000亿元大关。2006年至2015年是快速增长期，在此期间，北京财政收入总体规模呈现"爆炸式"增长，2008年突破2 000亿元大关，2012年达到4 573.72亿元，2014年更是达到了7 214.54亿元（见表2-1）。

表2-1　北京市财政收支状况

年份	北京市财政收入（亿元）	北京市财政支出（亿元）	北京市GDP（亿元）	北京市人口数（万人）
2005	1 007.35	1 137.28	6 969.52	1 538
2006	1 235.78	1 411.58	8 117.78	1 601
2007	1 882.04	2 067.65	9 846.81	1 676
2008	2 282.04	2 400.93	11 115.00	1 771
2009	2 678.77	2 820.86	12 153.03	1 860
2010	3 810.91	4 064.97	14 113.58	1 962
2011	4 359.10	4 574.94	16 251.93	2 019
2012	4 573.72	4 866.43	17 879.4	2 069
2013	5 566.08	6 039.42	19 800.81	2 115
2014	7 214.54	7 147.75	21 330.83	2 152
2015	6 813.84	8 080.71	23 014.60	2 171

资料来源：《北京统计年鉴2016》。

北京市财政收入结构的特点为：一是增值税、营业税等四大主体税种较为稳固，总部企业、六大高端产业功能区规模以上企业支撑作用稳定，金融、信息服务、科技服务三大行业贡献突出，现代服务业替代传统服务业成为增收新动力，首都经济持续健康发展为财政收入增长奠定了坚实基础。二是积极推进财税改革，提升财政管理水平。北京积极发挥财政在国家治理中的基础和重要支柱作用，相继出台了预算管理制度、市对区转移支付、政府性债

[①] 需要说明的是，《北京统计年鉴2017》关于财政收支的统计口径发生了变化。统计年鉴中，2016年之前，地方财政收支主要包括一般公共预算收入和政府基金预算收支；2016年之后不再单独强调财政收支概念，财政收支实际变为一般公共预算收支+政府基金预算收支+国有资本经营预算收支+社会保险经营收支。为了使数据指标在时间序列上有可比性，本书将数据时间截至2015年。这不影响本书对现状的分析。

务、中期财政规划等改革意见,实施了竞争性分配、政府购买服务、公用事业补贴、政府与社会资本合作模式(PPP)试点、政府投资引导基金等改革举措,多项措施并举盘活财政存量资金,不断扩大财政信息公开范围,细化公开内容,财税改革工作取得积极进展。

(二)财政支出不断优化

"十二五"期间,北京市坚持统筹存量与统筹增量相结合,通过统筹优化存量结构挖掘潜力、提升效益,由一般保障性支持逐步向激励引导性支持转变,按照"有保有压"的原则,严格控制一般性支出,积极促进资源统筹整合利用;依法增加对教育、卫生、科技、文化、农业等事业的投入;支持经济结构调整、区域协调发展等转变经济发展方式的重点支出;进一步完善补贴机制;提高基本公共服务均等化水平,切实保障和改善民生。

北京不断优化支出结构,不断提高城市运行、生态治理、创新驱动、改善民生、区域协同五大领域的财政保障水平。聚焦"城市病",继续增加对大气污染治理、垃圾污水处理、交通拥堵整治、城乡环境改善等工作的财政投入;2015年全年安排政府为民办实事资金近500亿元,着力解决教育、医疗、养老、住房、出行等直接关系百姓利益的重点问题。

(三)财政波动性较大,结构优化

对于财政支出,根据数据的可得性与可靠性,本书选取了2005年1月至2015年12月的年度数据。数据来源于相应年份的统计年鉴和中经网数据库,且根据研究需要,本书对数据进行了季节调整,并将名义量化为实际量。从财政支出的增长率角度看,波动幅度较大,波动区间在5%~55%,说明财政支出的波动性较高,财政支出存在较大的不确定性。图2-1和图2-2显示了北京市财政收入和财政支出的增长态势。

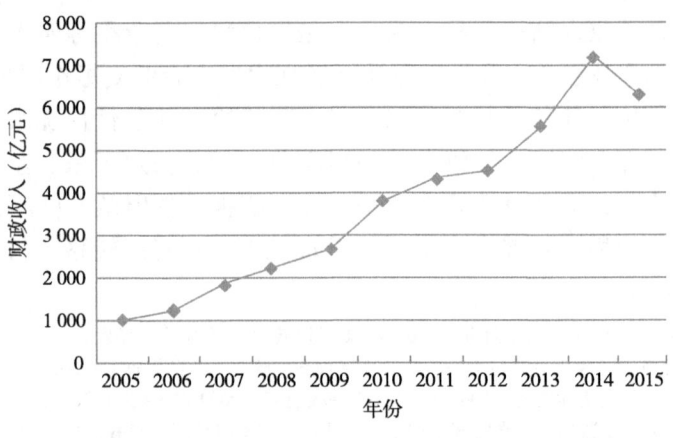

图2-1　北京市2005—2015年财政收入状况

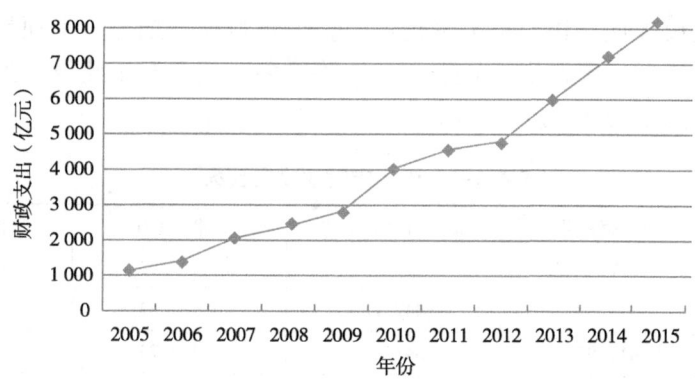

图 2-2　北京市 2005—2015 年财政支出状况

财政收支波动具体表现为①：

第一，北京市 1996—2007 年财政收入不确定性较小，财政收入增幅基本稳定，但 2008—2012 年剧烈波动，波幅不断增加，直到 2012 年才开始逐渐降低，但不确定性水平仍比 2007 年前大。财政收入不确定性的这一变化轨迹，主要受到财政收入增速不稳定、税收比例逐渐下降、第三产业占比过大、以土地出让金为代表的非税收入比例增大等因素的影响。

第二，北京市 2005—2013 年财政支出波动呈现的是前期稳定、后期快速加剧的特点。从 2008 年以来，财政支出不确定性加速上涨，特别是 2010 年后，不确定性提高的速度明显加快。这一变动轨迹主要受到财政自给率不足、财政支出调整与经济调整同步、随机性支出、社会保障支出比例较低等不确定性因素的影响。

二、天津市财政发展概况

（一）全市经济保持较快增长，成为财政收入增长的重要来源

2005—2015 年，天津经济发展进入快车道，随着经济的增长，财政收入增幅较大（见表 2-2）。2005 年天津市 GDP 为 3 905 亿元，财政收入仅有 331.85 亿元；2010 年 GDP 是 9 224.46 亿元，财政收入达到 1 068.81 亿元；到了 2014 年，GDP 就已超过 15 726 亿元了，财政收入亦达到 2 390.35 亿元。其中，滨海新区是全市经济最活跃的地区，龙头带动作用明显，非税收入在财政增收中的拉动作用明显，但所占比重偏高。随着"十大改革"扎实有效推进，"十大战役"平台载体功能不断增强，产业集聚效应进一步显现。大

---

① 王立勇，祝伟，郭洪铭. 地方政府财政收支的不确定性研究：以北京市为例 [J]. 城市发展研究，2015（4）.

项目引进建设步伐加快，钜宝笔记本、金发新材料一期等多个项目建成，三星电子西区工厂、中恩营养品生产基地等很多个项目开工建设，为全市经济发展起到龙头带动作用。

表2-2 天津市财政收支状况[①]

年份	天津市财政收入（亿元）	天津市财政支出（亿元）	天津市GDP（亿元）	天津市人口数（万人）
2005	331.85	442.12	3 905.64	1 043.00
2006	417.05	543.12	4 462.74	1 075.00
2007	540.44	674.33	5 252.76	1 115.00
2008	675.62	867.22	6 719.01	1 176.00
2009	821.99	1 124.28	7 521.85	1 228.20
2010	1 068.81	1 376.84	9 224.46	1 299.30
2011	1 455.13	1 796.33	11 307.28	1 354.60
2012	1 760.02	2 143.21	12 893.88	1 413.20
2013	2 079.07	2 549.21	14 442.01	1 472.20
2014	2 390.35	2 884.70	15 726.93	1 516.80
2015	2 667.11	3 232.35	16 538.19	1 546.95

注：此表中财政收入和财政支出数据为《天津统计年鉴2016》中公共预算收入和公共预算支出数据

资料来源：《天津统计年鉴2016》。

（二）财政支出结构进一步优化

财政支出结构优化具体体现在以下几方面：

1. 加快社会保障体系建设。天津市财税部门认真落实扶持就业再就业的税收优惠政策，落实服务企业用工的新措施，深入实施百万技能人才培训计划，新增就业24.6万人，城镇登记失业率控制在3.6%以内。落实增加居民收入的19项措施，月最低工资标准、企业退休人员养老金分别增加190元和205元，城乡居民基础养老金、基本医疗保险、低保和优抚救济对象补助标准进一步提高，生育保险实现城乡全覆盖。新开工保障性住房4.2万套，新增发放"三种补贴"5 400户。

2. 支持教育优先发展。2013年以来，天津市开始启动学前教育提升计划，新建、改扩建420所各类幼儿园，设立30所"阳光乐园"。开始新一轮义务教育学校现代化标准建设，落实义务教育经费保障机制。调整优化高中教育资源布局，根据区县高中建设实施方案及工程进度，加大对困难区县的补助力度。加快推进海河教育园二期工程建设，积极筹集资金加速化解市属高校债务。积极研究制定资助管理办法，完善对家庭困难学生资助政策，修订中职免学费补助和助学金管理办法，提高技工院校资助管理费用，落实学前教育资助金制度。

3. 增加公共文化建设资金投入。2013 年以来，建成 13 个城市书吧，对农家书屋进行改造升级，推进重点文化设施建设和重点工程加快实施。继续安排艺术表演超场次演出补贴，对重点影视作品制作给予专项资助，协调发展竞技体育、群众体育和体育产业，不断丰富人民群众的文化体育生活。

4. 深化医药卫生体制改革。积极支持市级卫生资源调整优化，加快第二儿童医院、胸科医院、环湖医院、天津医院等市级公立医院的改扩建。实施区县公立医院改革试点，统筹推进管理体制、补偿办法、价格机制、医保支付制度等综合改革。健全公共卫生服务体系，将妇女儿童免费服务项目增加到 20 项，社区基本公共卫生服务项目增加到 15 类 76 项，标准提高到人均 35 元。对疾病防控、卫生监督和应急管理工作给予高度重视，及时拨付专项资金，积极应对 H7N9 禽流感疫情。支持基层医疗卫生机构综合配套改革，全面提升医疗水平。

（三）财政支出管理存在一些薄弱环节

随着财政体制改革的不断完善，支出结构不断优化，支出管理却存在一些薄弱环节，主要表现在：预算编制与预算执行的制衡机制尚未完全建立，执行中调整变更数额较大，预算的约束力和严肃性有待进一步提高；部分财政资金的使用较分散且存在交叉现象，还不能完全做到集中财力办大事；部分支出项目缺乏科学论证，项目实施进度较慢，导致资金沉淀，影响了财政资金使用效益；个别单位仍存在违反收支两条线规定、设立"小金库"问题等。

三、河北省财政发展概况

（一）在经济持续快速发展中，河北省财政实现了平稳较快发展

2005—2015 年河北省财政收支状况见表 2-3。

表 2-3　2005—2015 年河北省财政收支状况

年份	河北省财政收入 （亿元）	河北省财政支出 （亿元）	河北省 GDP （亿元）	河北省人口数 （万人）
2005	1 035.20	979.16	10 012.11	6 851
2006	1 223.46	1 180.36	11 467.60	6 898
2007	1 528.92	1 506.65	13 607.32	6 943

续表

年份	河北省财政收入（亿元）	河北省财政支出（亿元）	河北省GDP（亿元）	河北省人口数（万人）
2008	1 824.00	1 881.67	16 011.97	6 989
2009	2 020.77	2 347.59	17 235.48	7 034
2010	2 409.00	2 820.24	20 394.26	7 194
2011	3 017.54	3 537.39	24 515.76	7 241
2012	3 479.26	4 079.49	26 575.01	7 288
2013	3 652.40	4 409.60	28 442.90	7 333
2014	3 764.56	4 677.30	29 421.15	7 384
2015	4 065.11	5 632.19	29 806.10	7 425

2005—2015年，河北省经济持续增长，与此同时，财政收入总量和质量都有所提升。2005—2015年，河北省GDP由10 012.11亿元增加到29 806.1亿元。同时，财政收入占GDP的比重逐步提高，表明河北省财政汲取能力不断增强。同期，全省一般预算收入占全部财政收入的比重由49.82%增加到65.17%，表明财政收入质量也有所提升。

然而，在全国各地竞相发展的大潮中，河北省财政未能实现跨越和赶超。河北省财政收入与自身比增长较快，但与全国其他省份相比速度并不高。2005—2015年，河北省GDP、全部财政收入、地方一般预算收入的平均增速均低于全国平均水平。其中，GDP增速比全国平均水平低了0.17个百分点，在全国排第20位；全部财政收入增速低了1.3个百分点，在全国排第21位；地方一般预算收入增速低了1.6个百分点，在全国排第21位。从地域上看，收入增速既低于东部地区，也低于中部地区，甚至低于宁夏回族自治区、青海省等经济不发达地区。

（二）公共财政支出的规模在不断扩大，财政支出的结构不断优化升级

在涉及经济进步、民生改善、社会发展等多个方面，河北省财政支出结构不断优化。《2013年河北省国民经济和社会发展统计公报》显示，全省生产总值实现28 301.4亿元，比上年增长8.2%，公共财政支出为4 353.8亿元，比上年增长6.7%，全省民生支出达到3 386.2亿元，比上年增长8.7%，教育支出823.4亿元，医疗卫生支出375.1亿元。河北省财政收入与支出不断增加，用于民生建设以及节能环保方面的投入逐渐增多，人民生活水平有了较为显著的提升，在节能环保方面也有了改善。

（三）河北省财政支出仍存在问题

河北省财政支出仍然存在问题，主要表现在公共财政制度、结构、效率

方面。

首先,在实际的财政支出中,存在许多制度上的问题,政府部门的"越位"与"缺位"问题比较严重。在市场经济中,政府对一般竞争性领域的干预越位现象比较严重,同时对于公共服务领域的缺位现象也比较严重,还存在"错位现象"。政府过多或者过少地去干预相关领域,都不利于建立合理的公共财政支出制度。

其次,当前,河北省财政主要是用于民生建设、节能环保、经济建设等方面。由于当前处在经济新常态下,经济的发展有所放缓,虽然河北省财政支出在民生建设以及节能环保方面的投入不断增加,但是政府部门的"越位"与"缺位"问题逐渐严重。政府的财政主要投向高等教育,对基础教育的投入较少,影响了教育的平衡发展。同时,政府部门的行政管理费用在不断增长,这也在一定程度上挤压了其他方面的投入。

最后,公共财政支出效率有待提高。当前,河北省财政收入在不断增加,财政支出也在不断增加,而财政支出的数额并不能够代表政府部门效率的高低。河北省的财政支出效率有待提高,在资金的使用上缺乏强有力的监督,资金运用所起到的作用一般,并未达到预算时的效果。财政支出不能够做到专款专用,滋生腐败问题,同时政府部门的部分工作人员办事效率较低,缺乏工作的积极性和热情,这也在一定程度上影响了财政资金的使用效率。

总之,在经济新常态下,虽然经济发展速度有所减缓,但河北省经济结构在不断优化升级,整体不断进步。在京津冀一体化发展的大背景下,河北省应该紧抓发展的机会,从各个方面提升自身的综合实力,实现京津冀的协调发展。

第二节 京津冀三地当前财政状况的比较

为了对京津冀地区的财力状况有更好的理解,本书选取2012—2014年三个地区财政收入与支出、财政收入占GDP比重、财政支出占GDP比重等指标进行比较,进一步利用四大主要税种收入、地方生产构成等指标做比较分析,全面了解三地财政状况及其差异。

一、京津冀2012—2014年三地财政收入与支出之比较

数据显示,2012—2014年北京的财政收入都明显高于天津和河北,且2014年的财政收入增长额高达2 640.82亿元(与2012年相比);河北2012—

2014年每年的财政收入基本保持在3 500亿元左右；天津2012年和2013年的财政收入均不到3 000亿元（见图2-3）。

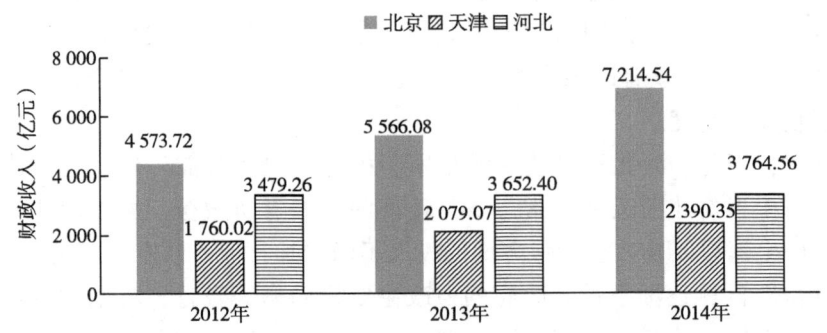

图2-3　2012—2014年京津冀财政收入

从财政支出来看，北京市财政支出在2012—2014年也始终是最高的，且每年的财政支出都保持稳定的增长，从2012年的4 866.43亿元增长到了2014年的7 147.75亿元，增长额达到了2 281.32亿元。北京的财政收支在2012年和2013年只出现轻微赤字，甚至在2014年出现盈余。河北省2012—2014年这三年财政支出增长速度均比较缓慢，增长额不到5 000亿元，即便如此，河北省的财政赤字却最为严重，三年均处于赤字状态。另外，天津市财政支出是最低的，三年均不到3 000亿元，但每年都有财政赤字，只是赤字比河北小（见图2-4）。

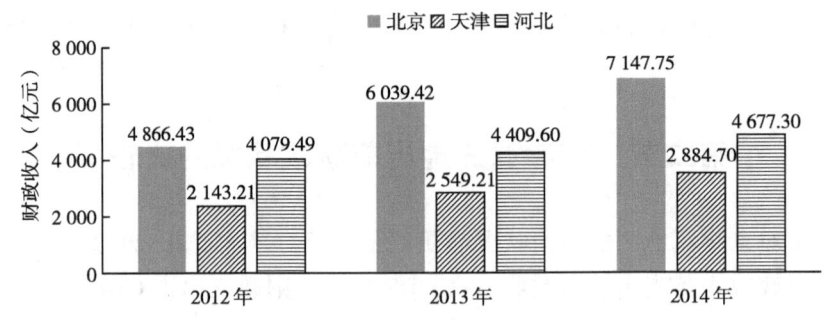

图2-4　2012—2014年京津冀财政支出

二、京津冀2012—2014年三地财政收入占GDP比重之比较

由图2-5和图2-6可以看出：

就北京而言，随着财政收入的逐年增加，财政收入占GDP的比重也逐步

增加。就天津而言，随着财政收入的逐年增加，财政收入占 GDP 的比重先减少再增加。就河北而言，2012 年至 2014 年财政收入的绝对数基本持平，财政收入占 GDP 的比重逐年下降。

总体来看，在财政收入的相对增长情况中，河北一直处于京津冀地区的最低水平，而天津和北京在 2012 至 2013 年间的差距较小，2013 至 2014 年两个地区的差距逐渐增加。

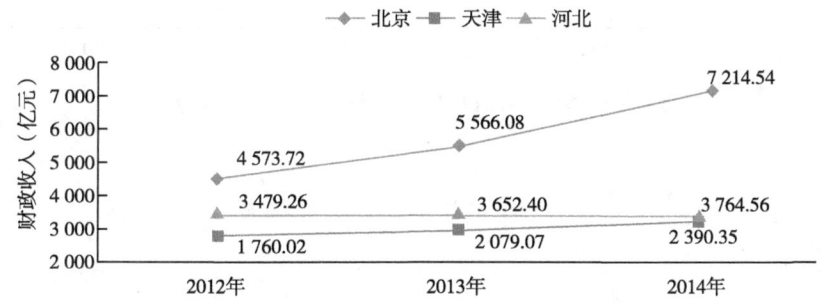

图 2-5　2012—2014 年京津冀财政收入变化趋势

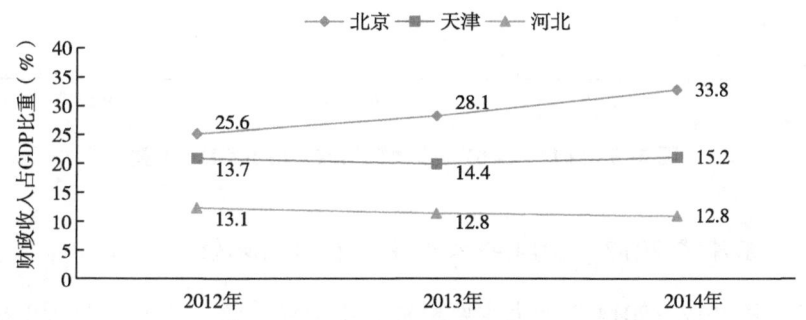

图 2-6　2012—2014 年京津冀财政收入占 GDP 比重

三、京津冀 2012—2014 年三地财政支出占 GDP 比重之比较

由图 2-7 和图 2-8 可以看出：

就北京而言，随着财政支出的逐渐增加，财政支出占 GDP 的比重也逐步增加，且 2014 年相对于 2013 年的增加数额略小于 2013 年相对于 2012 年的增加数额。就天津而言，随着财政支出的逐渐增加，财政支出占 GDP 的比重先减小再增加，而增加后的 2014 年的财政支出占 GDP 的比重稍小于 2012 年的财政支出占 GDP 的比重。就河北而言，随着财政支出的平稳增加，财政支出占 GDP 的比重一直在增加，但增长幅度相对较小。

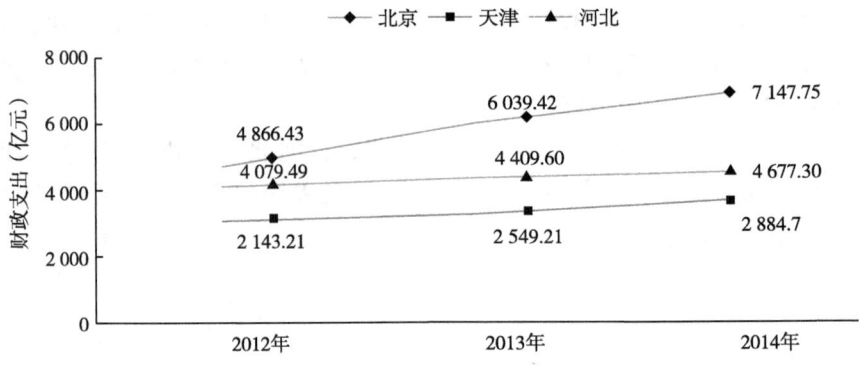

图 2-7　2012—2014 年京津冀财政支出变化趋势

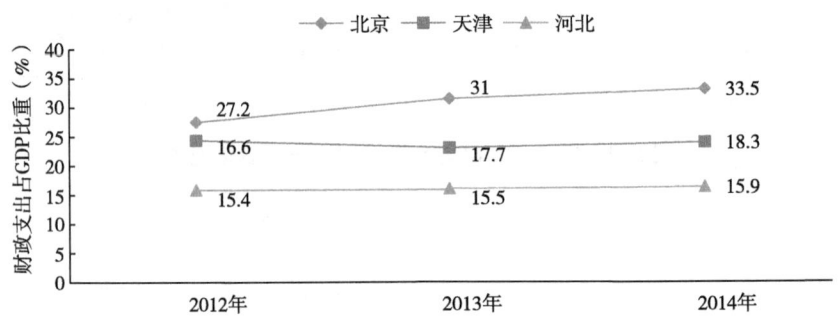

图 2-8　2012—2014 年京津冀财政支出占 GDP 比重

四、京津冀 2012—2014 年四大主要税种之比较

京津冀 2012—2014 年四大主要税种有增值税、营业税、企业所得税和个人所得税。由图 2-9、图 2-10 可以看出，北京的四大税收收入明显多于天津和河北，三个地区的税收收入每年都有增长，北京的增长速度较天津、河北两地快。天津有小幅增长，河北基本持平。2012—2014 年京津冀三地营业税均为各自地区四个税种中税收收入最多的，个人所得税是最少的。对于营业税来说，北京的营业税收入多于河北，天津最少，北京的营业税收入是天津的两倍多。对于个人所得税收入，北京的个人所得税收入明显高于其他两地，其他两地的个人所得税收入大致持平。天津的个人所得税在 2014 年较前一年有小幅增长，北京个人所得税这三年的收入大约是河北的 6 倍，差距巨大。

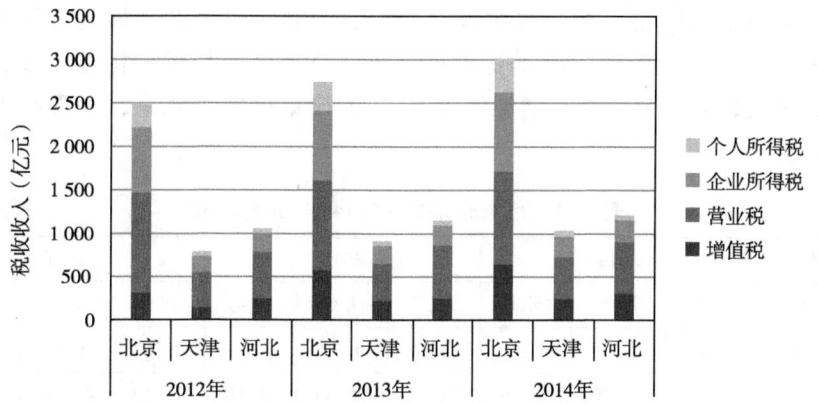

图 2-9 2012—2014 年京津冀四税种收入对比（一）

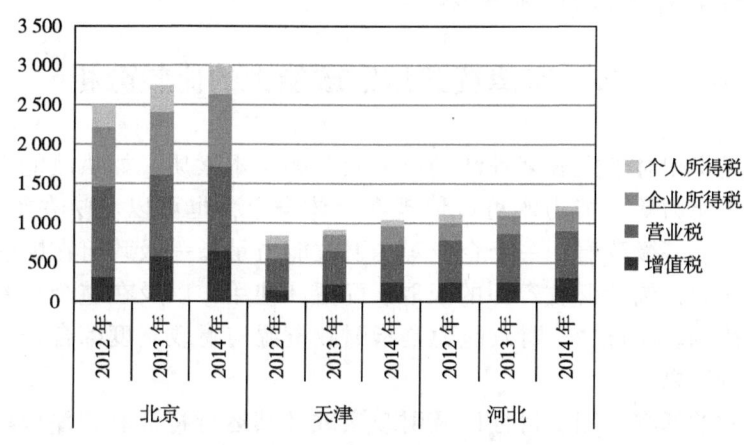

图 2-10 2012—2014 年京津冀四税种收入对比（二）

五、京津冀 2012—2014 年三地 GDP 构成之比较

由表 2-4 可以看出：

（1）北京地区第一产业增加值占 GDP 的比重非常小，几乎没有；相比其他两地，第二产业增加值占 GDP 的比重也比较小，略高于 20%，且呈现出逐年递减的趋势；第三产业增加值占 GDP 的比重非常大，且呈现出逐年递增的趋势。

（2）天津地区第一产业增加值占 GDP 的比重同样非常小，但略高于北京；第二产业增加值占 GDP 的比重在 50% 左右，头两年略高于第三产业增加值占 GDP 的比重，且该比重呈现逐年递减的趋势；第三产业增加值占 GDP 的比重与第二产业增加值占 GDP 的比重相差不大，且呈现逐年递增的趋势。

（3）河北地区第一产业增加值占 GDP 的比重远高于北京地区以及天津地区，第二产业增加值占 GDP 的比重远高于北京地区，与天津相差不大，呈现逐年递减的趋势；第三产业增加值占 GDP 的比重远低于北京，呈现逐年递增的趋势。

表 2-4　京津冀 2012—2014 年 GDP 构成　　　　　　　　（%）

年份	2012			2013			2014		
地区	北京	天津	河北	北京	天津	河北	北京	天津	河北
第一产业	0.80	1.30	4.90	0.80	1.30	4.40	0.70	1.30	5.80
第二产业	22.20	51.70	64.66	21.70	50.60	59.80	21.40	49.10	42.10
第三产业	77.00	47.00	31.10	77.50	48.10	35.80	77.90	49.60	52.10

资料来源：北京、天津、河北统计年鉴。

第三节　京津冀三地财政能力的比较分析

能力是指相对于完成某种活动所需具备的基本素质，如执政能力、创新能力、竞争能力等。能力既可以体现在个体身上，也可以反映在组织身上，如一个国家、一级政府、一个企业等。财政能力是指一级政府在财政资源方面的运筹能力，包括财政资源的汲取、配置和使用，以及在整个运筹过程中的组织与协调。换言之，财政能力是指财政资源与财政制度综合作用所表现出来的一种结果。

从财政的基本职能、目标以及财政实践及其运行特征看，评价京津冀三地财政能力，可以从两个层面考虑：一是现实财政能力；二是潜在财政能力。本书分别用 2005—2015 年三地的人均财政收入、人均财政支出、纵向财政转移支付程度及财政支出结构，来反映区域财政能力。

一、京津冀地区人均财政收入差异明显

不难发现，随着京津冀经济圈的加速发展，京津冀之间人均财政收支的差距有了一定程度的减小，但是与北京市和天津市相比，河北省人均财政收支仍然存在明显差距。如表 2-5 所示，2005 年京津冀三地人均财政收入比为 1∶0.49∶0.23，2015 年，京津冀三地人均财政收入比为 1∶0.55∶0.17，河北省财政实力与北京市和天津市相比还相差甚远，在人均财政收入水平上表现尤为明显。

由于初期基数差距大，至今京津冀地区人均财政收入仍显现较大差异。财政收入低的地区，在提供公共服务、吸引资源要素聚集、发展区域经济方

面处于劣势地位。财政收入与经济发展缓慢的恶性循环，使得河北经济发展陷入困境，阻碍了京津冀区域协同发展的进程。

表2-5 京津冀地区人均财政收入对比

年份	北京市人均财政收入（元/人）	年增长率（%）	天津市人均财政收入（元/人）	年增长率（%）	河北省人均财政收入（元/人）	年增长率（%）
2005	6 549.74	—	3 182	—	1 511.02	—
2006	7 718.80	17.85	3 880	21.94	1 773.64	17.38
2007	11 229.36	45.48	3 880	24.92	2 202.10	24.16
2008	12 885.60	14.75	4 847	18.53	2 609.82	18.52
2009	14 401.99	11.77	5 745	16.50	2 872.86	10.08
2010	19 423.60	34.87	6 693	22.90	3 348.62	16.56
2011	21 590.39	11.16	10 742	30.59	4 167.37	24.45
2012	22 105.94	2.39	12 454	15.94	4 733.96	14.56
2013	26 317.16	19.05	14 122	13.39	4 980.77	4.33
2014	33 524.81	27.39	19 715	39.60	5 098.27	2.36
2015	31 385.72	-6.38	17 241	8.75	5 474.90	7.39

数据来源：根据2006—2016年北京市、天津市、河北省统计年鉴整理。

二、京津冀区域纵向财政转移支付程度不一

按现行法规和财政体制，地方政府可支配财力由地方一般预算收入、上级税收返还收入、上级财政性转移支付补助收入，以及原体制上解中央收入或中央补助地方收入等构成。因此，考虑三地财政能力，还应计入中央政府对其的财政转移资金规模。

由表2-6可以看出，在中央对地方的纵向财政转移支付上，河北总量方面是高于北京和天津的，然而，在中央对地方的纵向财政转移支付人均财政补助数上，河北从远低于北京和天津增长到与后两者持平，之后略高于后两者，始终与总量不相适应。这将进一步加大河北与北京及天津的财力差距，导致京津冀协同发展愿望难以实现。

表 2-6 2006—2014 年京津冀中央补助地方财政收入①总额及人均额

年份	北京市		天津市		河北省	
	总额（万元）	人均（元）	总额（万元）	人均（元）	总额（万元）	人均（元）
2006	2 293 741	1 432.693	1 812 232	1 685.797	6 140 848	890.236
2007	2 489 424	1 485.337	2 031 835	1 822.274	2 031 835	292.645
2008	2 755 226	1 555.746	2 324 473	1 976.593	9 526 704	1 363.100
2009	3 677 202	1 976.990	2 816 344	2 293.066	12 630 234	1 795.598
2010	4 855 300	2 474.669	3 414 200	2 627.723	14 083 100	1 957.617
2011	5 059 900	2 506.142	4 232 200	3 124.317	18 334 800	2 532.081
2012	5 684 100	2 747.269	4 182 400	2 959.524	20 588 500	2 824.986
2013	5 265 500	2 489.598	4 252 000	2 888.195	21 177 800	2 888.013
2014	5 338 100	2 480.530	4 428 300	2 919.502	23 004 300	3 115.425

数据来源：2006—2015 年北京市、天津市、河北省统计年鉴。

公民基本财政权利的均等实现，是中央政府与各地方政府的共同责任。就基本财力均等而言，中央政府的责任在于通过纵向财政转移支付实现"筑基"，地方政府的责任在于通过财政努力实现"补强"。为此，中央财政应该适当向河北倾斜，或者进行顶层设计，建立横向转移支付制度，对北京和天津按照收益原则进行财政转移援助，对河北进行横向财政转移援助。

三、京津冀各年人均财政支出失衡

人均财政支出水平的高低反映了政府财政支付能力的大小，代表了政府实际实现的财政能力。各地人均财政支出的严重失衡，不可避免地拉大了各地基础设施建设、环境、教育、医疗卫生等方面的差距，从而带来区域经济和社会发展程度落差扩大化。

从表 2-7 可以看出，2005 年北京市的人均财政支出为河北省的 5.2 倍，天津市则为河北省的 3 倍；而 2015 年北京市为河北省的 4.9 倍，天津市为河北省的 2.8 倍。财政支出通常按照行政及社会事业计划、国民经济发展需要进行统筹安排运用，从而为政府完成各项职能提供财力上的保证。不难得出结论，京津冀三地人均财政支出水平如果出现较大差异，那么，其公共财政用于民生支出、民生保障和福利的支出可能会出现较大的差异，这可以从下面的财政支出结构反映出来。

---

① 中央补助地方收入（SLI）= 税收返还+财力性转移支付+专项转移支付。

表 2-7　京津冀区域人均财政支出对比

年份	北京市人均财政支出（元/人）	年增长率（%）	天津市人均财政支出（元/人）	年增长率（%）	河北省人均财政支出（元/人）	年增长率（%）
2005	7 394.54	—	4 239	—	1 429.28	—
2006	8 816.86	19.23	5 052	19.18	1 711.16	19.72
2007	12 336.81	39.92	6 048	19.71	2 170.03	26.82
2008	13 556.92	9.89	7 374	21.92	2 692.33	24.07
2009	15 165.91	11.87	9 154	24.14	3 337.49	23.96
2010	20 718.50	36.61	10 597	15.76	3 920.27	17.46
2011	22 659.44	9.37	13 261	25.14	4 885.22	24.61
2012	23 520.69	3.80	15 166	14.37	5 597.54	14.58
2013	28 555.18	21.40	17 316	14.18	6 013.36	7.43
2014	33 214.45	16.32	19 018	9.83	6 334.37	5.34
2015	37 221.14	12.06	20 895	9.87	7 585.44	19.75

数据来源：根据 2006—2016 年北京市、天津市、河北省统计年鉴整理。

四、京津冀区域财政支出结构各异

为全面反映财政支出结构，本书选取了科教文卫支出、行政管理支出、基础设施支出、社会保障支出和环境保护支出来分析。数据处理上，科教文卫支出包括科技三项费用、文教卫生事业费、科学事业费等所有涵盖科学技术、文化教育、医疗卫生等方面的支出；行政管理支出根据其性质和范围，2005 年用政府行政管理费、武装警察部队支出和公检法支出的加总来表示，2010 年和 2015 年用公共安全支出和一般公共服务支出的加总来表示；基础设施支出在 2005 年用基本建设、农林水利气象等部门事业费、工业交通部门事业费和城市维护建设费的总和来表示，在 2010 年和 2015 年用城乡社区事务、农林水事务和交通运输科目的总和来表示；社会保障支出在 2005 年采用社会保障补助支出、抚恤和社会福利救济费和行政事业单位离退休经费的加总来反映，2010 年和 2015 年统一汇总列入社会保障和就业科目中；环境保护支出在 2007 年前并没有独立列示，因此 2005 年无法完成统计，2010 年和 2015 年根据环境保护支出和节能保护支出科目来源之和来表示。将上述四项支出进行计算，得出各项财政支出占地方总财政支出的比重（见表 2-8）。

表 2-8　京津冀区域财政支出结构比较　　　　　　　　（%）

支出结构	年份	北京市	天津市	河北省	京津冀
科教文卫	2005	23.03	24.77	25.71	24.37
科教文卫	2010	22.12	16.92	28.96	20.92
科教文卫	2015	12.45	22.11	19.33	12.68
行政管理	2005	13.52	11.17	17.03	14.36
行政管理	2010	5.92	8.43	18.94	9.22
行政管理	2015	3.14	8.50	8.93	4.58
基础设施	2005	13.26	10.37	14.77	13.25
基础设施	2010	15.02	21.64	22.95	17.43
基础设施	2015	20.13	29.75	17.10	16.50
社会保障	2005	9.76	9.40	15.11	11.67
社会保障	2010	6.82	6.35	12.72	7.63
社会保障	2015	2.73	7.95	8.63	4.27
环境保护	2005	无	无	无	无
环境保护	2010	1.50	1.25	4.08	1.95
环境保护	2015	2.82	1.85	3.20	2.01

第三章 京津冀区域基本公共服务均等化研究

第一节 相关概念及理论基础

一、基本公共服务均等化相关概念的界定

（一）公共服务的概念

公共服务也就是公共产品、公共物品。法国法学家莱昂·狄骥认为国家的本质是公共服务，且必须由政府来加以规范和控制的活动就是公共服务。美国经济学家萨缪尔森明确定义了公共物品，纯粹的公共物品是所有个体都会消费的物品，而且每个个体消费该物品的同时并不会挤占其他个体对该物品的消费。这种物品的效用对全部民众的影响无法分割，无论其中某个个体愿意消费与否。因此，学界对于公共物品或公共服务的界定是从它的提供者——政府和它具有的两个特性——非竞争性和非排他性出发的。

本书对公共服务的理解有以下两点：第一，正是因为公共产品具有单纯靠市场无法有效提供的特性，才需要政府的存在，以对公共服务的提供进行干预。第二，公共服务有广义和狭义之分。广义的公共服务是指所有因为市场存在缺陷而不宜由市场提供，需要由政府供给的服务；狭义的公共服务则仅指"公共事业方面的服务"，本书采用狭义概念。

综上所述，本书认为公共服务就是政府为保障涉及居民生存与发展的需求而由财政负责供给的公共事业方面的服务。

（二）基本公共服务的概念

基本公共服务的概念出自公共服务，国外学界并没有真正意义上的基本公共服务概念，这一概念是我国政府，结合我国实践创造性提出的。但目前，针对基本公共服务概念的内涵和外延，国内学界暂未形成一致结论。

我国政府在《国家基本公共服务体系"十二五"规划》中首次提出了基本公共服务的定义，它是指"由政府主导提供的，与当前经济社会发展水平和阶段相适应，旨在保障全体公民生存和发展基本需求的公共服务"。

国内学界对基本公共服务的范畴的认识有领域角度和综合角度两种。前者将基本公共服务划分为教育、医疗、养老、社保等不同领域，如魏福成等（2015）将基本公共服务分为教育、公共安全、医疗卫生、环境保护等七个方面。陈志国（2018）认为京津冀基本公共服务的四大关键领域分别是教育、医疗、养老和社会保险。后者则根据属性对基本公共服务的不同领域进行了整合和再划分，如常修泽（2007）认为基本公共服务涵盖基本民生服务、公共事业性服务、公益基础性服务与公共安全性服务四方面。

虽然不同学者认识基本公共服务范畴的视角不同，但在"基本"一词的理解上却有两个共同点：第一，居民对基本公共服务的需求层次较低，仅仅涉及居民个体生存生活与基本发展。第二，居民对基本公共服务的需求具有同质性，并不会因为阶层不同、贫富差距或地域差别而有所区别。

综上所述，本书所讨论的基本公共服务将国家文件中的提法和学界的研究进展相结合，同时，考虑到基本公共服务的范围与政府供给能力及居民需求有关，是动态的发展过程，故认为基本公共服务是指为保障居民生存生活和基本发展而由政府负责提供的、与当前经济社会发展状况相适应的公共服务。本书认为，基本公共服务的主要领域有教育、医疗卫生、社会保障与就业、文化与传媒、城市建设与基础设施、生态环境保护和住房保障7项。

（三）均等化的概念

"均等"指的是平等、平均，而"化"则是一个状态变化的过程，所以"均等化"体现了由起初的不平等逐步走向平等的动态过程。均等化一般分为横向均等和纵向均等。

中国（海南）改革发展研究院（2009）认为，均等化具有三个特点：第一，均等化的实现标准较为模糊，是一个在结构方面追求大体上平等的过程，而不是寻求在数额上的绝对相等；第二，均等化在我国区域发展的语境下指的是建立在历史发展差异和城乡差距基础上的均等化；第三，均等化更倾向于帮扶落后区域。此外，还有部分学者认为均等化要体现在机会、标准、过程和结果的均等上。

结合国内学者对均等化的理解，本书的均等化概念取横向均等即同一时间维度下的均等，并不追求绝对平均，而是以政府提供的基本公共服务满足公民需要的程度为主要衡量标准，且包括过程均等、标准一致和结果均等三个方面。

（四）基本公共服务均等化的概念

国内学者主要从机会、过程和结果的角度认识基本公共服务均等化：机会均等指的是政府通过合理地配置社会公共资源来给每个社会公民提供大致平等的生存和发展的机会；过程均等指的是在每个个体的发展过程中，根据其发展路径的独特性来提供相应的基本公共服务，目标是使得不同的个体最终获得大致相近的效用，但由于个体样本庞杂且千差万别，所以有很大的实现难度；结果均等指的是每个公民都可以直接享受到政府提供的近乎完全平均的基本公共服务，但这样的均等不但违背了上文中所述的均等化的要义，而且在现实中几乎不可能实现。

结合上面对基本公共服务和均等化这两个概念的分别阐述，本书对基本公共服务均等化概念的理解包含以下几点：第一，基本公共服务的供给的核心要义是公平正义；第二，机会均等是基本公共服务均等化的最合理的体现，政府给每个社会公民提供均等的发展机会；第三，基本公共服务是社会中每个个体都有权享受的涉及生存生活和基本发展的较低层次的服务；第四，肯定发展差距的存在，在确保全民享有机会均等的基本公共服务的基础上，允许公民自由选择比基本公共服务等级更高的其他公共服务。

二、基本公共服务均等化的理论基础

（一）福利经济学理论

福利经济学为基本公共服务均等化奠定了经济学基础，其宗旨是实现社会福利最大化。福利经济学的代表人物主要有霍布斯、庇古和帕累托。霍布斯在《帝国主义》一书中提出，经济学的任务是找出某种社会体制之下社会资源配置的方案，并寻求应对财富分配不均衡状况的方法。庇古在研究了边沁的功利主义经济学和马歇尔的边际效用价值论的基础上，在《福利经济学》一书中指出，有两种路径可以提升整个社会的福利水平：一是大力发展经济以扩大国民收入总额；二是调整国民收入的分配方式，通过"均等化"来实现社会福利总水平的最大化。因此，他倡议将富人的部分财富转移给穷人，以均衡国民收入，使全社会的整体满意度更高。帕累托最具代表性的学说"帕累托最优"则认为，社会资源的总量在短期内并不会发生大的变化，因此全体公民对社会分配的满意度最大值只会在资源或财富的配置方式最优化的情况下实现。这也在一定程度上解释了基本公共服务均等化的内涵。

福利经济学为京津冀基本公共服务均等化提供了理论基础，此外该学说追求社会福利最大化的精神也解释了京津冀基本公共服务均等化的合理性。庇古提出的依靠扩张国民收入来增加公共服务的总供给和依靠"抽肥补瘦"的方式来优化配置社会资源和财富进而使区域整体福利水平最大化，也可以作为推进京津冀基本公共服务均等化进程的理论参考。

（二）公平正义理论

公平正义理论是基本公共服务均等化的价值基础。公平正义理论坚持的原则是寻求"最大多数人的最大幸福",认为正义是对基本权利与义务的公平分配。公平正义论的代表人物罗尔斯在《正义论》一书中提出两个重要观点:一是每个公民在其所生活的社会体系中都拥有完全平等的权利,应由一个倡导自由平等的制度来将一个社会所拥有的全部财富和机会平等地向每个人分配;二是为公平起见,一个国家的经济和政治活动应当保证受惠最少者的最大利益不受到侵害。

具体到京津冀区域基本公共服务均等化问题上,罗尔斯的公平正义论从制度的角度提供了一个新思路:首先要寻求建立一个以追求公正为核心精神的分配制度,进而在具体政策实施方面体现上面的第二个观点。京津冀三地在经济发展、财政能力和基本公共服务等方面确实存在差异。怎样在承认差异的基础上帮扶弱势地区、保护弱势地区的利益,是需要我们认真思考的问题。

(三) 新公共管理理论和新公共服务理论

新公共管理理论和新公共服务理论均强调削弱政府在公共服务供给过程中的控制权。其中,前者认为政府不应垄断基本公共服务的供给,社会部门包括企业应该参与到提供公共服务的过程中;在政府有限的供给中,应当更加重视民众的需求,提高服务和产品的质量;此外,还应用绩效评估等手段来制约政府。后者主张政府不应该做掌舵者,而应该做服务者,以追求公共利益最大化的目标来服务于公民;应赋予政府企业家精神,在重视公民的同时也重视生产力。这些观点为基本公共服务均等化推进过程中思考政府和社会的关系问题提供了参考和指导。

具体到京津冀区域基本公共服务均等化问题上,新公共管理理论和新公共服务理论的主要观点为正确处理京津冀区域政府与市场、社会、人民的关系及提高三地尤其是河北的基本公共服务供给效率,进而为提高三地基本公共服务均等化程度提供了思路:建设服务型政府,在基本公共服务的供给上引入社会资本以提高产出效率等。

(四) 公共财政理论

公共财政理论认为市场会存在失灵的情况,因此,市场经济体制中不可以单纯依靠市场配置资源,还需引入政府的宏观调控。尤其是基本公共服务的供给,必须有政府的参与。公共财政的建立有两大原则:一是公共原则,二是非营利原则,即其存在的目的是为了满足公共需要而不是追求私人利益。

公共财政理论还有两种具体学说为基本公共服务的供给和均等化提供了思想基础,即财政分权理论和地方公共产品理论。前者提出相比中央,地方政府更加清楚本地区居民的需求,因而应该将财政权力适当下移以精准施策,提高基本公共服务供给的效率。后者认为中央与地方政府应根据各自职能特点来分工合作、发挥自身优势，形成中央和地方互补的基本公共服务供给体系。

公共财政理论在财政思想方面为京津冀基本公共服务均等化奠定了基础：首先，在我国当前的经济体制下，全国包括京津冀地区的基本公共服务供给所需资金的主要来源还必须是政府的公共财政。其次，财政分权理论和地方公共产品理论为京津冀区域完善中央和地方优势互补的基本公共服务供给模式提供了参考。

第二节 京津冀区域基本公共服务供给现状

一、京津冀区域概况

北京、河北和天津位于我国华北地区。在辖区面积和人口方面，北京占地面积约16 410平方千米，2018年末常住人口约2 154万人；天津占地面积约11 947平方千米，2018年末常住人口约1 560万人；河北省占地面积约188 800平方千米，2018年末常住人口约7 556万人。

在政治方面，京津冀区域由于是我国首都的所在地，存在特殊的"三地四方"。"三地"即北京市、天津市和河北省，"四方"指除了京津冀地方政府之外，还有中央政府。在经济和文化发展水平等方面，京津冀三地发展严重不均衡。提供优质基本公共服务的前提是经济发展水平足够高，此外财政体制也是基本公共服务供给水平的重要影响因素。而基本公共服务的供给水平又对本地区人民生活水平有着重要意义。所以本书主要从经济发展、财政状况和人民生活水平三个角度比较京津冀区域的整体情况及内部差异。

（一）京津冀区域经济发展水平差异

我们通过对比京津冀三地的GDP、人均GDP和第三产业占比来观察三地的经济发展水平差异（见图3-1、图3-2、图3-3）。

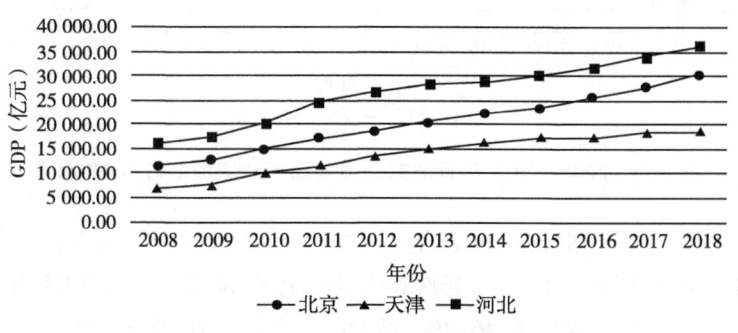

图3-1 2008—2018年京津冀三地GDP

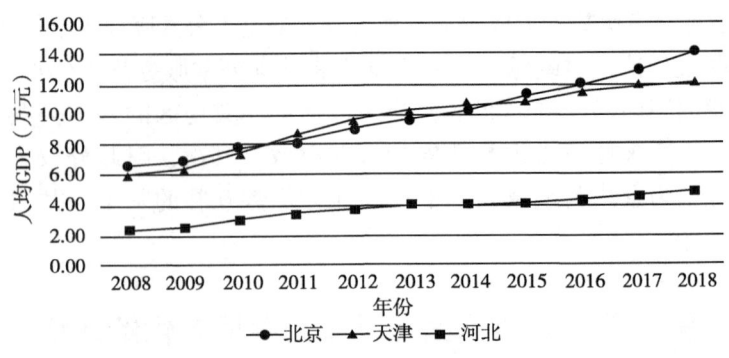

图 3-2　2008—2018 年京津冀三地人均 GDP

从图 3-1 中可以看出，京津冀三地的 GDP 有着比较大的差距，总量上河北最高，北京次之，天津最低，这和三地的面积、人口等客观因素有关。但 2008—2018 年三地的 GDP 均保持稳定上升态势，由于基本公共服务的提供以社会经济发展为前提，所以这使得推进基本公共服务均等化、实现京津冀协同发展有了一定的物质基础。但是从图 3-2 可以看出 2018 年北京的人均 GDP 达到了 14 万元，天津也有 12 万元，但河北省仅为 4.78 万元，与北京、天津有很大的差距。此外，从增长趋势来看，河北的人均 GDP 虽然整体呈上升趋势，但是增长速度较京津两地明显缓慢，这直接造成了京津冀三地基本公共服务供给不均等且差距依然不小的情况。

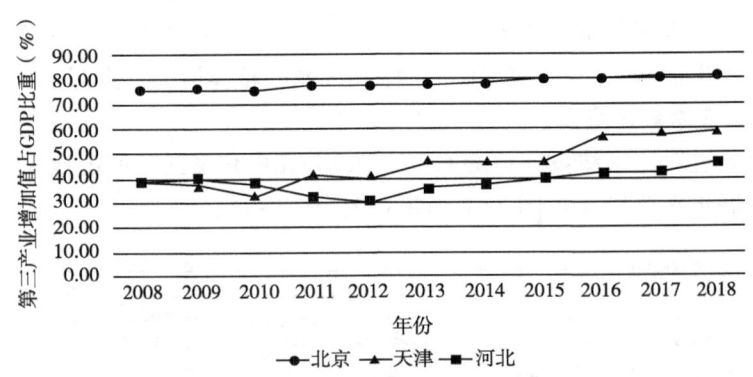

图 3-3　2008—2018 年京津冀三地第三产业增加值占 GDP 比重

从图 3-3 可以看出，在产业结构方面，北京 2018 年第三产业增加值占 GDP 的比重已经超过了 80%，其次是天津，接近 60%。河北 2018 年该产比重相比京津差距较大，仅仅为 46.2%。好在京津冀三地 2008—2018 年第三产业增加值占 GDP 比重均呈上升趋势；河北 2018 年第三产业占比更是首次超过了第二产业，全省三次产业结构呈现"三二一"格局，实现了由工业主导向服务业主导的转变。当然，京津的高技术产业所占份额仍远远高于河北，河北还需要加强对接京津产业，加快推动自身产业转型升级，进一步巩固服务业在经济中的主导地位。

（二）京津冀区域财政状况差异

我们通过比较京津冀人均一般公共预算收入和人均一般公共预算支出，来阐释三地财政状况的差异。

由图3-4和图3-5可以看出，2008—2018年，北京和天津的人均财政收支均远远高于河北；到了2018年，北京的人均一般公共预算收入和支出已分别是河北的5倍和3.5倍左右，天津则分别是河北的3倍和2倍左右。

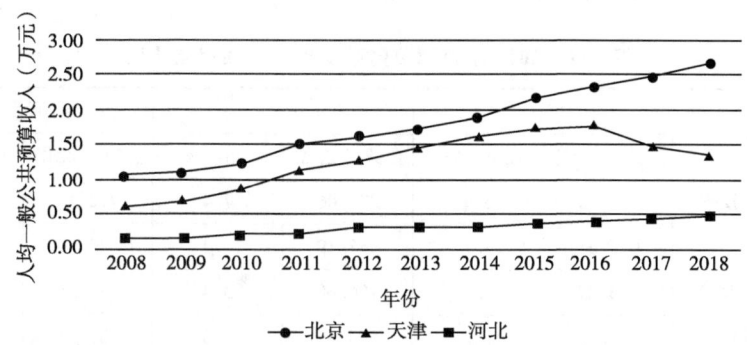

图3-4　2008—2018年京津冀三地人均一般公共预算收入

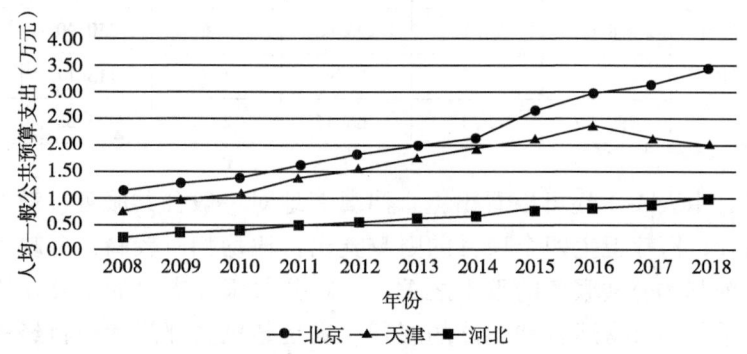

图3-5　2008—2018年京津冀三地人均一般公共预算支出

京津冀区域基本公共服务主要是由三地地方政府提供的。财政收入和支出的水平体现了一个地方政府的财政能力，而基本公共服务供给水平很大程度上由当地政府的财政能力所决定。从图3-4和图3-5可以发现，虽然京津冀三地的人均一般公共预算收入和支出都在增长，但河北的曲线更加平缓，说明其人均一般公共预算收支增速低于京津地区。京津冀地区不均等的财政收支水平直接影响三地基本公共服务均等化水平，是不均等现状的主要成因。因而，三地需要在财政体制上进行探索，为基本公共服务均等化水平提升寻求可行机制和实现路径。

表3-1是2018年度京津冀财政支出的主要项目结构。表3-1列出的项目中，北京2018年财政支出占比最大的项目是城市维护建设，比例为25.1%；排名第二的教育支出为13.7%；其后是社会保障和就业支出，为11.2%。天津2018年财政支出占比最大的是社会保障和就业支出，为16.3%；其次是教育支出，占比14.4%；其余项目占比均未达到10%。河北2018年对教育、社会保障和就业的投入相对较大，分别达到了17.9%和14.7%。

表3-1 2018年京津冀财政支出主要项目结构表

项目	北京 金额（亿元）	北京 比重（%）	天津 金额（亿元）	天津 比重（%）	河北 金额（亿元）	河北 比重（%）
一般公共服务	512.40	6.9	231.06	7.4	712.40	9.2
教育	1 025.51	13.7	448.19	14.4	1 385.59	17.9
科学技术	425.87	5.7	106.68	3.4	77.04	1.0
社会保障和就业	835.65	11.2	505.46	16.3	1 137.84	14.7
医疗卫生	490.09	6.6	192.76	6.2	691.33	8.9
交通运输	462.99	6.2	82.84	2.6	395.33	5.1
城市维护建设	1 878.65	25.1	298.80	9.6	250.90	3.2
文化体育与传媒	245.43	3.3	52.92	1.7	115.17	1.5
环境保护	399.45	5.3	66.46	2.1	433.55	5.6

此外，由表3-1还可以看出，京津冀三地对一般公共服务、教育、社会保障和就业、医疗卫生四个项目的财政支出占比均相对较高，反映了这四个项目是目前基本公共服务的重中之重。一般公共服务支出的主要作用是维持机关事业单位的日常运行和职能的履行、满足各机关部门的项目经费投入需求等。所以一般公共服务支出占财政总支出的比重越小，就越能腾出资金投入到其他涉及民生的重要领域。而就科学技术而言，河北的财政投入远低于京津地区，也印证了河北经济发展更侧重于劳动和资源密集型产业，迫切需要进行产业转型和升级，重视科学技术研究、产学研相结合，提高高技术产业的比重。

（三）京津冀区域人民生活水平状况

首先，在人口密度方面，2018年末北京的人口密度为1 312.6人/平方千米，天津的人口密度为1 305.8人/平方千米，相比之下，河北的人口密度小得多，为400.2人/平方千米。由此可知，北京、天津面临着大城市病的困扰，减轻京津两地对河北省的虹吸作用，促进人口和资源由京津地区流向河北，是京津冀协同发展的一大任务。

在城市化方面（见图3-6），北京的城镇人口比重在考察年度基本保持在85%左右，天津2011年的城镇人口比重也超过了80%，但河北省的城镇人口比重却远低于京津两市，直到2015年城镇人口才超过总人口的半数。但好的方面是河北省的城镇人口比重一直在稳定增长。

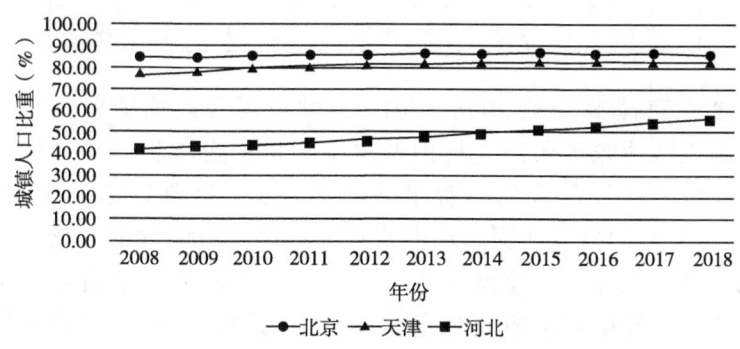

图3-6　2008—2018年京津冀三地城镇人口比重

从表3-2中可以清晰观察到，2008—2018年京津两地的城乡居民人均可支配收入均远高于河北；此外还可以看到，不仅三地之间差距大，就京津冀三地内部城乡收入差别看，农村比与城市人均可支配收入差距悬殊。当然京津冀三地城镇和农村居民人均可支配收入都在逐年稳步提高。社会在发展，时代在进步，随着"腰包"逐渐鼓起来，城乡居民们会更加向往高质量的生活，这也意味着政府和社会应不断优化基本公共服务供给的质量与水平，以满足人民日益增长的物质和精神需求。

表3-2　2008—2018年京津冀城乡居民人均可支配收入　单位：万元

年份	北京		天津		河北	
	城镇	农村	城镇	农村	城镇	农村
2008	2.47	1.00	1.77	0.77	1.34	0.48
2009	2.67	1.09	1.94	0.84	1.47	0.51
2010	2.91	1.24	2.18	0.98	1.63	0.60

续表

年份	北京		天津		河北	
	城镇	农村	城镇	农村	城镇	农村
2011	3.29	1.37	2.42	1.19	1.83	0.71
2012	3.65	1.54	2.66	1.36	2.05	0.81
2013	4.03	1.71	2.90	1.54	2.22	0.92
2014	4.39	1.89	3.15	1.70	2.41	1.02
2015	5.29	2.06	3.41	1.85	2.62	1.11
2016	5.73	2.23	3.71	2.01	2.82	1.19
2017	6.24	2.42	4.03	2.18	3.05	1.29
2018	6.80	2.65	4.30	2.31	3.30	1.40

表3-3是京津冀三地2008—2018年城乡居民人均消费水平。可以看出，京津冀三地的城乡居民人均消费水平均呈稳定增长趋势，但河北不论是城镇还是农村居民的人均消费水平及其增长速度都远远低于京津地区，到2018年，北京的城乡居民人均消费水平均已接近河北的2倍，天津约为河北的1.5倍。此外，京津冀三地内部城乡居民的人均消费水平也差距较大，表明之后的发展不但应重视京津冀三地的协同，也应注重本区域内城乡的协调发展。

表3-3　2008—2018年京津冀城乡居民人均消费水平　单位：万元

年份	北京		天津		河北	
	城镇	农村	城镇	农村	城镇	农村
2008	1.93	0.73	1.37	0.46	0.91	0.31
2009	2.12	0.89	1.52	0.52	1.97	0.33
2010	2.40	0.93	1.70	0.61	1.03	0.38
2011	2.65	1.11	1.89	0.83	1.16	0.47
2012	2.89	1.19	2.06	1.03	1.25	0.54
2013	3.16	1.36	2.23	1.25	1.50	0.74
2014	3.37	1.45	2.43	1.37	1.62	0.82
2015	3.66	1.58	2.62	1.47	1.76	0.90
2016	3.83	1.73	2.83	1.59	1.91	0.98
2017	4.03	1.88	3.03	1.64	2.06	1.05
2018	4.29	2.02	3.27	1.69	2.21	1.14

从图 3-7 可以看出，河北省 2008—2017 年的总抚养比远高于京津两地，反映出河北省的从业劳动者负担较京津地区更重，因此也需要提升河北的基本公共服务供给能力和供给效率，改善劳动者的工作环境，减轻其工作压力。

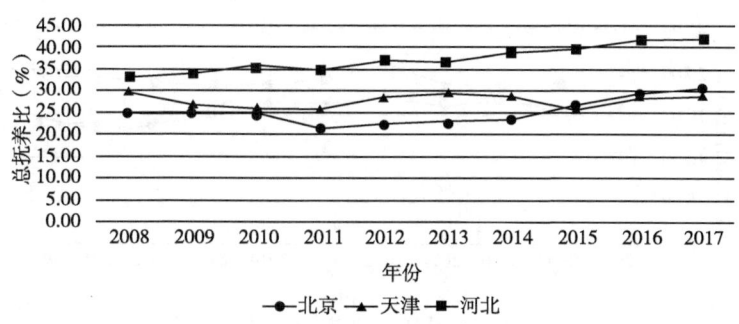

图 3-7　2008—2017 年京津冀总抚养比①

二、京津冀地区基本公共服务状况分析

（一）教育

我们可以通过对比京津冀人均财政教育支出和教育支出占财政总支出的比重，来衡量三地的教育公共服务供给状况。

由表 3-1 可以看出京津冀三地教育支出的规模，2018 年三地的财政教育支出占总支出的比重均已经超过 13%。从图 3-8 可以看出，北京的人均财政教育支出是三地最高的，其次是天津，河北最低且远低于京津水平。除天津

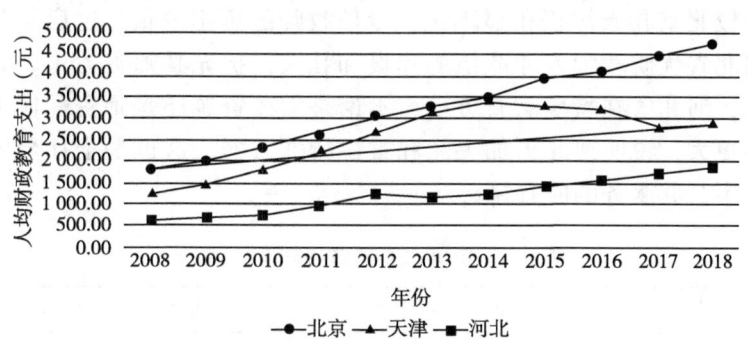

图 3-8　2008—2018 年京津冀人均财政教育支出

---

①　总抚养比（%）指人口总体中非劳动年龄人口数与劳动年龄人口数之比，说明每 100 名劳动年龄人口大致要负担的非劳动年龄人口数，用于从人口角度反映人口与经济发展的基本关系。

2014—2017年呈下降趋势外，三地人均财政教育支出总体上呈增长态势，体现出财政对教育事业的重视和投入。此外，从图3-9可以看出，2008—2018年教育支出占财政总支出的比重河北最高，京津二地这一指标数据相近。

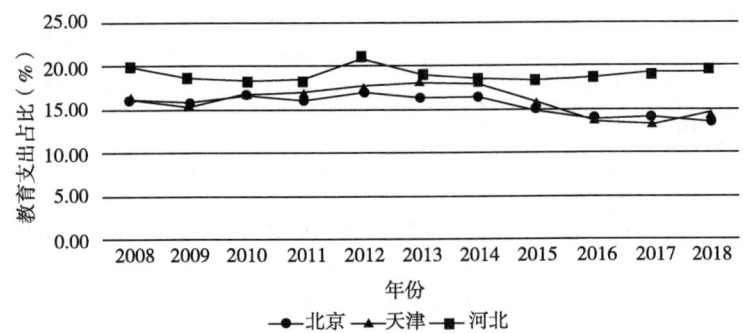

图3-9　2008—2018年京津冀教育支出占财政总支出的比重

从表3-4中可以看出京津冀三地的基础教育普及情况，从特定数量人口平均所拥有的各级学校数来看，河北的数据均优于京津地区，尤其是每万常住人口拥有的小学数、幼儿园数和每十万常住人口拥有的特殊教育学校数，均已达到京津两地2到3倍的水平。但是若关注平均每一专任教师负担的各级学生人数，就会发现除特殊教育外，河北平均每一专任教师负担的各级学生人数均多于北京和天津：北京普通中学、小学和幼儿园的生师比分别为7.03、16.28和11.89，天津为10.66、15.07和15.73，而河北省的数据为12.73、18.62和18.97。这说明河北省虽然各级学校在数量上并不算匮乏，但师资力量较北京和天津仍稍显不足，专任教师的负担较重。这启示我们，应该重视河北省优质教师人才队伍的建设和壮大，扩充其师资力量。此外值得肯定的是，河北省在特殊教育方面，不论是学校资源还是师资配比上，均较京津优势更大，说明河北更加关注和重视特殊人群，这也是全社会公民享受均等的基本公共服务的应有之义。

表3-4　2018年京津冀基础教育情况

教育层次	项目	北京	天津	河北
普通中学	普通中学数（个）	766	604	3 005
	每万常住人口拥有普通中学数（个）	0.35	0.39	0.40
	普通中学在校学生数（万人）	52.27	54.16	389.21
	普通中学专任教师数（万人）	7.43	5.08	30.57
	平均每一专任教师负担普通中学学生数（人）	7.03	10.66	12.73

续表

教育层次	项　目	北京	天津	河北
小学	小学数（个）	984	857	11 697
	每万常住人口拥有小学数（个）	0.45	0.55	1.56
	小学在校生数（万人）	87.58	64.80	637.22
	小学专任教师数（万人）	5.38	4.3	34.22
	平均每一专任教师负担小学学生数（人）	16.28	15.07	18.62
幼儿园	幼儿园数（个）	1 604	1 997	15 418
	每万常住人口拥有幼儿园数（个）	0.74	1.28	2.05
	幼儿园在园人数（万人）	45.06	26.29	240.21
	幼儿园专任教师数（万人）	3.79	1.67	12.66
	平均每一专任教师负担幼儿园学生数（人）	11.89	15.73	18.97
	小学学龄儿童入学率（%）	100	100	99.96
特殊教育	特殊教育学校数（个）	21	20	161
	每十万常住人口拥有特殊教育学校数（个）	0.10	0.13	0.21
	特殊教育在校学生数（万人）	0.64	0.40	1.71
	特殊教育专任教师数（万人）	0.10	0.06	0.33
	平均每一专任教师负担特殊教育学生数（人）	6.4	6.67	5.18

（二）医疗卫生

我们通过京津冀人均财政医疗卫生支出这一指标来衡量三地的医疗卫生公共服务供给状况。

从表3-1来看，北京和天津2018年财政医疗卫生支出占财政总支出的比重均为6%左右，河北为8.9%，说明相较京津两地，河北的财政支出更加侧重一些保障居民基本生活条件的领域，也侧面反映出河北的基本公共服务质量还有待提升。从图3-10可以看出，在京津冀三地中，北京的人均财政医疗卫生支出最高，天津次之，河北最低，且三地人均财政医疗卫生支出总体上呈增长态势，体现政府对居民医疗卫生事业的重视和投入。

表3-5列出了2018年京津冀三地的医疗卫生服务状况。从中可以看出，虽然河北每万人拥有的（基层）医疗卫生机构比北京和天津多，但每万人拥有的医院数量却少于京津地区，表明河北省医疗卫生机构、设施正规化和专业化水平还有待提高。北京和河北每万人拥有的病床数相近，天津略少于北京和天津。在医疗卫生从业人员方面，河北每万人口拥有的卫生技术人员、助理和注册护士数量均少于京津两地，每万常住人口拥有执业（助理）医师

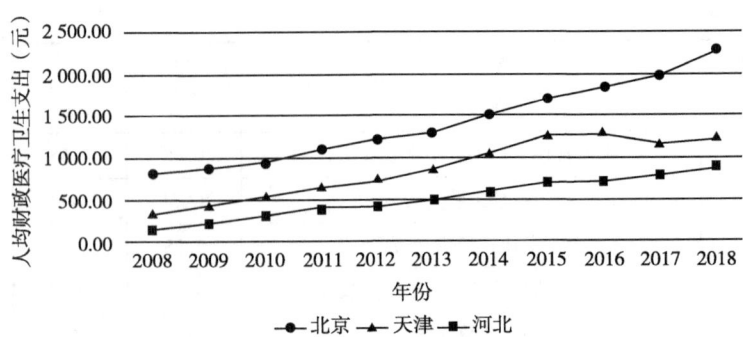

图 3-10　2008—2018 年京津冀人均财政医疗卫生支出

数与天津相同，少于北京，表明河北的医护人员相较京津会面对更多的患者，工作强度和压力更大。医疗卫生方面的差距也体现出应继续重视河北基本公共服务供给水平的提升，以使得京津冀基本公共服务均等化和协同发展顺利推进。

表 3-5　2018 年京津冀医疗卫生状况

项　　目	北京	天津	河北
每万人拥有医疗卫生机构数（个）	4.7	3.6	11.3
每万人拥有基层医疗卫生机构数（个）	4.3	3.3	10.9
每十万人拥有医院数（个）	3	2.7	2.5
每万人拥有医院床位数（张）	52.3	41.29	52.53
每万常住人口拥有卫生技术人员数（人）	113	65	57
每万常住人口拥有执业（助理）医师数（人）	43	26	26
每万常住人口拥有注册护士数（万人）	48	24.54	21.07

（三）社会保障和就业

我们通过京津冀人均财政社会保障支出这一指标来衡量三地的社会保障和就业的供给状况。

从图 3-11 可以看出，2008—2018 年京津冀三地的人均财政社会保障和就业支出均呈稳步增长态势，但河北仍远低于北京和天津，且河北人均财政社保就业支出的增长速度要比北京和天津缓慢。

2018 年京津冀三地职工最低工资标准，北京最高，为 2 120 元，其次是天津，为 2 050 元，河北最低，为 1 380 元。从 2018 年城镇单位就业人员平均工资水平来看，北京大约是天津的 1.5 倍，超过了河北的 2 倍，三地职工的收入差距明显。如此大的收入差距直接导致天津和河北的劳动力为追求高收

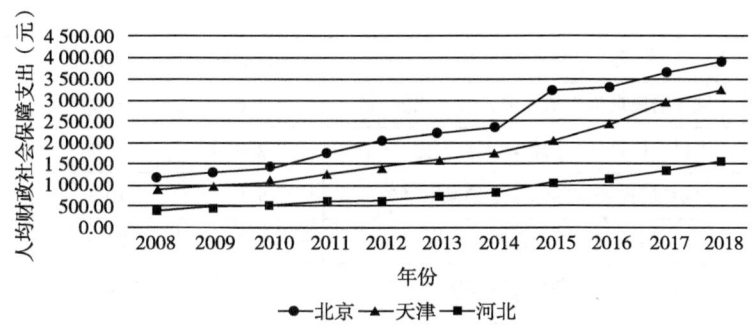

图 3-11　2008—2018 年京津冀人均财政社会保障支出

入而涌向北京，造成天津和河北人力资源流失且使北京患上了"大城市病"。在失业率方面，北京失业率最低，为 1.4%，天津次之，为 3.5%，河北失业率最高，为 3.7%。从这项数据对比也可以看出，北京相较天津和河北具有更多的工作机会，会吸引更多的周边地区劳动力来寻求就业。从享受社会保障的人员情况来看，2018 年北京城市、农村居民最低生活保障人数占总常住人口的比重分别为 0.36% 和 0.2%，天津相应的比重为 0.69% 和 0.59%，河北相应比重为 0.47% 和 2.13%。可以看出河北的农村低保人数比重远远超出北京和天津，这体现了相较于北京和天津，河北省的城乡二元结构更加明显。部分河北的贫困地区仍存在相当数量的贫困人口，因此，根据"木桶原理"，需要先补"短板"，贯彻落实精准扶贫精神，大力发展河北的农村经济，只有农村脱贫摘帽，继而才能追求与京津地区均等的基本公共服务。在各种社会保险参保方面，北京和天津的企业职工基本养老和医疗保险参保率较高，河北远低于北京和天津。而北京和天津城乡居民基本养老和医疗保险参保率却低于河北，表明河北依靠国家拨付的基本保障的人口较多。此外，京津冀的失业、工伤、生育保险的参保率呈三级阶梯，表明北京的就业和社会保障体系最完善，河北则亟待提高。在社会福利救济机构方面，北京每万人拥有的收养性福利单位最多，天津次之，河北最少，考虑到河北依然存在大量贫困人口，孤、老、幼、残的发生率较高，应继续推进河北收养性福利单位的建设。

表 3-6　2018 年京津冀社会保障和就业情况

	项　目	北京	天津	河北
就业	职工最低工资（元/月）	2 120	2 050	1 380
	城镇单位就业人员平均工资（元）	145 766	100 731	68 717
	城镇登记失业率（%）	1.4	3.5	3.7

续表

项　　目		北京	天津	河北
社会保障	城镇居民最低生活保障人数占比（‰）	3.6	6.9	4.7
	农村居民最低生活保障人数占比（‰）	2.0	5.9	21.3
	城乡居民基本养老保险参保率（%）	9.8	10.1	46.2
	城乡居民基本医疗保险参保率（%）	9.3	34.3	78.4
	企业职工基本养老保险参保率（%）	69.8	42.1	11.7
	企业职工基本医疗保险参保率（%）	72.3	35.6	13.1
	失业保险参保率（%）	53.9	19.9	7.0
	工伤保险参保率（%）	51.5	25.4	11.4
	生育保险参保率（%）	47.7	19.1	9.8
	每万常住人口拥有收养性福利单位数（个）	0.32	0.19	0.15

（四）文化与传媒

我们通过京津冀人均财政文化体育与传媒支出这一指标来衡量三地的文化公共服务供给状况。

从图3-12可以看出，京津冀三地2008—2018年的人均财政文化和传媒支出都呈持续增长的趋势，区别是河北增长很缓慢，天津也较为缓慢，北京增长迅速。造成增速差异的原因不单是三地的财力差距，更主要的是北京市城市定位的特殊性，其不仅仅是我国的首都和特大城市之一，更是全国的政治中心、文化中心、国际交往中心和科技创新中心。因此北京在非首都功能疏解的过程中会更加重视文化方面的投入是可以预见的。而河北各项工作的重点仍然是解决经济发展问题，因此文化体育与传媒投入增长缓慢也合情合理。

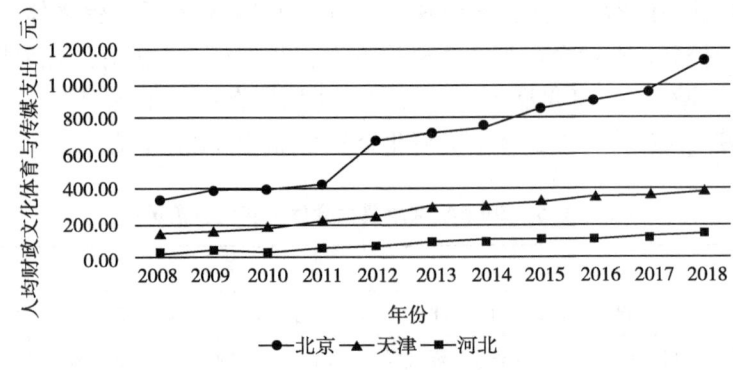

图3-12　2008—2018京津冀人均财政文化体育与传媒支出

从表 3-7 可以看出，京津冀三地的文化和传媒发展水平差距较大，其中，北京在公共图书馆的人均藏书量、公共图书馆每万人建筑面积、每十万人拥有博物馆数、每千人博物馆藏品数等方面优势明显，这与北京是我国历史悠久的文化古都有关。在传媒方面，北京和天津都已实现电视和广播全覆盖，但河北仍然有少部分地区未覆盖，这和河北省经济欠发达的农村占比相对较大有关。

表 3-7　2018 年京津冀文化和传媒情况

	项　目	北京	天津	河北
文化	每十万人拥有公共图书馆个数（个）	0.11	0.21	0.23
	人均拥有公共图书馆藏书量（册）	3.01	1.07	0.34
	每万人拥有公共图书馆建筑面积（平方米）	266.27	209.14	65.56
	每万人拥有公共图书馆阅览室座席数（个）	8.11	11.05	5.41
	每十万人拥有群众艺术文化馆个数（个）	0.09	0.12	0.24
	每万人拥有艺术团体数（个）	0.21	0.07	0.1
	每十万人拥有博物馆个数（个）	0.82	0.4	0.16
	每千人拥有博物馆文物藏品数（件）	198.09	45.6	4.92
传媒	电视节目套数（套）	26	23	180
	电视综合覆盖率（%）	100	100	99.29
	广播节目套数（套）	26	22	134
	广播综合覆盖率（%）	100	100	99.35

（五）城市建设和基础设施

我们通过京津冀人均财政城市维护建设支出这一指标来衡量三地的城市建设和基础设施供给状况。

由图 3-13 可以看出，2008—2017 这 10 年间，京津冀三地的人均财政城市维护建设支出差距很大，具体体现在北京的该项人均支出不但数额远高于天津和河北，而且增长速度也极快。相比之下，天津和河北的数据较为稳定，河北甚至在 2014 年之后出现数据下滑的现象。究其原因，是因为北京市作为我国的首都、特大城市和四大中心，是我国向世界展示良好形象的窗口，需要承担比一座普通城市更多的职能。此外，由于近年来北京对周边欠发达地区的"虹吸效应"，大量的非本地人口涌入，造成城市负担不断加重。因此，北京需要不断增加城市维护建设资金投入，缓解市政建设、交通运输、公共服务和环境保护等方面的压力。而另一方面，由于天津和河北尤其是河北是人口的流出方，所以不存在城市负担重的问题，故而城市维护建设支出没有明显增加也是正常的。

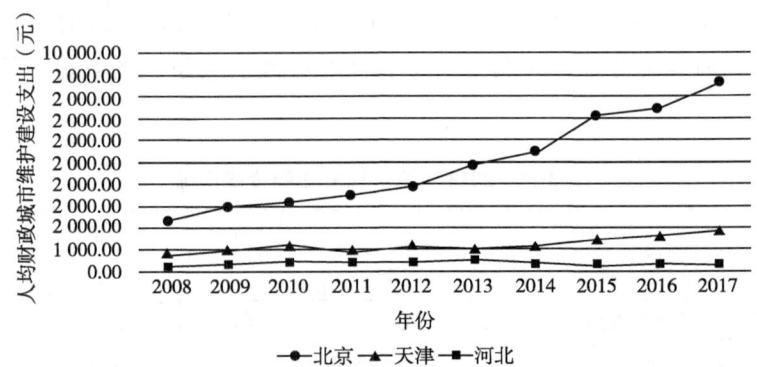

图3-13　2008—2017年京津冀人均财政城市维护建设支出

从表3-8可以看出，河北省的铁路网、公路网和道路桥梁的密度均小于京津地区，说明河北的交通基础设施建设还需推进。北京由于人口数量大且行政区划面积较小，故人均城市道路面积为三地中最少。北京和天津两市已经实现燃气和供水的全覆盖，但河北仍有小部分区域未实现燃气和自来水供给，表明河北还需完善此类关乎人民生活的最基本的公共服务。城市建成区供水和排水能力方面均是天津最优，河北次之，北京最差。在关系到居民出行的公共交通方面，北京每万人拥有最多的出租车辆和公交车辆，天津次之，河北最少，说明目前河北的公共交通便利度还有待提高。在邮政服务方面，北京平均每一邮政营业网点服务的人口最少，享受的服务最便捷，天津次之，河北最后。

表3-8　2017年京津冀城市建设和基础设施状况

项　　目	北京	天津	河北
铁路网密度（千米/平方千米）	0.079	0.092	0.038
公路网密度（千米/平方千米）	1.35	1.38	1.01
人均城市道路面积（平方米）	7.44	17.41	18.88
每平方千米道路桥梁数（座）	0.13	0.08	0.01
燃气普及率（%）	100	100	98.78
用水普及率（%）	100	100	99.05
建成区供水管道密度（千米/平方千米）	7.33	16.46	8.36
建成区排水管道密度（千米/平方千米）	6.63	19.14	8.35

续表

项　　目	北京	天津	河北
每万人拥有出租车辆数（辆）	31.55	20.52	7.16
每万人拥有公共交通车辆（标台）	26.55	19.64	15.34
公共交通运营线路总长度（千米）	19 898	19 058	37 390
轨道交通运营线路长度（千米）	608	175	59.4
邮政营业网点数（处）	5 106	2 084	7 014
平均每一邮政网点服务人口（万人）	0.43	0.75	1.07

（六）环境和生态保护

我们通过京津冀人均财政环保支出、每万元生产总值能耗和三地的空气质量优良率来衡量三地的环境和生态保护状况。

从图3-14可以看出，虽然2008—2018年京津冀三地的人均财政节能环保支出总体均呈上升趋势，但天津和河北的增幅远远小于北京。2008年三地的人均环保支出数额相近，但到了2018年，北京的人均环保支出已经几乎是天津的3倍、河北的4倍。其重要原因是，北京作为我国首都，必然更重视良好的生态环境。近年来京津冀区域整体环境状况尤其是空气质量欠佳。因为三地地缘相接且产业联系越来越紧密，所以三地加强协作，治理好该区域的环境和生态问题是推进京津冀协同发展的重要前提。

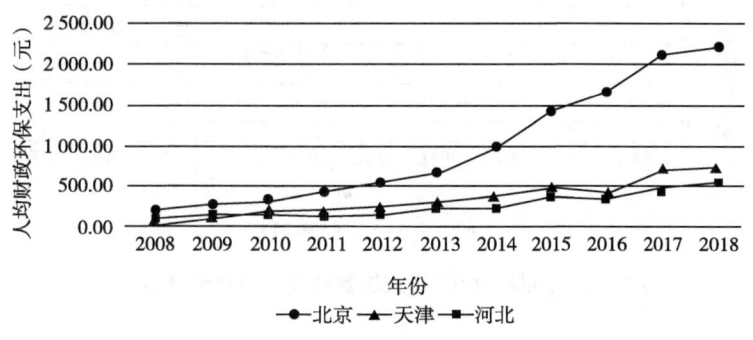

图3-14　2008—2018年京津冀人均财政节能环保支出

从图3-15可以看出，2008—2017年京津冀三地每增加万元的生产总值所需能耗均呈不断下降的趋势，反映了该区域经济效率的不断提高。但值得关注的是，河北的单位生产总值能耗相较于京津地区依然很高，2017年河北每万元生产总值能耗为0.89吨标准煤，超过了天津的两倍（0.42吨标准煤），将近北京的四倍（0.26吨标准煤）。究其原因，主要是河北省尚未完成产业的转型升级，能耗高且附加值低的基础工业仍占很大比例。其结果就是河北省资源被浪费、环境污染日渐严重。因此，在重视河北承接京津产业的同时，也不能忽视环境和生态保护，不能以牺牲环境为代价换取发展。

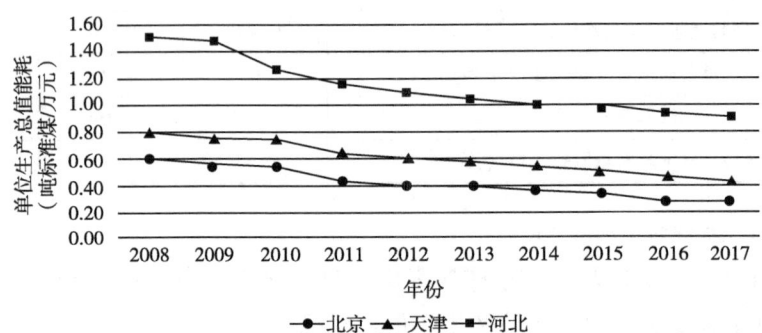

图 3-15　2008—2017 年京津冀每万元生产总值能耗

从图 3-16 可以看出，京津冀三地基本上都经历了一个空气质量从优到差再到良的过程，2012 年前后年空气质量显著下降，空气质量达到或好于二级的天数骤减，之后三地加强对空气污染的防治，空气质量状况逐渐好转。

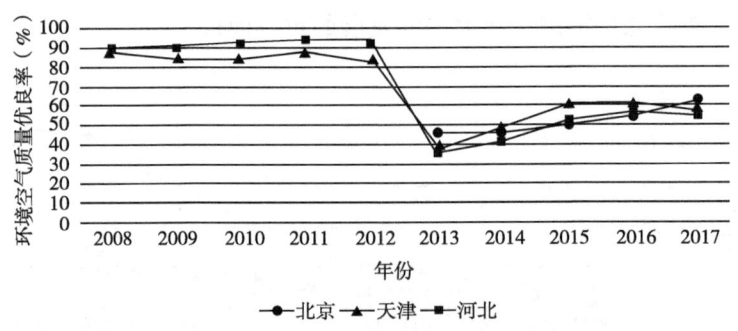

图 3-16　2008—2017 年京津冀环境空气质量优良率①

从表 3-9 可以看出，河北的水资源较京津地区丰富，因此一直以来河北承担着向京津地供水的任务。每百平方千米的污水处理厂、垃圾无害化处理厂和每万人拥有的环卫车辆方面，河北与京津地区的差距较大，说明河北省用于环境保护的基础设施有待完善。三地涉及区域整体方面的数据差异不是

---

① 计算公式：空气质量优良率＝空气质量达到及好于二级的天数/一年总天数。其中，北京 2008—2012 年的数据缺失。

很明显，应继续重视三地的环境协同治理，提升环境生态质量，为综合发展和提高人民生活水平奠定良好基础。

表 3-9　2017 年京津冀环境与生态状况

项　目	北京	天津	河北
人均水资源量（立方米）	137.1	83.6	184.53
污水处理率（%）	92.4	92.5	97.8
每百平方千米污水处理厂数（座）	0.41	0.39	0.05
道路清扫保洁面积占道路总面积比重（%）	93	92	87
每万人口拥有市容环卫专用车辆设备（台）	5.31	3.03	1.24
生活垃圾无害化处理率（%）	99.9	96	99.78
每百平方千米垃圾无害化处理厂数（个）	0.15	0.08	0.03
每万人拥有公共厕所数（个）	2.81	1.74	2.95
自然保护区个数（个）	20	8	45
人均公园绿地面积（平方米）	16.2	12.8	14.52
城市绿化覆盖率（%）	48.4	36.3	41.8

（七）住房保障

我们通过京津冀住宅房屋销售价格来衡量三地的住房保障情况。

从图 3-17 中可以看出，京津冀三地 2008—2017 年的房屋销售价格均呈增长趋势，但北京市的增长幅度远超津冀地区。2017 年北京的平均住宅房屋销售价格为 34 117 元/平方米，超过天津的两倍（15 139 元/平方米），将近河北的五倍（7 039 元/平方米）。这与北京对周边地区的"虹吸效应"有关，大量非本地人口的涌入和定居造成房地产行业火热。要想化解北京的"大城市病"、缓和北京的房价，除通过政府的宏观调控来对房地产行业进行调节之外，还需要均衡京津冀区域的基本公共服务供给水平，以使津冀两地形成足够的人居吸引力。

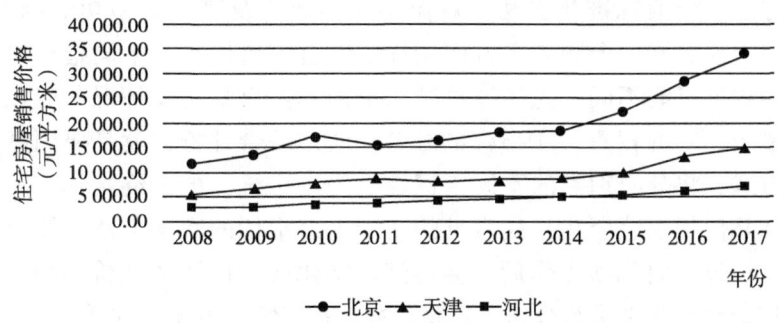

图 3-17　2008—2017 年京津冀住宅房屋销售价格

第三节　京津冀区域基本公共服务均等化评价

前面我们呈现了大量数据和图表，对京津冀区域的整体经济状况和基本公共服务的供给状况进行了分析对比。可以明显看出，三地在基本公共服务领域有很大的差距。但仅仅通过这些简单的数据，我们还无法明确京津冀区域的基本公共服务均等化的发展趋势。因此，需要用数学方法，构建综合指标体系评价模型，对三地的基本公共服务供给水平和均等化水平及其走势进行综合评价。

一、研究方法

首先，目前国内学界仍没有在基本公共服务供给水平及其均等化程度的测量标准方面达成一致。部分持主观方法论的学者认为，某地区居民的满意度可以反映该区域基本公共服务的供给水平。而持客观方法论的学者则认为可以建立综合指标体系来评价基本公共服务的供给。对于基本公共服务均等化程度的衡量，有的研究者认为不同地区的基本公共服务均等化程度可以由它们之间的财政能力均等化程度反映；也有学者使用反映数据离散程度的统计工具，如变异系数、泰尔指数等，直接测度基本公共服务的均等化水平。

其次，综合评价方法指的是将多个反映不同领域的指标综合成一个更具整体性的指标，来对多个被评价样本进行评价的方法。该方法分为五个不可或缺的部分：①评价指标体系。指标必须依据研究目的和对象而设置，且可以反映研究对象的特性。一系列具有共同评价目标的指标组成了指标体系。②指标数据的无量纲化处理。根据不同类型指标所获取到的原始数据的计量单位、评价方向一般不同，为了使这些数据具有可比性，应首先将指标数据标准化，也就是进行无量纲化处理。经济学中常用的无量纲化的方法有统计标准化方法、极值标准化方法、对数功效函数法及幂函数型功效函数法等。③指标权重。对于一个涵盖多方面指标的综合评价体系，不同指标对评价过程的作用程度可能不同，为使评价结果更加真实反映现实情况，应该给不同的指标赋予不同的权重。④指标的综合。所谓综合评价，就是要用建立数学模型的方式，将分门别类的不同指标综合为一个统一的最终指标。算术加权综合法和几何加权综合法是最常见的用于综合指标的数学方法。⑤综合评价的结果。经过上面几项工作后，会得到数字化或分值化的评价结果，需要结合经济理论对该结果进行分析、解释，并根据研究目的提出对策。

最后，目前学界常见的对某些对象构建综合评价体系进行评价的方法有很多，如主成分分析法、层次分析法、专家意见法（德尔菲法）、熵值法等。这些方法的重要区别就在于对评价过程贡献程度不同的指标的赋权方法不同。其中，主成分分析法和熵值法通过数学表达式的计算对指标进行客观赋权，能够很大程度上减少德尔菲法和层次分析法等主观赋权方法的人为误差。

基本公共服务均等化问题包含许多具体领域，且通过比较各领域指标的客观数据，可以相对科学地对比京津冀三地的基本公共服务状况。所以，本书认为可以构建涵盖基本公共服务几大重要领域主要指标的综合评价指标体系，通过客观的熵值法赋权方式确定每项评价指标的权重，利用经过标准化的实际数据，结合数学模型来量化评估京津冀三地的基本公共服务供给水平。然后再将变异系数和各指标权重结合起来，以评价京津冀三地的基本公共服务均等化程度。这样的方法有三方面的优势：一是既可以对同一年份京津冀三地的基本公共服务供给水平进行横向对比，也可以分别计算不同年份三地的评价得分，进而通过纵向比较得出趋势性的结论；二是综合评价的指标体系能够利用评价模型，把不同的评价方面统一起来，从而在很大程度上降低仅着眼于某一领域评价的不完整性，得到更统一的评价结果；三是最后的评价结果采用数字化的评分表示，能够对各评价对象进行排序，且可以一目了然地看出具体差异程度的大小。

二、京津冀三地基本公共服务评价

（一）确定评价模型

本书采用的综合评价模型如式（3-1）所示：

$$S_i = \sum_{j=1}^{m} x'_{ij} \cdot w_j \qquad (3-1)$$

式中，i 表示地区，即京津冀三地，$i=1，2，3$；j 表示第 i 地的第 j 项指标，$j=1，2，\cdots，78$；S_i 表示 i 地的综合评价分值；x'_{ij} 表示原始数据标准化后的数据；w_j 表示第 j 项指标的权重。

（二）指标体系构建和数据来源

本书参考了《"十三五"推进基本公共服务均等化规划》，同时借鉴了相关研究成果，考虑了评价指标选取的全面性、客观性、科学性、可比性、目的性，以及统计资料的可获得性等原则，设计了包含基本公共服务各主要领域的综合评价指标体系。该指标体系设置有教育、医疗卫生、社会保障与就业、文化与传媒、城市建设与基础设施、生态环境保护、住房保障 7 个一级指标，每个一级指标又下设若干二级指标。具体的指标体系构建结果见表 3-10。

表 3-10 京津冀基本公共服务均等化综合评价指标体系表

评价目标	一级指标	二级指标	指标单位	指标方向
京津冀基本公共服务均等化水平	教育 A	幼儿园生师比 A1	%	−
		普通小学生师比 A2	%	−
		普通中学生师比 A3	%	−
		普通高校生师比 A4	%	−
		每万人拥有幼儿园数 A5	个	+
		每万人拥有小学数 A6	个	+
		每万人拥有普通中学数 A7	个	+
		每万人拥有普通高校数 A8	个	+
		小学学龄儿童入学率 A9	%	+
		每十万人拥有特殊教育学校数 A10	个	+
		人均财政教育支出 A11	元	+
		教育支出占地区财政总支出比重 A12	%	+
	医疗卫生 B	每十万人拥有医院数 B1	个	+
		每万人拥有基层医疗卫生机构 B2	个	+
		每万人拥有医院床位数 B3	张	+
		每万人拥有卫生技术人员数 B4	人	+
		每万人拥有执业（助理）医师数 B5	人	+
		每万人拥有注册护士数 B6	人	+
		人均财政医疗卫生支出 B7	元	+
		医疗卫生支出占财政总支出比重 B8	%	+
	社会保障 C	城镇非私营单位从业人员平均工资 C1	元	+
		城镇登记失业率 C2	%	−
		城镇居民最低生活保障人数占比 C3	%	−
		农村居民最低生活保障人数占比 C4	%	−
		城乡居民基本养老保险参保率 C5	%	+
		城乡居民基本医疗保险参保率 C6	%	+
		企业职工基本养老保险参保率 C7	%	+
		企业职工基本医疗保险参保率 C8	%	+
		失业保险参保率 C9	%	+
		工伤保险参保率 C10	%	+

续表

评价目标	一级指标	二级指标	指标单位	指标方向
京津冀基本公共服务均等化水平	社会保障C	生育保险参保率C11	%	+
		每万人拥有收养性福利单位数C12	个	+
		人均财政社会保障与就业支出C13	元	+
		社保就业支出占财政总支出比重C14	%	+
	文化与传媒D	每十万人拥有公共图书馆个数D1	个	+
		人均拥有公共图书馆藏书量D2	册	+
		每万人拥有公共图书馆建筑面积D3	平方米	+
		每万人拥有公共图书馆阅览室座席数D4	个	+
		每十万人拥有博物馆数D5	个	+
		每千人拥有博物馆文物藏品数D6	件	+
		每十万人拥有群众艺术文化馆个数D7	个	+
		每十万人拥有艺术表演场馆机构数D8	个	+
		每万人拥有艺术团体数D9	个	+
		电视综合覆盖率D10	%	+
		广播综合覆盖率D11	%	+
		人均财政文体传媒支出D12	元	+
		文体传媒支出占财政总支出比重D13	%	+
	城市建设和基础设施E	人均城市道路面积E1	平方米	+
		铁路网密度E2	千米/平方千米	+
		公路网密度E3	千米/平方千米	+
		每平方千米城市道路桥梁数E4	座	+
		用水普及率E5	%	+
		建成区供水管道密度E6	千米/平方千米	+
		建成区排水管道密度E7	千米/平方千米	+
		燃气普及率E8	%	+
		平均每一邮政营业网点服务人口E9	万人	−
		每万人拥有出租车数E10	辆	+
		每万人拥有公共交通车辆数E11	标台	+
		公共交通运营线路密度E12	千米/平方千米	+
		人均财政城市维护建设支出E13	元	+
		城市维护建设支出占财政总支出比重E14	%	+

续表

评价目标	一级指标	二级指标	指标单位	指标方向
京津冀基本公共服务均等化水平	环境与生态 F	单位生产总值能耗 F1	吨标准煤/万元	-
		人均水资源 F2	立方米	+
		污水处理率 F3	%	+
		每百平方千米污水处理厂数 F4	个	+
		道路清扫保洁面积占道路总面积比重 F5	%	+
		每万人拥有市容环卫专用车辆设备数 F6	标台	+
		生活垃圾无害化处理率 F7	%	+
		每百平方千米垃圾无害化处理厂数 F8	个	+
		每万人拥有公共厕所数 F9	个	+
		人均公园绿地面积 F10	平方米	+
		城市绿化覆盖率 F11	%	+
		环境空气质量优良率 F12	%	+
		人均财政环境保护支出 F13	元	+
		环境保护支出占财政总支出比重 F14	%	+
	住房保障 G	竣工住宅人均面积 G1	平方米	+
		住宅房屋销售价格 G2	元/平方米	-
		每平方千米房地产开发企业个数 G3	个	+

1. 指标体系的构建。教育需求弹性较小，且其非排他性、非竞争性的公共服务属性使得逐利性较强的市场在该方面的供给效用很小，政府负有无法推卸的责任和义务去提供教育服务。所以我们选取教育作为一级指标，其中不但包含学前教育、义务教育和高等教育三个层次，还加入了特殊教育。通过一定数量人口平均拥有的各级学校数和各级学校生师比等12个二级指标，来综合考察京津冀区域的教育服务供给水平。

医疗卫生与公众的身体健康密切相关，其需求弹性很小且由私人组织供给的成本和费用都很高，所以公共医疗卫生一直是政府关注和重点支持的领域。我们分别考察了京津冀一定数量人口平均拥有的较高层次的正规医院及基层化的医疗机构数、配备床位数和相关专业人员数量等方面，在医疗卫生的一级指标下设置了8个二级指标，来衡量京津冀区域的医疗卫生服务供给水平。

社会保障服务水平的高低以及社会保险之间的接续问题是流动人口较为关心的基本公共服务项目之一，且最基本的保障居民最低生活质量的社保项目只能由政府来提供。京津冀区域社会保障服务供给水平的差异程度影响了三地间的人口流动，河北社会保障水平与京津的差异导致河北人口大量流向京津地区，不利于北京非首都功能的疏解。本书考察了三地从业人员平均工资、失业率和各种社会保险参保率等因素，在社会保障的一级指标下设置了14个二级指标，来衡量京津冀区域的社会保障服务供给水平。

文化与传媒在过去对于我国居民来说是层次较高的活动，但随着生活水平的提高，人们对于这些精神生活方面的需求越来越大，文化艺术和传媒逐渐成为人们生活中不可分割的重要部分。本书考察了京津冀三地公共图书馆、公共博物馆、群众艺术馆和广播电视等由政府负责提供的公共服务，在文化传媒的一级指标下设置了一定数量人口平均拥有的场馆数、广播电视覆盖率等13个二级指标，来衡量京津冀区域文化传媒服务的供给水平。

城市建设水平和基础设施的供给水平已经成为影响人们生活和选择居住地点的最重要因素之一，而政府是城市建设和基础设施供给的最主要力量。本书考察了京津冀公路铁路密度、供排水和燃气、公共交通运营车辆等基础设施情况，将城市建设和基础设施作为一级指标，并下设14个二级指标，以衡量京津冀区域城市建设和基础设施的供给水平。

生态环境保护不但和本区域居民的日常生活健康息息相关，而且已成为京津冀区域不可忽视的热点问题。由于生态环境具有非竞争性和非排他性的特征，且环境治理的正外部性很强，不适合由私人组织来负责，因此政府就成了生态环境治理的中坚力量。本书考察了污水和生活垃圾处理、环保设施数量、绿化情况及空气质量等方面，在生态环境保护的一级指标之下设置了14个二级指标，来衡量京津冀区域生态环境保护服务的供给水平。

住房保障问题一直是京津冀区域尤其是北京市的热点社会问题，它关乎居民的生活幸福感和满足感。房地产业允许私人企业进入，但是最终整个房地产业的健康运行还需要政府进行调控，此外，涉及部分低收入居民的基本住房保障也需要由政府来提供。因此，本书将住房保障也列为基本公共服务均等化评价的一级指标之一，其下设置了住宅销售价格等3个二级指标，用以衡量京津冀区域住房保障服务的供给水平。

2. 数据来源。在数据的选择方面，由于京津冀三地辖区人口、面积不同，用各项数据的绝对量来比较难免有失偏颇，故本书的指标设计均采用平均数或比例的形式，将人口和辖区面积的影响最大限度地减小。本书所使用的数据主要来源于《中国统计年鉴》《北京统计年鉴》《天津统计年鉴》《河北经济年鉴》《中国城市建设统计年鉴》《中国卫生和计划生育统计年鉴》和中华人民共和国国家统计局官网。此外需要特别说明的是，由于在写作时，本书构建的综合评价指标体系中有部分指标2018年度的数据尚不可得,为保证数据时间维度的统一性和可比性,本章在进行实证分析时选用的是2008—2017年的数据。

3. 指标数据的无量纲化处理。由于所选取的指标数据的计量单位、数量级和方向不同,应对原始统计数据进行无量纲化处理使其标准化,从而使其具有可比性。

本书采取极值标准化方法对指标的原始数据进行无量纲化处理,采用此法有三个原因:①采取此方法将原始数据转化后的标准化数据都在0和1之间,便于进行下一步的数学处理;②转化后的数据相对数性质较为明显;③极值标准化法仅需要依据每一项指标中的最大值、最小值和各单项指标的实际数值。

首先建立原始数据评价矩阵 $X = (x_{ij})_{m \times n}$,其中, x_{ij} 为第 i 个地区第 j 个指标的指标值, i 和 j 满足 $0 \leq i \leq n$ ($i = 1, 2, 3$), $0 \leq j \leq m$ ($j = 1, 2, \cdots, 78$)。 $\min x_{ij}$ 为该指标在对京津冀的某一测度年份内出现过的最小值, $\max x_{ij}$ 为该指标在对京津冀的某一测度年份内出现过的最大值。对于正负方向不同的指标,标准化计算方法如下。

对于数值越大评价值越高的正向指标,计算公式为:

$$x'_{ij} = \frac{x_{ij}}{\max(x_{1j}, x_{2j}, x_{3j})} \tag{3-2}$$

对于数值越小评价值越高的负向指标,计算公式为:

$$x'_{ij} = \frac{\min(x_{1j}, x_{2j}, x_{3j})}{x_{ij}} \tag{3-3}$$

经过无量纲化处理所有指标值都大于0且小于等于1,得分越高,代表该年份此地区该指标所对应的基本公共服务供给水平越高。

4. 采用熵值法为指标赋权。如上面方法综述时所述,已有的研究中,给指标赋权的方法分为主观赋权法和客观赋权法。区域内基本公共服务的供给水平和均等化程度的衡量涉及政府、社会、市场、居民等诸多主体及很多领域的客观因素,所以很难找到一个有说服力的主观赋权方法,本书选取客观赋权法中的熵值法作为二级指标的权重确定方式。熵值法的原理为信息熵越小,指标的变异程度越大,提供的信息量就越多,在综合评价中的贡献度越大,权重也就越大。熵值法的优势在于其不但可以体现各项指标所含的信息内核,而且其结果完全基于数据,可以最大限度地排除人为赋权的主观性及指标间的信息重叠。

具体步骤:在建立规范矩阵的基础上,计算各指标熵权。

第一步:对指标实际值按比重法换算为评价值:

$$p_{ij} = \frac{x'_{ij}}{\sum_{i=1}^{n} x'_{ij}} \quad (3-4)$$

式中，p_{ij} 表示第 j 项指标下第 i 个对象占该指标的比重。

第二步：计算第 j 项指标的熵值 e_j：

$$e_j = -k \times \sum_{i=1}^{n} p_{ij} \ln p_{ij}, \quad k = \frac{1}{\ln n} \quad (3-5)$$

$k = \frac{1}{\ln n}$ 可以保证 $0 \leqslant e_j \leqslant 1$。由式（3-5）可以看出，当某个指标下各对象所占的比重趋于一致时，e_j 趋于 1；特别是当全相等时，也就可以不考虑该对象的指标在决策中的作用，即此时指标的权重为 0。

第三步：判断及计算指标的差异系数 d_j：

$$d_j = 1 - e_j \quad (3-6)$$

若指标 x_j 在各对象间无差异，则 x_{ij} 全相等，则 e_j 最大为 1，相应的差异系数为 0，说明指标 x_j 在综合评价中没有作用。可以看出所有对象之差异系数的大小决定指标值权重系数的大小，为此可定义 d_j 为第 j 指标下各对象贡献度的一致性程度。

第四步：对差异系数 d_j 做归一化处理，计算出指标权数：

$$w_j = \frac{1 - e_j}{m - \sum_{j=1}^{m} e_j} \quad (3-7)$$

当 $d_j = 0$，第 j 项指标可以剔除，其权重为 0。

5. 根据模型计算京津冀基本公共服务供给水平指数。

6. 得出三地综合评价得分。

（三）三地基本公共服务供给水平测度

将搜集到的数据用熵值法进行处理，得到 2008—2017 年 7 个基本公共服务领域共 78 个指标的权重，如表 3-11 所示。

表 3-11 2008—2017 年京津冀基本公共服务各评价指标权重

项目	指标	2008 年	2009 年	2010 年	2011 年	2012 年	2013 年	2014 年	2015 年	2016 年	2017 年
教育 A	A1	0.005 6	0.005 9	0.006 6	0.006 2	0.005 7	0.005 1	0.004 4	0.003 6	0.002 6	0.002 3
	A2	0.000 1	0.000 3	0.000 4	0.000 7	0.000 8	0.000 4	0.000 3	0.000 4	0.000 5	0.000 6
	A3	0.001 0	0.001 2	0.000 8	0.000 9	0.001 0	0.000 6	0.001 1	0.001 7	0.002 2	0.002 8
	A4	0.000 2	0.000 1	0.000 2	0.000 2	0.000 1	0.000 2	0.000 1	0.000 1	0.000 3	0.000 0
	A5	0.004 2	0.004 9	0.005 2	0.005 5	0.007 2	0.006 6	0.008 7	0.008 7	0.008 3	0.009 9
	A6	0.019 5	0.018 3	0.018 0	0.019 7	0.019 6	0.018 9	0.020 4	0.020 3	0.019 6	0.019 8

续表

项目	指标	2008年	2009年	2010年	2011年	2012年	2013年	2014年	2015年	2016年	2017年
教育 A	A7	0.000 6	0.000 7	0.000 6	0.000 4	0.000 3	0.000 2	0.000 2	0.000 1	0.000 2	0.000 2
	A8	0.014 5	0.012 1	0.011 2	0.010 3	0.009 7	0.008 2	0.008 1	0.008 2	0.008 0	0.008 8
	A9	0.000 0	0.000 0	0.000 0	0.000 0	0.000 0	0.000 0	0.000 0	0.000 0	0.000 0	0.000 0
	A10	0.002 5	0.003 0	0.004 7	0.005 3	0.004 9	0.005 3	0.005 9	0.006 1	0.006 1	0.007 0
	A11	0.012 6	0.011 9	0.011 9	0.010 1	0.008 1	0.009 9	0.010 7	0.009 2	0.008 4	0.009 0
	A12	0.000 6	0.000 5	0.000 1	0.000 2	0.000 6	0.000 2	0.000 2	0.000 5	0.001 4	0.001 7
医疗卫生 B	B1	0.006 7	0.006 3	0.004 6	0.004 5	0.004 2	0.004 1	0.004 0	0.002 8	0.002 7	0.001 7
	B2	0.016 2	0.018 3	0.018 4	0.019 1	0.018 2	0.017 3	0.017 5	0.016 9	0.016 1	0.017 0
	B3	0.002 0	0.001 7	0.000 9	0.000 8	0.000 7	0.000 5	0.000 6	0.000 5	0.000 6	0.000 7
	B4	0.014 7	0.015 3	0.014 7	0.015 0	0.006 9	0.014 2	0.006 2	0.006 3	0.006 0	0.005 9
	B5	0.013 0	0.012 0	0.011 4	0.011 1	0.004 3	0.011 2	0.004 2	0.004 4	0.004 1	0.003 8
	B6	0.022 9	0.024 9	0.024 7	0.025 4	0.010 7	0.023 9	0.009 5	0.009 5	0.008 4	0.008 7
	B7	0.022 9	0.016 8	0.011 4	0.009 6	0.009 8	0.007 6	0.007 3	0.006 7	0.007 4	0.008 4
	B8	0.001 9	0.002 2	0.002 5	0.002 8	0.002 2	0.002 7	0.002 8	0.002 5	0.002 8	0.002 9
社会保障与就业 C	C1	0.006 2	0.005 2	0.004 9	0.005 4	0.005 8	0.006 0	0.006 3	0.005 9	0.005 8	0.005 7
	C2	0.008 3	0.014 7	0.015 5	0.014 5	0.016 4	0.017 4	0.014 9	0.012 9	0.012 6	0.013 0
	C3	0.013 7	0.014 2	0.017 1	0.020 1	0.017 6	0.016 8	0.016 5	0.014 6	0.011 6	0.007 7
	C4	0.006 2	0.002 9	0.002 9	0.005 6	0.008 3	0.011 0	0.014 3	0.015 9	0.016 1	0.015 3
	C5	0.004 9	0.007 2	0.007 2	0.031 7	0.042 2	0.041 3	0.041 4	0.040 6	0.035 4	0.034 7
	C6	0.006 0	0.003 4	0.034 2	0.024 6	0.020 7	0.016 7	0.016 3	0.020 1	0.030 9	0.032 5
	C7	0.017 1	0.017 9	0.019 6	0.020 0	0.020 2	0.020 2	0.020 6	0.020 1	0.021 6	0.023 1
	C8	0.016 9	0.017 3	0.018 3	0.019 7	0.020 0	0.020 2	0.021 2	0.021 7	0.021 9	0.023 7
	C9	0.021 0	0.022 7	0.025 0	0.027 6	0.030 2	0.029 4	0.030 1	0.030 6	0.031 0	0.033 6
	C10	0.021 0	0.020 7	0.021 2	0.020 1	0.018 6	0.017 6	0.017 7	0.017 7	0.017 9	0.020 0
	C11	0.008 7	0.008 4	0.007 6	0.007 3	0.022 0	0.021 5	0.021 9	0.021 6	0.022 2	0.024 2
	C12	0.000 3	0.000 1	0.000 0	0.000 3	0.002 1	0.001 6	0.001 0	0.002 8	0.006 8	0.006 6
	C13	0.011 0	0.009 8	0.009 7	0.010 6	0.011 3	0.010 4	0.010 0	0.011 3	0.009 7	0.009 7
	C14	0.001 0	0.001 2	0.000 8	0.000 6	0.000 5	0.002 2	0.001 6	0.000 8	0.000 3	0.000 5
文化与传媒 D	D1	0.004 3	0.004 3	0.004 4	0.004 4	0.004 5	0.004 5	0.004 6	0.004 6	0.004 5	0.005 4
	D2	0.038 6	0.041 7	0.037 4	0.037 4	0.036 2	0.033 9	0.033 4	0.033 8	0.035 2	0.037 0
	D3	0.019 9	0.027 5	0.026 6	0.020 2	0.018 4	0.015 8	0.020 3	0.015 2	0.016 8	0.015 8

续表

项目	指标	2008年	2009年	2010年	2011年	2012年	2013年	2014年	2015年	2016年	2017年
文化与传媒D	D4	0.009 5	0.009 4	0.007 1	0.004 8	0.006 6	0.005 7	0.005 4	0.005 1	0.003 5	0.005 0
	D5	0.054 3	0.053 5	0.052 5	0.051 0	0.047 3	0.041 0	0.039 8	0.040 1	0.040 3	0.022 5
	D6	0.066 0	0.067 0	0.065 0	0.068 1	0.065 8	0.064 0	0.063 4	0.063 2	0.063 4	0.065 9
	D7	0.006 8	0.007 8	0.008 2	0.008 7	0.009 4	0.009 8	0.010 6	0.010 2	0.009 4	0.010 5
	D8	0.004 8	0.009 2	0.007 0	0.008 9	0.008 9	0.006 5	0.007 7	0.005 8	0.006 1	0.010 0
	D9	0.017 3	0.014 5	0.017 0	0.001 9	0.022 6	0.014 7	0.018 6	0.015 1	0.019 2	0.014 3
	D10	0.000 0	0.000 0	0.000 0	0.000 0	0.000 0	0.000 0	0.000 0	0.000 0	0.000 0	0.000 0
	D11	0.000 0	0.000 0	0.000 0	0.000 0	0.000 0	0.000 0	0.000 0	0.000 0	0.000 0	0.000 0
	D12	0.032 5	0.033 1	0.030 9	0.025 3	0.033 9	0.029 3	0.028 3	0.030 6	0.030 7	0.031 4
	D13	0.005 3	0.006 7	0.007 0	0.004 8	0.012 1	0.008 8	0.008 2	0.007 8	0.007 7	0.005 8
城市建设与基础设施E	E1	0.007 7	0.008 4	0.011 6	0.013 5	0.007 6	0.007 8	0.007 6	0.007 2	0.007 2	0.008 5
	E2	0.010 2	0.010 5	0.010 0	0.010 0	0.009 1	0.007 9	0.008 0	0.006 5	0.007 4	0.007 4
	E3	0.002 1	0.002 3	0.002 4	0.002 3	0.002 0	0.001 5	0.001 4	0.001 3	0.001 2	0.001 2
	E4	0.046 1	0.045 7	0.043 1	0.041 2	0.038 9	0.036 7	0.036 7	0.035 9	0.035 0	0.036 6
	E5	0.000 0	0.000 0	0.000 0	0.000 0	0.000 0	0.000 0	0.000 0	0.000 0	0.000 0	0.000 0
	E6	0.005 2	0.005 1	0.005 1	0.007 2	0.005 8	0.009 7	0.006 7	0.007 0	0.005 5	0.008 5
	E7	0.037 3	0.018 0	0.016 1	0.013 6	0.013 3	0.013 3	0.012 2	0.009 8	0.007 8	0.013 9
	E8	0.000 0	0.000 0	0.000 0	0.000 0	0.000 0	0.000 0	0.000 0	0.000 0	0.000 0	0.000 0
	E9	0.018 4	0.017 8	0.015 0	0.017 6	0.016 2	0.016 0	0.014 1	0.018 0	0.012 3	0.008 8
	E10	0.021 2	0.021 5	0.020 6	0.019 5	0.018 0	0.017 2	0.017 2	0.017 1	0.016 6	0.017 5
	E11	0.009 0	0.010 2	0.001 7	0.005 8	0.005 0	0.004 0	0.005 6	0.004 3	0.003 2	0.003 1
	E12	0.026 4	0.018 6	0.035 3	0.033 5	0.031 9	0.030 5	0.031 1	0.030 2	0.029 4	0.027 0
	E13	0.039 3	0.041 0	0.032 8	0.038 7	0.038 5	0.047 1	0.055 9	0.061 7	0.058 5	0.062 6
	E14	0.009 0	0.011 8	0.007 9	0.014 3	0.015 6	0.023 0	0.032 9	0.038 7	0.034 3	0.034 8
生态与环境保护F	F1	0.008 2	0.009 1	0.007 4	0.009 3	0.008 9	0.008 9	0.009 1	0.009 8	0.012 4	0.013 1
	F2	0.001 4	0.003 7	0.009 5	0.004 8	0.002 8	0.009 0	0.004 3	0.005 8	0.007 3	0.006 0
	F3	0.000 1	0.000 0	0.000 2	0.000 2	0.000 2	0.000 1	0.000 1	0.000 1	0.000 0	0.000 0
	F4	0.022 4	0.024 3	0.024 8	0.025 1	0.025 7	0.026 0	0.027 0	0.029 0	0.027 3	0.029 2
	F5	0.006 5	0.004 3	0.006 3	0.005 8	0.007 0	0.004 9	0.005 3	0.005 0	0.003 0	0.003 4
	F6	0.037 3	0.033 7	0.034 2	0.031 5	0.033 6	0.032 3	0.029 2	0.025 3	0.021 0	0.017 8
	F7	0.003 2	0.003 0	0.001 5	0.001 2	0.000 5	0.000 3	0.000 2	0.000 0	0.000 0	0.000 0

续表

项目	指标	2008年	2009年	2010年	2011年	2012年	2013年	2014年	2015年	2016年	2017年
生态与环境保护 F	F8	0.032 7	0.033 7	0.032 3	0.028 8	0.025 6	0.028 8	0.028 3	0.025 4	0.024 8	0.022 2
	F9	0.003 2	0.003 2	0.005 4	0.005 4	0.006 1	0.005 9	0.007 7	0.007 1	0.005 8	0.003 1
	F10	0.002 9	0.002 9	0.003 4	0.001 7	0.001 5	0.001 2	0.002 4	0.002 1	0.001 7	0.000 6
	F11	0.001 6	0.001 6	0.001 3	0.000 8	0.000 8	0.000 8	0.000 9	0.000 8	0.000 7	0.000 9
	F12	0.002 5	0.003 2	0.004 5	0.008 0	0.005 9	0.000 6	0.000 2	0.000 3	0.000 2	0.000 1
	F13	0.007 4	0.011 3	0.004 7	0.013 8	0.013 2	0.011 0	0.019 2	0.020 7	0.030 2	0.025 6
	F14	0.015 5	0.016 8	0.006 9	0.003 0	0.003 4	0.004 7	0.006 7	0.007 0	0.011 0	0.004 7
住房保障 G	G1	0.004 2	0.003 9	0.001 1	0.000 0	0.000 5	0.001 4	0.000 0	0.001 4	0.003 0	0.008 6
	G2	0.015 0	0.018 9	0.023 7	0.018 1	0.015 5	0.015 2	0.014 5	0.016 1	0.019 1	0.022 1
	G3	0.040 9	0.038 5	0.035 5	0.033 9	0.030 9	0.030 4	0.029 1	0.029 7	0.027 9	0.027 6

表 3-12 是根据上面设计的综合评价模型，结合权重计算得出的 2008—2017 年京津冀三地的基本公共服务供给水平综合评分。

表 3-12 2008—2017 年京津冀基本公共服务综合评分

年份	北京	天津	河北
2008	0.871 7	0.532 9	0.323 1
2009	0.892 5	0.533 4	0.327 2
2010	0.869 0	0.556 3	0.322 1
2011	0.871 6	0.536 6	0.330 5
2012	0.875 5	0.516 5	0.335 3
2013	0.872 5	0.502 4	0.339 6
2014	0.877 9	0.499 0	0.341 9
2015	0.871 6	0.492 8	0.341 9
2016	0.857 6	0.488 3	0.354 1
2017	0.846 1	0.520 5	0.360 6

从图 3-18 中我们可以看到，2008—2017 这十年期间三地基本公共服务供给水平的综合评分差距明显，北京最高，天津次之，河北最低，北京的平均得分几乎达到河北的 3 倍。总体来看，北京的综合评分比较稳定，从 2014 年开始有下降的趋势，这和北京近年来常住人口激增、城市负担加重

有关。天津的综合评分也比较稳定，从 2010 年到 2016 年呈下降走势，但 2017 年有所回升。河北方面，2008 年到 2017 年的十年间综合评分稳步上升，正逐渐向天津靠拢，表明河北越来越重视基本公共服务的供给。从三地基本公共服务综合评分差距来看，2008 年评分最高的北京和最低的河北分差为 0.548 6，到 2017 年两地的分差为 0.485 5，且三条曲线在逐渐靠拢，表明京津冀三地的基本公共服务差距正在逐渐缩小。但 2017 年北京评分约为河北的 2.3 倍，天津约为河北的 1.4 倍，说明基本公共服务均等化还有很长的路要走。

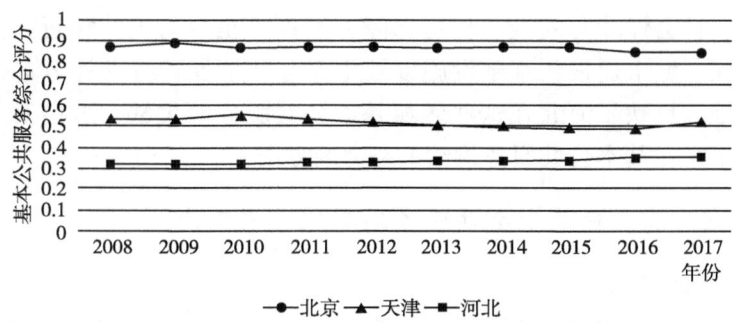

图 3-18　2008—2017 年京津冀基本公共服务综合评分走势图

将 2017 年京津冀三地基本公共服务各领域的评价得分进行对比，如图 3-19 所示。

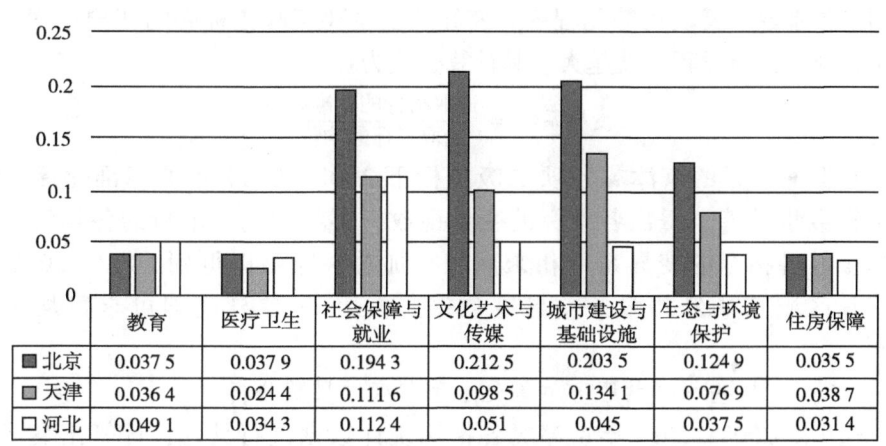

图 3-19　2017 年京津冀基本公共服务各领域评价得分

从图 3-19 我们可以看出，2017 年北京地区在医疗卫生、社会保障与就业、文化艺术与传媒、城市建设与基础设施、生态与环境保护五个方面的供给优于天津和河北，但在教育上得分低于河北，略高于天津。原因是本书选取的教育领域的二级指标主要是每一定数量人口所拥有的各级学校数和各级学校的生师比，就前者来说，河北较北京和天津优势明显，而京津冀在后者指标上差异并不悬殊，因此造成河北教育评分高于北京和天津的情况，这也反映出河北近年对教育事业的重视。天津住房保障方面评分三地最高，是因为天津的住宅销售价格没有北京高，且人均住宅竣工面积和房地产企业数量占优。北京住房保障评分低于天津主要是受制于过高的房价。河北在教育、医疗卫生、社会保障与就业、住房保障方面评分至少与天津相近，但在文化艺术与传媒、城市建设和基础设施以及生态与环境保护方面评分远低于北京和天津两地，反映了河北在这些领域基本公共服务的欠缺。这启发了我们思考河北接下来在基本公共服务供给上努力的方向。

三、京津冀区域基本公共服务均等化水平测度

（一）测度方法

上面已经对京津冀三地的基本公共服务供给水平做了综合评价，得出了三地 2008—2017 年基本公共服务综合评分的走势。但这仅是三地各自的基本公共服务供给状况，未体现区域整体性。要想研究京津冀区域整体的基本公共服务均等化程度，就要寻找一个能反映差异度即均衡程度的统计方法。能反映数据离散程度的统计指标有变异系数、泰尔指数和基尼系数等，本书拟采用变异系数来反映均等化程度。变异系数主要反映指标间的变异程度，变异系数越大，差异程度就越大。其计算公式为：

$$变异系数 = \frac{选取指标的标准差}{选取指标的均值} \qquad (3-8)$$

对上面设置的京津冀各项二级指标下 2008—2017 年的标准化后的数据进行数学计算，得出各指标的变异系数。再将我们已求得的各年份各指标权重与各指标的变异系数相乘后进行加总，即可以得到 2008—2017 年京津冀区域基本公共服务差异度数据。再用 1-差异度即可求得均等化数据。

（二）三地基本公共服务均等化水平测度结果及分析

这里对 2008—2017 年京津冀各指标统计数据进行处理，计算出变异系数。具体数值见表 3-13。

表 3-13　2008—2017 年京津冀基本公共服务各评价指标变异系数

项目	指标	2008 年	2009 年	2010 年	2011 年	2012 年	2013 年	2014 年	2015 年	2016 年	2017 年
教育 A	A1	0.294 7	0.293 7	0.320 8	0.320 2	0.311 8	0.298 6	0.278 0	0.250 8	0.210 1	0.195 0
	A2	0.048 0	0.063 8	0.083 7	0.104 1	0.110 9	0.079 6	0.069 0	0.085 3	0.093 1	0.100 9
	A3	0.128 3	0.138 1	0.111 5	0.122 7	0.129 3	0.101 2	0.135 9	0.170 8	0.197 1	0.213 6
	A4	0.051 8	0.041 6	0.052 9	0.052 6	0.030 2	0.054 4	0.037 9	0.034 6	0.075 4	0.026 5
	A5	0.253 2	0.265 3	0.276 3	0.290 4	0.341 3	0.329 6	0.369 7	0.378 7	0.369 1	0.396 3
	A6	0.575 6	0.549 2	0.553 1	0.582 8	0.593 4	0.590 6	0.609 7	0.606 5	0.598 9	0.584 0
	A7	0.097 5	0.106 1	0.099 3	0.078 3	0.070 2	0.062 2	0.051 1	0.049 6	0.050 7	0.052 2
	A8	0.446 6	0.402 6	0.393 8	0.381 9	0.378 1	0.355 0	0.351 4	0.353 0	0.352 4	0.356 0
	A9	0.001 4	0.001 1	0.000 9	0.000 8	0.001 0	0.001 4	0.001 3	0.000 9	0.002 0	0.000 2
	A10	0.199 4	0.219 2	0.273 7	0.291 4	0.288 2	0.305 6	0.319 6	0.326 6	0.329 1	0.341 6
	A11	0.432 8	0.412 4	0.412 4	0.379 7	0.348 1	0.384 2	0.396 5	0.374 2	0.362 3	0.379 1
	A12	0.102 4	0.088 4	0.044 5	0.058 6	0.098 3	0.062 4	0.051 7	0.093 7	0.154 5	0.169 8
医疗卫生 B	B1	0.314 5	0.304 5	0.264 0	0.262 9	0.255 5	0.254 2	0.251 8	0.211 4	0.208 5	0.164 0
	B2	0.519 4	0.545 9	0.557 4	0.569 6	0.565 9	0.558 0	0.558 9	0.548 9	0.539 7	0.538 6
	B3	0.180 2	0.166 1	0.119 6	0.112 7	0.110 1	0.096 4	0.101 3	0.093 5	0.103 3	0.108 0
	B4	0.481 2	0.486 8	0.485 9	0.493 9	0.345 6	0.494 4	0.331 0	0.332 7	0.327 9	0.315 7
	B5	0.454 6	0.433 2	0.429 3	0.425 6	0.273 8	0.440 8	0.274 4	0.278 2	0.270 1	0.253 1
	B6	0.610 3	0.632 7	0.644 0	0.658 9	0.430 2	0.661 7	0.410 7	0.411 6	0.389 5	0.383 4
	B7	0.606 0	0.513 4	0.427 9	0.393 7	0.403 7	0.357 1	0.345 4	0.328 0	0.348 0	0.370 5
	B8	0.170 5	0.181 8	0.196 9	0.210 0	0.187 9	0.216 1	0.219 6	0.210 7	0.222 3	0.220 6
社会保障与就业 C	C1	0.308 7	0.279 5	0.274 5	0.291 3	0.308 1	0.316 3	0.322 7	0.312 1	0.312 6	0.302 0
	C2	0.373 5	0.494 4	0.515 5	0.500 5	0.543 0	0.567 0	0.519 9	0.482 5	0.480 8	0.473 5
	C3	0.464 4	0.476 6	0.535 1	0.582 0	0.553 0	0.548 0	0.539 2	0.508 8	0.458 1	0.362 0
	C4	0.314 3	0.204 8	0.211 9	0.301 0	0.378 6	0.442 2	0.502 8	0.530 2	0.538 5	0.508 8
	C5	0.285 9	0.340 6	0.346 7	0.742 1	0.869 4	0.871 4	0.867 4	0.858 0	0.806 6	0.775 8
	C6	0.315 8	0.232 4	0.765 2	0.643 6	0.580 2	0.501 7	0.478 1	0.534 3	0.701 4	0.702 1
	C7	0.486 2	0.491 6	0.525 8	0.539 2	0.554 3	0.565 0	0.569 2	0.563 4	0.572 9	0.575 7
	C8	0.490 3	0.485 6	0.510 5	0.540 4	0.560 8	0.575 0	0.587 3	0.594 5	0.600 0	0.604 6
	C9	0.557 4	0.575 0	0.618 7	0.658 5	0.706 0	0.705 9	0.710 5	0.715 4	0.724 1	0.732 3
	C10	0.547 2	0.542 7	0.561 5	0.553 1	0.546 3	0.542 2	0.543 1	0.538 1	0.548 6	0.563 8

续表

项目	指标	2008年	2009年	2010年	2011年	2012年	2013年	2014年	2015年	2016年	2017年
社会保障与就业C	C11	0.3521	0.3425	0.3316	0.3276	0.6111	0.6162	0.6173	0.6150	0.6242	0.6316
	C12	0.0711	0.0481	0.0166	0.0744	0.1885	0.1654	0.1311	0.2115	0.3427	0.3308
	C13	0.3990	0.3759	0.3784	0.4000	0.4186	0.4088	0.3973	0.4286	0.3915	0.3755
	C14	0.1236	0.1384	0.1138	0.1018	0.0930	0.1928	0.1641	0.1127	0.0672	0.0918
文化与传媒D	D1	0.2548	0.2501	0.2538	0.2557	0.2647	0.2687	0.2693	0.2698	0.2680	0.2831
	D2	0.7565	0.7677	0.7463	0.7535	0.7586	0.7433	0.7338	0.7380	0.7519	0.7655
	D3	0.5339	0.6410	0.6355	0.5488	0.5079	0.4866	0.5436	0.4798	0.5073	0.4683
	D4	0.3662	0.3599	0.3202	0.2702	0.3240	0.3021	0.2959	0.2874	0.2386	0.2810
	D5	0.9527	0.9363	0.9418	0.9344	0.9176	0.8684	0.8511	0.8536	0.8604	0.5937
	D6	0.9786	0.9746	0.9748	1.0076	1.0106	1.0133	1.0131	1.0126	1.0246	1.0034
	D7	0.3307	0.3502	0.3658	0.3793	0.4034	0.4185	0.4322	0.4252	0.4114	0.4203
	D8	0.2694	0.3593	0.3254	0.3627	0.3933	0.3382	0.3671	0.3048	0.3068	0.3798
	D9	0.5419	0.4546	0.4900	0.1778	0.6253	0.5060	0.5771	0.5163	0.5810	0.4899
	D10	0.0119	0.0065	0.0035	0.0035	0.0035	0.0034	0.0034	0.0034	0.0034	0.0034
	D11	0.0052	0.0049	0.0032	0.0032	0.0032	0.0031	0.0031	0.0031	0.0031	0.0031
	D12	0.6968	0.7072	0.6786	0.6172	0.7457	0.6978	0.6845	0.7150	0.7143	0.7078
	D13	0.2917	0.3295	0.3385	0.2838	0.4634	0.4003	0.3834	0.3727	0.3723	0.3135
城市建设与基础设施E	E1	0.3317	0.3411	0.4026	0.4299	0.3362	0.3456	0.3408	0.3337	0.3376	0.3486
	E2	0.3783	0.3783	0.3783	0.3755	0.3665	0.3476	0.3476	0.3151	0.3382	0.3295
	E3	0.1803	0.1859	0.1895	0.1890	0.1780	0.1565	0.1524	0.1471	0.1429	0.1336
	E4	0.8344	0.8157	0.7933	0.7706	0.7327	0.7137	0.7032	0.6864	0.6793	0.6739
	E5	0.0021	0.0001	0.0001	0.0000	0.0002	0.0007	0.0034	0.0021	0.0023	0.0045
	E6	0.2870	0.2781	0.2752	0.3299	0.2967	0.3929	0.3211	0.3258	0.2927	0.3810
	E7	0.7717	0.5466	0.5229	0.4848	0.4870	0.4925	0.4686	0.4168	0.3696	0.4868
	E8	0.0138	0.0102	0.0044	0.0007	0.0010	0.0078	0.0276	0.0056	0.0053	0.0058
	E9	0.5435	0.5277	0.4911	0.5455	0.5205	0.5189	0.4968	0.5633	0.4395	0.3820
	E10	0.5353	0.5317	0.5287	0.5203	0.5118	0.5102	0.5096	0.5103	0.5071	0.5050
	E11	0.3829	0.3944	0.1612	0.3067	0.2856	0.2577	0.3044	0.2729	0.2333	0.2251
	E12	0.6599	0.5030	0.6375	0.6284	0.6230	0.6194	0.6204	0.6135	0.6153	0.5884
	E13	0.7851	0.7998	0.7177	0.8089	0.8069	0.9187	0.9819	1.0126	0.9935	0.9922
	E14	0.3879	0.4417	0.3662	0.4919	0.5294	0.6471	0.7750	0.8262	0.7870	0.7554

续表

项目	指标	2008 年	2009 年	2010 年	2011 年	2012 年	2013 年	2014 年	2015 年	2016 年	2017 年
生态与环境保护 F	F1	0.351 9	0.364 1	0.336 2	0.381 6	0.379 2	0.384 7	0.386 2	0.397 3	0.451 4	0.448 6
	F2	0.148 5	0.244 3	0.388 7	0.283 3	0.215 8	0.403 3	0.273 6	0.312 5	0.359 1	0.305 2
	F3	0.036 8	0.024 9	0.054 0	0.056 1	0.052 0	0.045 4	0.040 4	0.033 2	0.023 9	0.026 7
	F4	0.533 6	0.545 2	0.557 4	0.567 1	0.576 4	0.591 6	0.588 8	0.616 0	0.595 0	0.594 7
	F5	0.328 9	0.264 7	0.325 0	0.314 4	0.350 5	0.296 0	0.308 9	0.298 0	0.229 5	0.237 7
	F6	0.759 6	0.701 8	0.727 0	0.690 9	0.739 1	0.741 8	0.692 0	0.628 4	0.574 7	0.520 9
	F7	0.219 9	0.210 3	0.152 5	0.138 9	0.091 2	0.075 6	0.059 4	0.028 9	0.024 7	0.018 4
	F8	0.673 0	0.681 4	0.684 9	0.631 2	0.606 0	0.649 6	0.678 0	0.638 6	0.640 3	0.583 6
	F9	0.219 5	0.218 9	0.283 8	0.287 1	0.311 5	0.312 2	0.351 3	0.334 9	0.301 2	0.216 1
	F10	0.217 0	0.211 7	0.226 2	0.162 1	0.157 1	0.143 3	0.198 3	0.183 7	0.167 6	0.095 7
	F11	0.157 4	0.154 1	0.140 8	0.113 7	0.113 5	0.118 7	0.123 6	0.117 5	0.110 8	0.117 4
	F12	0.194 8	0.216 4	0.259 4	0.340 4	0.300 8	0.105 5	0.058 0	0.076 6	0.053 9	0.047 4
	F13	0.351 2	0.427 5	0.276 8	0.477 6	0.475 8	0.442 5	0.586 1	0.612 0	0.745 1	0.660 6
	F14	0.508 1	0.507 8	0.339 8	0.212 2	0.231 7	0.276 1	0.321 6	0.326 4	0.411 7	0.268 5
住房保障 G	G1	0.264 8	0.249 9	0.131 2	0.020 9	0.094 1	0.153 6	0.024 4	0.153 5	0.227 0	0.365 0
	G2	0.482 4	0.541 4	0.616 2	0.544 6	0.504 2	0.503 6	0.489 6	0.513 0	0.567 2	0.593 3
	G3	0.738 3	0.713 7	0.689 1	0.678 9	0.651 8	0.664 1	0.641 5	0.642 3	0.622 4	0.599 0

将我们得到的各年份各指标权重和其变异系数相乘后进行加总，就得到了 2008—2017 年京津冀地区基本公共服务差异度数据，如图 3-20 所示。

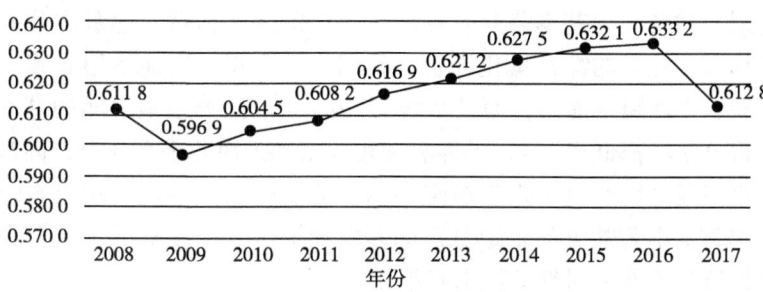

图 3-20 2008—2017 年京津冀区域基本公共服务差异度

由图 3-20 我们能观察到京津冀三地基本公共服务差异度在 2009 年有所下降，但之后的 8 年都呈增长趋势，2016 年达到最大值 0.633 2，2017 年又大幅下降到了 0.612 8。

按上面所述方法，用 1 减去基本公共服务差异度即可计算出基本公共服务均等化程度，如图 3-21 所示。从图中可以看出，京津冀三地基本公共服务均等化程度起伏比较大，且在考察年份中差异化程度几乎均高于 0.6，而均等化程度则几乎均低于 0.4，表明均等化程度低于差异化程度。2009 年曲线曾上升，但 2009—2016 年均等化水平一直下降，2017 年该曲线又有大幅上升。考虑到政策的制定、实施和起效具有滞后性，曲线 2017 年的大幅上升可以用 2014 年京津冀协同发展上重大国家战略、京津冀基本公共服务均等化进程快速推进来解释。此外，曲线整体走势有较大波动，基本公共服务均等化程度的上升还尚未形成连续的趋势，表明三地基本公共服务均等化水平还有待稳定提升，应找出京津冀基本公共服务供给差异的原因并有针对性地进行改进。

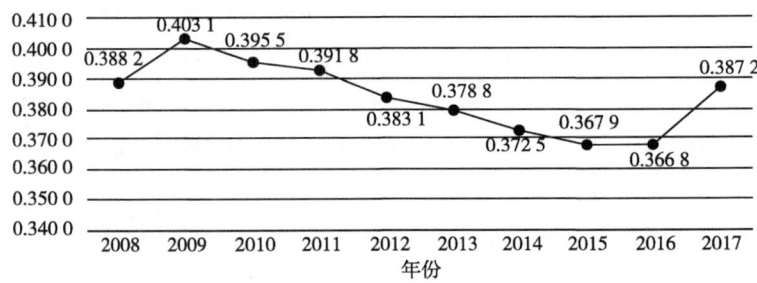

图 3-21　2008—2017 年京津冀区域基本公共服务均等化程度

第四节　京津冀基本公共服务供给差异的原因分析

通过对京津冀三地基本公共服务现状的数据对比和对三地基本公共服务供给水平和均等化程度的综合量化评价，我们可以发现，三地不但有着差距悬殊的经济发展水平和财政能力，而且 2008—2017 年京津冀三地之间的基本公共服务均等化得分基本都低于 0.4。具体表现是北京和天津几乎在各个方面都比河北有优势，京津冀区域产生了强者愈强、弱者愈弱的马太效应。所以本节主要分析造成京津冀基本公共服务差距悬殊的多方面原因，以便对症下药，在京津冀协同发展的背景下有针对性地提出对策建议。

一、区域客观条件

（一）自然地理条件

河北省具备山、海、平原、高原和丘陵等多种地形，地形地貌和地理环境复杂多样。受这些因素的影响，河北虽然辖区面积远大于京津，但城镇化发展进程却很缓慢。2018年，河北城镇人口占总常住人口比重仅为56.4%，而北京、天津的城镇化率远高于河北，分别达到了86.5%、83.1%。河北具有比京津更明显的城乡二元结构特点，这意味着河北与京津在基本公共服务上的差距很大程度上受制于落后的农村地区。城乡协调困难、农村脱贫攻坚任务艰巨，成为河北追赶京津基本公共服务水平的障碍。此外，京津冀区域复杂的自然地理条件也为完善三地间的交通网带来了不小的障碍，这也导致京津冀协同发展的推进较为困难。就本书的量化分析而言，河北涉及用辖区面积和人口数量来平均的指标大多劣于京津。想要在短期内改变区域客观的自然地理条件是不现实的，我们必须在其他方面下足功夫，来提高三地的基本公共服务均等化水平。

（二）行政区划

相比作为首都的北京和作为直辖市的天津，行政区划是影响河北基本公共服务水平提升的重要客观原因。首先，河北拥有数量庞大的县级行政单位，现阶段共有170个县、市、区，县级单位数量居全国第二。这种情况造成了政府转移支付资金投入分散、省内市场整合度低，基本公共服务项目既容易出现重复建设的情况，又常常有所疏漏，不但基本公共服务效率低下，而且成本高昂。其次，河北省虽然有11个设区市，但除了石家庄和唐山以外，缺乏有足够强的实力成为带动周边县市基本公共服务发展的大城市。而相比之下，北京只有16个市辖区和2个县，天津只有15个市辖区和1个县，资金投入较为集中，市场整合度高。且北京和天津都是我国的一线甚至超一线大城市，综合实力突出，对区县的基本公共服务发展带动作用比较明显。

二、经济发展水平和财力差距大

（一）经济发展水平差距大

经济发展水平是财政能力的前提，而财政又是基本公共服务供给的支柱，因此经济发展水平的差距会导致基本公共服务供给水平的悬殊。我们分析对比了京津冀三地的宏观概况和基本经济情况，2018年北京和天津的人均GDP已经分别达到了14万元和12万元，但是河北省2018年的人均GDP仅为4.78万元，刚刚超过北京和天津的1/3。从增长趋势来看，河北的GDP虽然整体呈上升趋势，但是增长速度较京津两地明显缓慢。此外，三地产业结构的区别也间接导致了京津冀基本公共服务供给差距。2018年北京的三次产业增加值之比为0.4∶18.6∶81.0，第三产业占据绝对主导地位；天津的三次产业增加值之比为0.9∶40.5∶58.6，第三产业正逐渐拉开与第二产业的差距；河北的三次产业增加值之比为9.3∶44.5∶46.2，第二产业占比仍然很大，但值得注意是，2018年第三产业首次占比最大。具体到工业来说，河北的工业企业技术水平较落后，不但耗能高且附加值低，比如2018年河北每万元GDP能耗是北京的3倍、天津的2倍左右。此外河北的高污染企业数量多，生态环境治理难度大，也制约了基本公共服务质量的提高。

(二) 财政能力差距大

财政是政府提供基本公共服务的财力基础和重要支柱，地区间财政收入差距决定了支出差距，支出差距的存在则直接导致基本公共服务供给不均衡。京津冀三地之间的财政能力差距过于悬殊，直接造成了三地基本公共服务供给水平很不均衡。从地方财政收支来看，2018年河北人均一般公共预算收入为4 650.42元，北京为26 861.28元，是河北的5.78倍，天津为13 501.54元，是河北的2.9倍。2018年河北的人均一般公共预算支出为10 225.26元，北京为34 686.3元，是河北的3.39倍，天津为19 892.05元，是河北的1.95倍。通过上述的数量分析可以明显地看出，不论是财政资金的筹集能力还是实际的财政实现能力，河北都远远低于北京和天津。因此，京津冀区域内财政支出能力上的差异导致了京津冀三地基本公共服务供给的差异，而基本公共服务供给的失衡又会造成人才等资源流动聚集京津的"虹吸现象"和富者愈富贫者愈贫的"马太效应"，进而影响京津冀协同发展的大局。

三、财政体制不尽合理

(一) 事权与支出责任划分不清

事权是支出责任的前提，支出责任是实现事权的保障，只有首先厘清事权才能清晰地划分支出责任。在京津冀基本公共服务均等化的问题上，事权与支出责任存在于上文所提到的"三地四方"的关系中。

在中央与三地地方政府的事权与支出责任划分上，事权界定不清，导致地方政府财政支出责任加大。基本公共服务均等化是京津冀协同发展的必要前提和保障，所以相关事权和支出责任也应部分归属于中央来进行统一部署。但是随着中央上收一部分事权同时却没有承担相应的支出责任，在一定程度上加大了京津冀政府的支出责任，加重了地方政府的财政压力。此外，京津冀区域内的北京作为首都，既要履行地方政府的职能，又要承担中央的支出责任，也存在事权和支出责任不匹配的现象。

京津冀三地地方政府之间也存在事权和支出责任不匹配的情况。2018年，北京的一般公共预算收入是河北的1.65倍，天津是河北的0.6倍，但河北的一般公共预算支出却比北京还多，是天津的2.5倍。这表明河北省的财政支出压力远高于北京和天津，然而河北所享受的教育、医疗、养老等事权却比北京和天津少得多。此外，河北长期以来一直承担作为京津"绿色屏障"的财政支出责任，却未能得到足够的利益补偿和转移支付。河北还承接了大量从北京和天津迁移过去的高耗能低附加值产业，导致其不得不为产业承接额外造成的生态环境污染买单。这些支出责任使得河北省用于发展经济和改善民生的财政支出缩减，体现了事权和支出责任划分的不明确。

（二）纵向转移支付收效不高

中央对地方财政转移支付的目的是通过自上而下拨付财政资金的手段来均衡不同地方政府的财政能力。纵向转移支付主要包括一般性转移支付、专项转移支付和税收返还。

在资金的总体数额上，河北获得的纵向财政转移支付多于京津，但是由于河北省人口远超京津，若以人均财政纵向转移支付数额衡量，河北省又远远低于京津。这种分配方式没能起到缩小河北与京津财力差距的作用。首先，一般性转移支付中有些项目是不可挪作他用的，例如工资转移支付，若此类项目的比重越大，可以由地方政府自由支配的数额就越小，从而用于提升其他方面基本公共服务质量的资金有限。其次，就专项转移支付来说，中央拨付给京津冀的专项财政资金涵盖的方面较为冗杂，教育、医疗、社保、环保等领域补助所占比例有限。最后，当前税收返还规模的大小和地区的经济发展水平正向相关，因此税收返还实际上巩固了京津地区的财政利益，未能缩小京津冀财力差距，不利于京津冀基本公共服务均等化发展。

（三）区域内缺乏横向转移支付

京津冀三地之间的财政能力差距首先体现在人均财政收入差距悬殊：2018 年京津冀三地的人均公共财政收入分别为 25 015.12 元、14 838.54 元、4 300.31 元，北京和天津的数据分别是河北的 5.8 倍和 3.5 倍。其次，经过中央财政自上而下的纵向转移支付后的人均公共财力即人均公共财政支出仍存较大差异：2018 年京津冀三地的人均公共财政支出分别为 31 434.96 元、21 082.47 元、8 828.7 元，北京和天津的数据分别是河北的 3.6 倍和 2.4 倍。可以看出，虽然纵向转移支付起到了一定均衡财力的作用，但其支付规模和支付领域都有局限性，想要通过转移支付来弥补三地财力差距，还缺乏横向财政转移支付制度。且河北在保护京津周边生态环境上的支出，也未能通过横向转移支付实现下游补偿上游。由于横向转移支付制度尚未法制化和规范化、财政数据和指标计算方法不完善、缺乏有效的监督和评估机制等原因，京津冀区域甚至全国范围内都缺乏完善的横向转移支付体系。现有的地方政府之间横向的对口支援（例如京津冀之间的生态补偿）仅仅依靠政府间协商，并不能稳定地发挥均衡京津冀基本公共服务的作用。

(四) 税收政策不完善

1. 京津冀三地间存在过度的税收竞争。长期以来，京津冀三地政府运用各种各样的税收优惠政策手段竞争外界的优质资源，刺激本地发展。在税源竞争方面产生了"马太效应"：税源充足的京津两地为了巩固并获得更多的税源而纷纷制定种类更多的优惠政策，而税源流失严重、财政收入相对匮乏的河北为尽可能获取眼下的税收收益，往往没有足够魄力加大税收优惠力度。虽然随着我国税制的不断完善，各地方政府寻求通过大力度、多种类的税收优惠政策吸引外界投资的可操作性越来越受限，但为了自身利益，京津冀政府依然想尽办法在小范围内调整增值税、企业所得税等的优惠力度以利用其政策优势吸引资源。如果不对京津冀三地各自的税收优惠政策进行清理，填平相对富裕的京津的"税收洼地"，那么河北省产业结构的优化升级将困难重重，也就无法在经济实力、财政能力和基本公共服务能力上追赶京津两地。

2. 京津冀三地税收分配不合理。涉及跨区投资的税收分配不合理，也拉大了京津冀财政收入差距，进而阻碍了京津冀基本公共服务均等化。很多跨区企业的总部机构设在北京或天津，而分支机构则多设置在河北。由于我国跨区域投资的税收分配格局重视居民管辖权而轻视地域管辖权，这样的分配格局无形之中增加了跨区企业总部所在地的税收收入，现实中的情况是大量位于河北的跨区企业分支机构产生的税收利益没能滋养当地税源，反而流向了总部机构所在地北京和天津。总部机构并未消耗大量当地资源进行生产经营，却为所在地带来了丰厚的利益。如果不能改变这种局面，相对欠发达的河北省的财税利益仍会被较发达的京津"剥夺"，京津冀财力差距会进一步扩大，不利于基本公共服务均等化和京津冀区域协同发展的推进。

(五) 顶层设计不完善

1. 缺少规范京津冀基本公共服务均等化的法律法规制度。要想使得促进基本公共服务均等化的政策措施能够得到有效落实、京津冀区域居民享受平等的基本公共服务的权利得到切实保护，就必须有明确的法律法规来进行指导和约束。目前能在一定程度上促进京津冀基本公共服务均等化的法律制度有以下几类：

第一，体现均等化精神的法律，如《中华人民共和国义务教育法》《中华人民共和国社会保障法》《中华人民共和国劳动促进法》等。但是这些法律均只是做出宏观规定，没有下探到诸如均等的标准、监督手段等具体指示。

第二，基本公共服务均等化的指导文件。《"十三五"推进基本公共服务均等化规划》明确了基本公共服务的范围、工作重点、基本标准，《"十三五"时期京津冀国民经济和社会发展规划》描述了京津冀基本公共服务均等化的阶段性目标。这些规划虽然具有法律效力，但在实施过程中缺乏强制和责任落实。

第三，三地政府达成的合作协议。京津冀政府联合相关部门签署了《京津冀文化领域协同发展战略框架协议》《京津冀卫生计生事业协同发展合作协议》等涉及具体领域的协议。这种框架协议虽然内容详细，但缺乏法律效力，在实施落实中很难达到预期效果。

2. 欠缺京津冀基本公共服务均等化协调机构。京津冀三地基本公共服务供给悬殊，所以在推进其均等化时必定会产生利益摩擦。而目前在这方面尚没有能制约三地行为、协调利益摩擦的平台或机构。我国中央与地方政府之间的各项事务协调主要靠行政命令，但京津冀三地政府平级，它们之间不可能适用任何形式的行政命令。在三地协同发展过程中常常会出现"各吃各饭"的利益摩擦，如果没有一个专门的权力机构进行调解，矛盾就有可能被激化升级，从而不利于均等化进程的推进。这时就需要从中央政府的层面对京津冀基本公共服务均等化的协调做出制度安排。如上文所述，在京津冀政府层面，推动基本公共服务均等化的举措目前停留在签署协议层面，这些框架协议或者合作协议都不具有强制性，这就意味着京津冀政府是否遵照这些协议办事完全取决于其自身意愿。如果不出台京津冀基本公共服务均等化相关硬性制度、设立制约机构，这些合作协议可能仅是纸上谈兵。

（六）行政管理体制不合理

1. 京津冀政府间存在行政壁垒。行政壁垒是一种政策行为，指的是政府基于自利性，出于地方保护主义原则，为追求本地区利益最大化，使用强制性的行政手段将完整的市场进行不合理分割。在党和国家制定京津冀协同发展战略之前，北京、天津和河北还只是相互独立、有限互联的经济和行政单位，在过往的发展过程中，为了适应本地经济和社会的具体情况，各自在基本公共服务的不同领域制定了多样化的地方性行政法规。而当前在京津冀协同发展上升为重大国家战略的背景下，三地间存在利益冲突的地方性法规有的仍未被废止，这样的"各自为政"的行政壁垒会给教育、医疗、文化等基本公共服务资源在京津冀区域内的流动带来严重阻碍。

2. 政府绩效考核对基本公共服务的重视度不够。目前我国的政府绩效考核制度正在发生变革，京津冀政府自然也不例外。京津冀政府的绩效考核不再只看 GDP，逐渐向民生改善、环境保护等方面倾斜。京津冀政府绩效考核内容的转变对改善民生、优化基本公共服务质量起到不小的作用，但是仍存在不足。

首先，京津冀政府绩效考核未涉及京津冀基本公共服务均等化成效。京津冀要想实现基本公共服务均等化,必须由京津带动河北从而实现共同发展。若对三地政府的绩效考核项目加入有关京津冀基本公共服务合作帮扶的指标,就能形成一种良性的外力刺激,推动京津冀基本公共服务均等化发展进程。

其次,当前政府绩效评估的主要流程还局限在政府内部,评估的过程并不会向社会公开,有一定的不透明性,公众无法对绩效评估进行监督。京津冀目前逐渐让第三方机构参与到政府绩效考核过程中,但公众依然不知情。

第五节 推进京津冀基本公共服务均等化的政策建议

一、做好京津冀基本公共服务均等化的顶层设计

(一)制定京津冀区域基本公共服务均等化法律法规

首先,可以出台《京津冀基本公共服务均等化法》,包含概念界定、基本原则等内容,从法律层面指导和制约京津冀基本公共服务均等化方面的工作。该法律的意义不但在于促进京津冀协同发展,而且可以作为之后我国更多其他区域协同发展的参考。为确保其地位,该法应由全国人民代表大会和全国人大常委会起草并审议通过。

其次,该法律颁布之后,京津冀的省级政府应当在宪法和该法律的框架下,制定配套的细则或条例,以便使该法律落地。这类条例的内容应当更加详细具体,涉及京津冀三地四方政府的事权与支出责任划分、制约机制、资金管理办法、违法处理等。

最后,为配合上述新出台的相关法律法规,国家各部委、京津冀三地政府联合组成京津冀协同发展领导小组,在京津冀协同发展的框架下,结合当前京津冀基本公共服务均等化进程中暴露出的问题,出台《促进京津冀基本公共服务均等化工作方案》之类的具体指导性文件,加速法律法规的贯彻落实。

(二)制定京津冀基本公共服务均等化协调制度

京津冀基本公共服务均等化协调制度的制定和落实,需要一个高于三地政府的平台或协调机构。这样的协调机构可以清除京津冀之间"各自吃饭"的壁垒,约束三地政府的行为,协调三地在基本公共服务供给合作中产生的利益摩擦,为均等化的深化和三地协同发展铺平道路。具体措施方面,首先,可以把现有的京津冀协同发展领导小组改组为中央牵头的更加专业化、常设化的"京津冀协同发展委员会";其次,该机构可以结合三地各自的实际情况,联合三地立法机关共同制定《京津冀基本公共服务均等化合作条例》作

为地方性法规,规范三地具体的合作形式、运行方法、利益划分原则等;最后,该机构也可以常设监督管理部门,对上述法律或条例的执行情况进行监管,避免法律法规成为一纸空文。

二、完善京津冀区域公共财政制度

(一) 进一步优化京津冀政府财政支出结构

通过财政收支来实现京津冀基本公共服务均等化有两种方法:一是扩大短板地区即河北的财政收支规模,提升其基本公共服务的财政支持能力,以弥补和京津的差距;二是要优化财政资金的支出结构,在关乎民生改善的方面增加投入。扩大河北财政收支规模的主要途径就是提高河北省的经济水平,这需要通过产业和政策等多条路径,过程必定复杂且艰苦。

京津冀政府近年来一直积极调整财政支出结构,财政支出的重点更多放在涉及民生改善的领域。2017年北京、天津、河北政府在教育、医疗、社会保障、环境保护等民生基本领域的财政支出占比分别为70%、47%、54%,2018年分别提高到73%、52%、57%。虽然三地财政支出结构已有改善,但仍有以下几点优化的空间:第一,在精简行政机构的同时,进一步减少行政事业费用支出;第二,坚持补齐短板的原则,基本公共服务财政支出向河北农村等落后地区倾斜,新增的教育、医疗、文化等建设原则上应主要用于补齐短板,在京津冀基本公共服务全局稳步前进的同时促使落后地区迎头赶上;第三,用于基本公共服务的财政资金应与京津冀财政收入同向增长。政府的财政收入增加,基本公共服务财政支出数额也应当随之上升。

(二) 明确界定中央和三地政府的事权与支出责任

清晰界定京津冀三地四方之间事权与支出责任的前提是明确各自的事权与支出责任。京津冀区域各级各地政府事权和支出责任的厘清应注意两个方面:第一,厘清中央与京津冀地方政府各自事务、共同事务和中央委托事务的划分边界;第二,逐步将部分地方政府的事权和支出责任适当上移以减轻地方财政支出压力,将京津冀区域生态环境治理、交通路网建设等涉及全域内跨省市协调的事务归为中央事权。

京津冀协同发展是我国的重大国家战略,而基本公共服务均等化又是京津冀协同发展的基础。所以从宏观层面来看,促进京津冀基本公共服务均等化应该是中央和地方共同事权。而微观具体事权划分应注意三点:一是避免事权上移、支出责任却下移的错位,在属于中央的具体事权上要加大财政投入,分担地方政府特别是经济落后地区的财政支出责任。二是将基本公共服务按照影响区域范围的不同进行领域划分,以明确哪些事权属于中央、哪些事权属于地方。例如，生态治理、交通建设等领域应属于中央事权，而各地的教育、医疗、城建等领域则属于地方事权。三是在京津冀三地之间划分事权与支出责任时给予河北省更多照顾，适当将部分河北事权与支出责任转移给京津两地以加快补短板的速度。

(三) 完善中央财政对京津冀的纵向转移支付制度

在明确划分各级政府事权与支出责任的前提下，应不断完善现有的自上而下的转移支付制度，以缩小京津冀财政能力的差距，进一步均衡三地基本公共服务水平。首先，要进一步优化纵向转移支付资金结构。相比专项转移支付和税收返还，一般性转移支付对各地方财力的均等化作用更大，应适当提高其比重。此外，当前税收返还规模的大小和地区的经济发展水平正向相关，因此，对于京津冀区域税收返还体制的存在只会进一步拉大京津和河北的财政收入差距，应逐步取消税收返还。其次，中央应在转移支付方面向河北省倾斜。在京津冀协同发展过程中，河北省成为京津的"绿色屏障"，此外，为了保护区域生态环境，河北省关停了大量的污染企业，造成不小的经济损失。河北基本公共服务供给水平和经济发展水平都远远落后于京津，如果中央财政不对河北进行倾斜，京津冀协同发展的战略目标很难实现。最后，对纵向转移支付资金进行监督也很重要，中央应委托审计部门监督该项资金的使用情况，对非法挪用纵向转移支付款的单位或个人进行责任追究。

(四) 探索建立京津冀区域内的横向转移支付机制

完整的转移支付体系包括"哺育式"的纵向转移支付和"兄弟式"的横向转移支付。因此，在完善中央对京津冀纵向转移支付的同时，也要探索在京津冀区域内建立横向转移支付机制。

首先，应参考借鉴京津冀区域曾实行过的生态补偿机制。因为京津两市是生态环境"搭便车者"，所以应由京津冀协同发展委员制定标准并出台方案，以横向转移支付的形式给予河北省常规化的利益补偿。

其次，将横向转移支付制度的构建法制化。应尽快出台针对京津冀区域内横向转移支付的相关法律法规。在此方面，可以借鉴德国的成功经验：德国不但有《基本法》对各级政府的事权和支出责任做出明确规定，而且出台了《财政平衡法》，相当具体地规定了横向转移支付涉及的领域及计算指标。

最后，建立横向转移支付的监督、评估和激励机制。为保证资金透明、合法地使用，应委托第三方机构定期审计三地间的横向转移支付资金，监督其用途，并向公众公示审计结果。为确保横向转移支付工作的有效性，还应建立绩效考评体系，定期对横向转移支付的运行情况进行评估。此外，应完善激励机制，把横向转移支付的资金规模和绩效考评结果纳入官员考核体系，进而提高京津向河北进行转移支付的积极性。

三、完善京津冀区域税收政策

（一）协同京津冀区域税收政策

首先，要规范促进京津冀市场一体化的税收政策。清理三地各自制定的税收优惠，取缔部分利己的优惠政策，以三地普惠为原则，为区域基本公共服务均等化和协同发展扫清障碍。

其次，要在京津冀产业布局和产业转移的税收政策方面进行创新。产业布局方面，在京津冀协同发展战略规划的框架下，三地应根据各自的城市定位，划定优先发展产业和不宜发展产业的范围。税务部门应据此范围制定相关税收减免政策，助力三地尤其是河北的产业升级。产业转移方面，应建立产业转移转入地和转出地的税收分享机制，逐步实现由迁入地征收税收，统一事权和支出责任，以从经济根源上推动基本公共服务均等化和协同发展进程。

最后，在完善京津冀跨区域投资的税收分配机制，划分三地政府间的税收归属关系方面，我国应借鉴跨境投资的税收分配的国际经验，按照地域管辖权优先原则，赋予税源地政府征税权和税收管理权，避免大多数企业总部所在的京津"掠夺"分支机构所在的河北的税收利益。

（二）以地方税体系助力河北省发展

地方税体系的建设问题并不单单存在于京津冀区域，而京津冀三地要想实现财力均衡，需通过健全地方税体系来增强河北省的财政能力。总的来说，应明确地方税主体税种，拓展地方收入来源，助力地方财源建设。具体到地方税的不同税种，一是要加快关于消费税征收环节的改革，在征管可控的前提下，将部分在生产或进口环节征收的现行消费税品目逐步后移至批发或零售环节征收。二是要加快房地产税的税收立法进程。房地产税是一种固定增加地方政府税收收入的途径，所以，如果房地产税的开征拥有了法律基础，房地产税将成为重要的地方财源。从源头上解决河北省基本公共服务供给水平低下的问题，需要借助于上述税制改革。只有充实河北省的地方财力，尽快"补齐短板"，才能让河北大踏步缩小与京津的基本公共服务供给水平差距。

四、完善京津冀政府基本公共服务管理体制

（一）正确认识三地政府的角色

首先，京津两地政府应从建设型政府向服务型政府转变，把工作重心逐

渐转移到提供优质基本公共服务、改善民生上来。河北政府应在重点发展经济的同时，将更多的精力放在优化基本公共服务质量上，努力缩小与京津的差距。

其次，随着居民对基本公共服务需求的多样化，单纯依靠政府供给已经不能满足需要，所以应探索京津冀基本公共服务供给新模式，引导市场机制适度介入和京津冀跨域治理社会组织广泛参与。引入市场机制有利于增强竞争，提高基本公共服务供给效率，优化配置资源，缓解基本公共服务供需不均的现状。

最后，政府除了提供服务，还应该进行监管和人才培养。在监管方面，政府应对市场主体的资格认证、信用、市场反馈等方面进行监管，确保提供的基本公共服务的质量。在人才培养方面，政府应重视高校相关专业的建设，鼓励不同领域的杰出人才投入到京津冀基本公共服务均等化事业中。

（二）促进京津冀基本公共服务供给主体多元化

首先，应筹建京津冀基本公共服务投资基金。2016年，河北省财政出资10亿元创立了PPP（Public Private Partnership，政府和社会资本合作）京津冀协同发展基金，2017年，发改委、财政部、工业和信息化部（简称"工信部"）牵头创立了京津冀产业协同发展投资基金。基本公共服务领域也可以借鉴这些先例，由北京、天津、河北政府按照一定比例联合出资，设立三方合作的基本公共服务投资基金，用于京津冀跨地区的基本公共服务事业如交通、信息平台等的建设。

其次，应创新基本公共服务的融资模式。一是可以利用好PPP模式，在学校、医院、养老院等的建设上采用建设—经营—移交（BOT）、重构—经营—移交（ROT）等模式。二是可以充分发挥证券市场融资功能。政府可以通过发行国债的方式募集建设资金，同时也应给予民办的基本公共服务供给机构采用私人融资方式筹集所需资金的便利，如发行股票、债券或采用资产证券化方式。

最后，应鼓励私人企业、非营利社会组织和个人参与基本公共服务的提供。由于生产基本公共服务带来的收益或回报通常不高，政府应通过一系列政策优惠来吸引以上提及的社会力量，具体方式可以是补贴初期建设成本、补贴经营费用、减免经营所需能源费用、免除行政事业性收费等。

（三）将基本公共服务作为京津冀政府绩效考核的重点

首先，应完善三地政府绩效考核评价体系，降低GDP权重，加强区域基本公共服务均等化成果方面的考核指标权重，制定统一的基本公共服务均等化成效标准。在三地政府尤其是河北政府的绩效考核指标体系方面，将重点向教育、文化、劳动就业、社会保障、科技创新、医疗卫生等方面倾斜，这样有利于提高河北政府优化基本公共服务供给质量和效率的积极性，加速河北追赶的步伐。

其次，在政府绩效考核中，应设置关于京津冀基本公共服务合作共建的完成程度指标，例如该项指标可以体现为京津对河北的横向转移支付等。将该项指标结果与次年中央转移支付资金规模挂钩。

最后，政府的绩效考核过程以及结果应当公开透明，及时向社会公众披露，或加入公众考核项目，建立针对公众基本公共服务需求的沟通机制，允许服务对象参与政府绩效评价。

第四章　京津冀区域基本公共服务增量差异动态研究

第一节　研究背景及意义

2012年5月16日，国务院印发实施了我国首部国家基本公共服务微规划——《"十二五"国家基本公共服务体系规划》，该规划明确了44类80项基本公共服务项目及国家基本标准，系统提出了基本民生领域的顶层设计和制度安排，明确了政府民生兜底职责和公民基本权利。2017年3月3日，国务院印发了《"十三五"推进基本公共服务均等化规划》，进一步明确了国家基本公共服务制度框架，建立了国家基本公共服务清单制。还需要罗列的是，2015年4月30日，中共中央政治局会议审议通过了《京津冀协同发展规划纲要》，这意味着"公共服务均等化"和"京津冀一体化"均已上升为国家战略。这两个国家战略的叠加，决定了京津冀区域加快基本公共服务一体化改革是"疏解首都非核心功能、成为和谐宜居之都"（习近平，2014）的必然选择。然而，推进公共服务均等化是一项长期艰巨的任务（胡祖才，2012）。事实上，中国目前"公共服务不平等"现象是长期积累的结果，是一个存量不平等的概念。通过"增量调整"来改进存量不平等，是实现公共服务均等化的必然路径。它对于探讨京津冀地区基本公共服务增量不平等问题，探讨疏解首都非核心功能、京津冀加快公共服务一体化改革以及探讨北京"建立事权与支出责任相适应的制度"等政策的基础依据和实施思路，都具有重大的学术价值和启发意义。

同时，在京津冀协同发展的战略背景下，本书的研究价值体现在以下两方面：一是以区别"存量和增量"的视角，重新阐释公共服务非均等化现象，提出"增量供给调整"思路，为实现公共服务均等化破题。二是测算京津冀地区基本公共服务增量不平等，并对其1994—2015年的变化趋势做出基本判断。三是依据公共服务增量供给对公共服务存量不平等的调整效果，判断公共服务均等化政策的有效性，进而对增量调整政策进行修正。

第二节 文献综述

学界对"公共服务均等化"的争论一直没有停息。

按照西方福利经济学的逻辑,"公共服务均等化"是有利于增进社会福利的,而从庇古(Pigou)到阿玛蒂亚·森,从帕累托最优到次优再到第三优理论,新旧福利经济学发展历程的每个阶段都蕴含着丰富的均等化思想。英国经济学家庇古开创了福利经济学的完整体系,他提出两个基本命题:一是个人实际收入的增加会使其满足程度增大;二是转移富人的货币收入给穷人会使社会总体满足程度增大。庇古的这一思想对公共服务均等化具有启示性意义。布坎南(Buchanan,1950)最早提出了财政剩余(定义每个人的财政剩余为其获得的公共服务收益减去税收支付的差额)均等化的概念,认为当且仅当具有相同收入的公民所获得的财政剩余相等时,公民才能获得均等公共服务。但由于中央和地方政府的同时存在,具有相同收入的人并没有获得相同的财政剩余,为此,布坎南提出了不同地区间的税收差异化策略和地区间转移支付策略。但是具有相同收入分配地区的公民间仍然需要转移支付,才能使财政剩余均等化。问题的实质在于没有考虑公民偏好的差异性。为此,艾彭(Eapen,1966)提出了衡量地区间净收入标准的方法,认为在考虑公民偏好的情况下,如果地区间净收入(即地方收入减去地方税收支付,再加上地方提供的公共收益)相等,则认为两地公共服务是均等的,不需要进行地区间的转移支付。20世纪90年代以后,大部分西方学者将研究重点转向了具体公共服务领域的均等化问题。如海耶斯(Hayes,1993),里昂(Lyons,2006)等对美国教育服务均等化的研究,卡尔-希尔(Carr-Hill,1994)等对OECD国家医疗水平均等化的研究。

国内关于公共服务均等化的文献大致可以分为以下几类。

一、关于"公共服务均等化"理论的探讨

于树一(2007)对公共服务均等化的理论基础进行了梳理,认为西方的福利经济学为公共服务均等化提供了经济学基础。

安体富和任强(2007)对目前"均等化的标准"的理解进行了总结,存在三种理解:一是最低标准,即要保底,最低限度的公共供给必须由政府托起来;二是平均标准,即政府提供的基本公共服务应达到中等的平均水平;三是相等标准,即结果均等。

吕炜和王伟同(2008)分析了中国公共服务提供不均等的制度及历史根

源：一是转轨初期推行经济发展的非均衡发展战略选择造成的地区间严重的发展不平衡，加大了政府在全国范围内实现需求导向型提供模式的难度；二是财政体制改革不彻底、中央政府转移支付能力薄弱，以及现行行政管理体制是导致基本公共服务不能按需供给的制度根源；三是"以经济发展为中心"的发展战略和政府投资驱动式的经济发展模式固化了政府公共支出结构，限制了中央政府的转移支付能力，造成了各级政府公共服务提供偏好不足；四是公共财政体制不健全，导致公共收支目的脱节，限制了公共财政的体制效率；五是缺乏公民社会的历史传统，急于发展经济的社会心态是供给导向型公共服务提供模式形成的思想根源。

项继权（2008）认为，"基本公共服务主要由政府提供，政府对基本公共服务的财政投入状况在相当大程度上也决定了基本公共服务的数量和质量，基本公共服务均等化为人人享有不低于他人或社会最低标准的公共服务"。

马国贤（2007）梳理了当前国际通行的实现公共服务均等化的三种模式。一是人均财力均等化，即指中央政府按每个地区人口以及每万人应达到的公共支出标准来计算向地方政府补贴的制度，欧盟和加拿大采用这种办法。二是公共服务的标准化，即中央和上级政府对公共服务颁布设备、设施和服务标准，并以此为依据建立专项转移支付的模式。该模式以具体的公共服务项目为对象，如义务教育、社区公共卫生等；采用统一的全国或地区标准，包括服务标准、设备、设施配置标准等，前者如美国联邦政府的《95年对美国公众的服务标准》，后者如美国阿肯色州2006年对义务教育的拨款标准为每个学生5 700美元。在具体实施中，又分为"提供均等的服务"即建立政府服务标准、设备设施标准来实现公共服务均等化和"让顾客获得均等的服务利益"，前者主要体现传统管理，后者体现以政府绩效管理为标志的"新公共管理"，2001年美国《不让一个学生落后法案》规定了义务教育的质量标准就体现了后者要求。三是基本公共服务最低公平，也称基本公共服务最低供应（简称"最低公平"），最早是1978年英国学者布朗和杰克逊在总结财政联邦主义经验时提出来的。该理论将政府间职能分工与经费保障结合起来，提出了多样性、等价性、集中再分配、位置中性、集中稳定、溢出效益纠正、基本公共服务最低供应、财政地位平等8个原则。该模式要求"国家应让每个居民确信，无论他居住在哪个市或县，都会获得基本公共服务的最低保证，诸如安全、健康、福利和教育"，同时该模式可根据行业特点采用实物标准、经费标准和服务标准等，但最终要确保服务质量。该模式认可"谁受益，谁出钱"的等价性原则，也就是说国家允许并鼓励有财政能力的地方政府提供更多的、质量更高的公共服务，但其经费应当由提供服务的政府承担。

国家发展改革委员会宏观经济研究院课题组（2008）分析了加拿大、德国和印度尼西亚的均等化政策，认为均等化包括个人意义的均等化和政府意义的均等化，无论在何种意义上，财政均等化都是基本公共服务均等化的手段。均等化标准必须基于财政能力均等化。

贾康（2006）认为，为保障每个公民"均等"地享受到义务教育、公共卫生、基本医疗和公共就业等基本公共服务，政府必须履行"托底之责"。

基本公共服务均等化与政府财政责任课题组（2006）提出，基本公共服务均等化作为政府责任具体来说就是一种财政责任，是公共财政"公共性"的重要体现。

迟福林（2009）理顺了政府、市场和社会三者之间的关系，形成基本公共服务供给的多元参与互补机制，充分发挥各参与主体的优势，才能保证基本公共服务的有效供给。

中国（海南）改革研究院（2008）认为在明确政府的最终责任这一前提下，可以探索多种有效的基本公共服务供给模式，提高执行的效率。

刘尚希（2008）认为实现公共服务均等化可选择三种模式：一是规制，二是政府付费，三是以政府自己生产的方式来提供。

二、关于基本公共服务均等化评估问题的探讨

丁元竹（2009）把基本公共服务的绩效界定为：人们享受基本公共服务的水平和对于这种享受的主观感受与满意程度，它包括客观的基本公共服务水平和主观的基本公共服务感受。

迟福林（2009）认为，要建立以基本公共服务为导向的政绩考核体系，具体包括增加基本公共服务在政府绩效评价体系中的权重、建立基本公共服务严格的问责制。

金人庆（2006）指出，应努力实现国家财政投资重点的三个转变：一是城市转向农村，重点支持农村沼气、农村公路等直接改善农民生产生活条件的基础设施建设；二是基础设施建设转向公共社会事业发展、环境保护和生态建设；三是经济建设转向促进科学发展，重点支持西部大开发、中部崛起、振兴东北地区等老工业基地的区域协调发展项目。

三、关于公共服务均等化的实证研究

霍克等（2005）对人均GDP、人均预算内财政收入、人均税收收入、人均预算内财政支出、人均预算内教育支出等5项指标的数据进行了β绝对收敛实证分析。

安体富和任强（2008）构建了一个具体化的具有实物形态的包含4个级别共25个指标的中国公共服务均等化水平指标体系，并对2000—2006年的公共服务及其具体项目的均等化水平的变化进行分析。他们首先采取极值标准化方法，对各单项指标进行无量纲化处理，然后采用加权算术平均法对单项指标进行合成，由此形成地区公共服务指数，然后按照变异系数的基本原理构建地区间公共服务均等化指数。

朱柏铭（2008）认为，政府在供给基本公共服务时，应以消费者为着眼点，使消费者感到物有所值。他将私人产品和基本公共服务一并纳入社会福利函数，求出在一定资源约束下最大化社会福利函数的最优解为基本公共服务性价比等于私人产品性价比①，建立一个消费者基本公共服务性价比评议指标体系，依此来判断均等化程度。

马海涛、程岚和秦强（2008）将财政支出的标准差系数与财政收入的标准差系数相除，构建均等化效果系数，依此来判断2002—2006年财政转移支付的均等化效果。

解垩（2008）在传统的收敛模型中加入空间因素，分析了我国1997—2005年各省的财政政策收敛变化。

张宇麟等（2008）运用空间计量模型研究了1994—2005年我国29个省财政政策收敛情况。该研究采用地理相邻权重矩阵和人均GDP权重矩阵，对各省间的空间滞后和空间误差模型进行实证分析。

踪家峰等（2008）运用空间计量模型研究1994—2005年我国28个省份财政支出的收敛情况，研究发现我国人均财政支出存在着绝对趋同的趋势。

潘杰等（2010）利用动态面板模型考察了1997—2009年我国政府卫生支出地区差异的收敛性。

豆建民等（2010）在计算区域基本公共服务水平综合指数的基础上，讨论了1994—2008年中国基本公共服务水平的收敛情况及造成省域差距的原因。

王新民和南锐（2011）构建了基本公共服务均等化水平的多层次指标体系，应用灰色关联综合评价模型对全国31个省域2008年均等化水平进行分析，具体适用聚类分析、相关性分析方法，得出基本公共服务均等化水平与区域经济实力、财政收入规模、地区综合发展能力之间的关系。

贾俊雪（2011）运用空间面板数据模型，考察了改革开放以来我国政府间财政收支责任安排对地方公共服务发展和均等化的影响。

马慧强等（2011）构建了我国市级基本公共服务质量水平测度指标体系。

---

① 基本公共服务性价比是指基本公共服务的边际效用与基本公共服务的边际成本之比。

卢洪友等（2011）构建了中国环境基本公共服务绩效评估指数。

刘小勇等（2011）采用动态空间面板模型，对1997—2006年我国30个省市的公共卫生服务收敛情况进行了实证检验。

肖海翔等（2013）采用我国31省市2000—2010年的数据，利用固定效应面板数据模型进行卫生支出的收敛性分析。

蓝相洁（2014）运用泰尔指数分解法对2005—2010年公共卫生服务的收敛性进行研究。

四、关于京津冀公共服务不平等问题的研究

现有与北京、天津、河北公共服务不平等问题相关的文献比较少且主要是一些具体的政策性研究，如交通拥堵（白彦锋等，2014）、公共卫生服务（刘金伟，2011；师璇等，2014）、基础设施（陆小成，2013）、社区公共服务设施（王松涛等，2007；任晋锋等，2012）、农村公共服务体系（姜岩，2006；马秋茜，2012）、公共服务多元供给（曲明等，2014）、城乡基本公共服务（张茜等，2015）。

通过对现有文献的梳理，我们发现：①已有研究本质上属于对公共服务增量不平等的考察，忽视了公共服务不平等的存量和增量差异；②对公共服务不平等的动态变化关注不足；③缺少对公共服务动态不平等的整体把握；④关注区域公共服务不平等的研究比较少，专门针对京津冀区域基本公共服务不平等的研究至今未见。基于此，本书在吸收现有研究成果的同时，兼顾上述四个方面，在京津冀一体化战略背景下，对基本公共服务存量不平等现状、变化趋势和原因，以及公共服务增量调整效果检验等问题做了进一步的拓展研究。

第三节　理论分析

一、相关概念的界定

（一）公共产品、公共服务与基本公共服务

学界对公共服务和公共产品的理解有分歧。有一种观点认为，可以根据有形还是无形，将公共产品和公共服务区别开来。但本书认为，公共服务的实质就是公共产品带来的服务，二者没有什么区别。故本书将公共服务和公共产品等同看待使用。

对于基本公共服务，我国《"十二五"国家基本公共服务体系规划》和

《"十三五"推进基本公共服务均等化规划》（以下简称《规划》）给出了如下定义：基本公共服务是由政府主导、保障全体公民生存和发展基本需要、与经济社会发展水平相适应的公共服务，是公共服务中最基础、最核心的部分，是最基本的民生需求，也是政府公共服务职能的"底线"。

与此同时，《规划》界定了基本公共服务范围：一般包括保障基本民生需求的教育、就业、社会保障、医疗卫生、住房保障、文化体育等领域的公共服务，广义上还包括与人民生活环境密切关联的交通、通信、公用设施、环境保护等领域的公共服务，以及保障安全需要的公共安全、消费安全和国防安全等领域的公共服务。

（二）公共服务的累积性、公共服务存量、公共服务增量

公共服务在供给过程中会存在两个比较明显的特征：累积性和规模效应。

对于累积性，人们通常可以感知到的优良公共服务实际上是一个积累的结果。以教育中的优质学校为例，这样的学校通常具备两个条件：一是良好的硬件设施，二是雄厚的师资力量。对于硬件设施，我们可以说它是某一年一次性公共服务供给的结果，但要想保证这些硬件设施一直"良好"下去，就必须通过不间断的后续追加资金进行维修和保养，也就是说，呈现在大家眼前的"良好的硬件设施"是一个投入不断累加的结果。对于师资力量，我们说其雄厚之所以能够维持，一是学校能够提供良好且持续的办公环境，二是能够保证教师拥有持续稳定且呈"刚性"的薪酬待遇，因此，"维持师资力量的雄厚"也是一个投入不断累加的结果。

对于规模效应，在公共服务供给过程中，每次供给的差异导致最终累积的差异，从而慢慢形成人们所感知到的公共服务的"差异"。而这种可感知的差异一旦形成，优质公共服务自身会产生一种"吸附力"，吸附各种生产要素，以确保公共服务的"优质性"得以延续下去，甚至还有可能导致公共服务差异的扩大化。公共服务的规模效应可以说明，为什么政府即使加大公共服务落后地区的资金投入，其与发达地区之间公共服务的差异仍然变化不大。

基于公共服务的累积性与规模效应，本书提出了"公共服务增量"和"公共服务存量"两个概念。如果用政府财政投入来间接代替公共服务，那么，公共服务增量可以理解为政府每年的财政投入；公共服务存量，即我们可以感知到的公共服务水平（品质），可以理解为每年财政投入的累加。

（三）公共服务均等化与基本公共服务均等化

关于"公共服务均等化"，《中共中央关于制定国民经济和社会发展第十一个五年规划的建议（辅导读本）》给出了如下官方定义："公共服务均等

化是公共财政的基本目标之一，是指政府要为社会公众提供基本的、在不同阶段具有不同标准的、最终大致均等的公共物品和公共服务。公共服务均等化的主要实现手段是政府转移支付制度。"

关于"基本公共服务均等化"，《"十三五"推进基本公共服务均等化规划》给出了如下定义："基本公共服务均等化是指全体公民都能公平可及地获得大致均等的基本公共服务，其核心是促进机会均等，重点是保障广大人民群众都得到基本公共服务的机会，而不是简单的平均化。"

二、"不平等"的主要测度方法

在经济学上，真正系统性地研究不平等问题的是1998年诺贝尔经济学奖得主阿玛蒂亚·森。他认为："从经济学角度讲，不平等是一个不确定的概念，其与寿命、个人能力及政治自由等紧密相连。"不平等测度是发展经济学中一个非常重要的研究方面，关于测度指标的研究可谓层出不穷，下面就这一方面作简要介绍。

（一）不平等测度的公理性原则

面对众多测度不平等程度的方法，选择时所遵循的原则其实就是衡量一个测度方法优劣与否的标准。根据原则，我们可以知道每一种测度方法的优缺点，并依据测度对象来判断适合的测度方法。这些原则和标准称为不平等测度的公理性原则。

原则一：庇古-道尔顿转移原则。当收入较低的人群将一部分收入转移到收入较高的人群后，转移之前的收入不平等程度要小于转移之后的收入不平等程度。

原则二：交换无关性原则。如果社会中的一个人与另一个人交换收入，或者一类人与另一类人交换收入，那么交换后收入不平等程度不会发生变化。

原则三：规模复制原则。在对不平等程度进行衡量时，拥有相同分配结构的两个群体合并时，不平等程度不发生变化。

原则四：相对收入原则。当每一个人的收入都成比例变动的时候，不平等程度不发生变化。

原则五：可分解原则。如果将测度区域根据不同条件分成多个子区域，那么不平等程度又可以分为各个子区域的测度，不平等程度指数等于各个子区域的指数之和。

（二）不平等的一般测度方法

不平等的测度方法主要可以分为两类：一类是实证测度方法。它没有明显地使用福利经济学的任何概念，主要包括极差、相对平均离差、方差、变异系数、基尼系数、熵指数。另一类是规范测度方法。它基于社会福利与由不平等分配引起的福利损失之间的一个明确的数学关系，主要包括道尔顿测度和阿特金森指数。

1. 极差（E）和相对平均离差（M）。极差是指在一个收入分配序列当中，最大值与最小值之差与平均值的比。假设某一分配序列用y_i（$i=1,2,3,\cdots,n$）表示，平均值用μ表示，那么该分配序列的极差为：

$$E = \frac{\max y_i - \min y_i}{\mu} \tag{4-1}$$

如果收入是平均分配的，即分配序列的值均相等，那么极差为最小值（$E=0$）；如果所有收入集中于一人手中，即分配序列中除某一值之外的其他值均为0，那么极差为最大值（$E=n$）。

相对平均离差是指用分配序列当中各值与均值的差的绝对值比上各值之和所得到的比值。

$$M = \frac{\sum_{i=1}^{n}|y_i - \mu|}{n\mu} \tag{4-2}$$

如果收入是平均分配的，那么相对平均离差为最小值（$M=0$）；如果所有收入集中于一人手中，那么相对平均离差为最大值[$M=2\cdot(n-1)/n$]。

从公式（4-1）可以看出，极差只与收入的最大值、最小值以及平均值有关，而忽略了两个极值之间的分配情况。与极差相比，相对平均离差很好地反映了收入分配的情况，但是其对庇古-道尔顿转移原则不具有敏感性。

2. 方差（V）和变异系数（C）。如果对相对平均离差中的绝对值求平方后再相加，就得到了方差系数，即：

$$V = \frac{\sum_{i=1}^{n}(y_i - \mu)^2}{n\mu} \tag{4-3}$$

方差开方后再除以分配序列的平均值就得到了变异系数，即：

$$C = \frac{V^{\frac{1}{2}}}{\mu} \tag{4-4}$$

方差和变异系数均满足庇古-道尔顿转移原则，但是方差过度依赖平均值，如果收入水平成比例变化，那么方差系数也会发生变化，因此不满足相对收入原则。与其相比，变异系数与均值无关，具有更好的性质，但是变异系数还是不能够很好地反映出个体之间的收入差距。

3. 基尼系数（G）。基尼系数是目前使用最多的收入不平等的测度方法，它是由基尼在洛伦茨曲线的基础上于 1921 年首先提出的，之后有许多经济学家在使用过程中对其进行了详细的解释、分析以及完善，其中就包括道尔顿和阿特金森。将某一收入分配序列按照收入的多少排序，横轴表示各个收入等级的人群在总人数中所占的百分比，纵轴表示各个人群的收入在总收入中所占的百分比。基尼系数是绝对公平线与洛伦茨曲线之间的区域面积与绝对公平线下方的三角形区域面积的比值。

4. 泰尔指数。泰尔指数又称泰尔熵标准，作为衡量个人之间或者地区之间收入差距（或者不平等度）的指标，由泰尔（Theil，1967）利用信息理论中的熵概念来计算收入不平等而得名。相对于基尼系数而言，泰尔指数有一个非常明显的优势，那就是满足分解性原则，即可以将指数分解为组内测度指数与组间测度指数之和。如果用 y_{ij} 表示第 i 个子集当中第 j 个个体的收入在该子集中所占的份额，p_{ij} 表示第 i 个子集当中的第 j 个个体在该子集的总人口中所占的份额，那么泰尔指数 T 就被分解为了子集间的泰尔指数 T_B 和子集内部的泰尔指数 T_W，两个指数简单相加就得到了整个测度区域的收入不平等程度，即：

$$T = T_W + T_B \tag{4-5}$$

$$T_B = \sum_{i=1}^{n} \left(\frac{y_i}{y}\right) \ln\left(\frac{y_i/y}{p_i/p}\right) \tag{4-6}$$

$$T_W = \sum_{i=1}^{n} \left(\frac{y_i}{y}\right) T_i \tag{4-7}$$

$$T_i = \sum_{j} \left(\frac{y_{ij}}{y_i}\right) \ln\left(\frac{y_{ij}/y_i}{p_{ij}/p_i}\right) \tag{4-8}$$

5. 道尔顿测度。道尔顿（1970）提出，任何对经济不平等的测度方法都必须与福利经济学相关联。他所用的额测度方法直接来源于功利主义的框架，并把效用总和的实际水平与收入均等分配后的总数水平进行比较，作为测度方法的基础。对于一个严格凹的收入函数，即收入的边际效用是递减的；假设每一个人的效用函数都相同，那么要使得总效用最大化，就必须均等分配收入。测度方法的公式表示为：

$$D = \frac{\left[\sum_{i=1}^{n} U(y_i)\right]}{nU(\mu)} \tag{4-9}$$

这一测度方法的缺陷是明显的，阿特金森（1970）指出，当将效用函数进行正向线性变换时，D 值无法保持不变。基数效用拥有在任何线性变换下的不变性，而道尔顿测度值却会因为所选择的不同曲线的变换而变得不同。

6. 阿特金森测度。阿特金森测度定义了一个平等分配的等价收入。所谓"平等分配的等价收入"是一个人均收入水平，当每个人的收入都等于这一收入水平时，福利总值刚好等于实际收入分配所产生的福利总值。令 y_e 为"平等分配的等价收入"，则有：

$$y_e = y \mid [nU(y) = \sum_{i=1}^{n} U(y_i)] \quad (4-10)$$

即所有人的实际福利水平的总和与每个人的收入水平均为 y_e 时的福利水平的总和。假设每个人的效用函数都是凹性的，也就是说收入的边际效用是非递增的，所以 y_e 不可能大于平均收入 μ，进而分配越平等，y_e 越接近于 μ。我们可以得到阿特金森测度的计算公式为：

$$A = 1 - (y_e/\mu)$$

显然，当收入完全均等分配时，$y_e=\mu$，这时阿特金森测度的取值 A 为 0。对任意的分配状况，A 的值都处于 0 和 1 之间。

阿特金森指数在对收入差距的测算中，考虑了社会心理因素对收入差距的厌恶程度，其主观性和变动性较强，这在所有指标中独具特色。但是阿特金森指数方法达不到泰尔指数那样完全的分解性，其分解后会产生一个随机误差项。并且，阿特金森指数基于基数效用论且要求效用函数具有凹性，在现实中这一点无法得到保证，这在一定程度上限制了阿特金森指数的应用。

三、我国公共服务供给的历史变迁

我国公共服务供给体制的演变与公共财政和行政管理体制的改革密切相关。我们将 1949 年以来的公共服务制度变迁划分为三个阶段。

第一阶段：均衡发展时期（1949—1978 年）基本公共服务供给特征。

一是国家财政统揽所需经费。这一时期，我国的基本公共服务供给无论是在数量上还是在质量上都比 1949 年以前有了质的飞跃和提升。1949 年 9 月中国人民政治协商会议通过的具有临时宪法意义的《共同纲领》对教育和医疗等基本公共服务的提供进行了政府责任的认定。例如，教育方面，提出应"有计划有步骤地实行普及教育，加强中等教育和高等教育，注重技术教育，加强劳动者的业余教育和在职干部教育"；医疗方面，提出应"推广卫生医药事业，并注意保护母亲、婴儿和儿童的健康"。同时，我国形成了一整套与计划经济体制相一致的财政体制。这种高度集中的财政管理体制几乎负担了所有基本公共服务所需的经费。

二是依托"单位制"，实现基本公共服务的低水平广泛覆盖。以全民所有制和集体所有制为主体的公有制主体地位确立以后，我国的基本公共服务提供就是以"单位"为依托，进行全民覆盖。其中，城镇居民是公有制单位职工身份，而农民则是集体所有制的人民公社的成员。最典型的就是"公费医疗"制度，这一制度建立于 1952 年，覆盖了全部城镇职工及其家属。同时，城镇居民在就业、住房、养老等方面也都有着较为可靠的保障。在农村，合作医疗制度发挥了巨大的作用，据统计，1976年我国有90%的行政村都实行了合作医疗制度，农村居民有85%都被覆盖在这一制度之中。同时，对广大农村还实行了多种社会救济制度，如困难补助、"五保供养"，以及面向军烈属①的"优抚安置"制度等。由于受到经济社会发展水平的制约，基本公共服务只能是较低水平的供给，广泛的覆盖面是这一时期的基本特点。

第二阶段：非均衡发展时期（1979—2000年）基本公共服务供给特征。

一是基本公共服务供给制度的规范化程度逐步提高。改革开放以后，基本公共服务供给制度建设进程不断加快。以基础教育供给为例，1985年之后教育法和义务教育法等法律法规颁布实施。再如社会保障服务方面，当时作为国企改革配套的企业职工养老、医疗和失业等社会保险项目的发展，为1995年之后国有企业改革的深化和推进提供了重要的制度保障。其他如卫生、社会救济和社会福利等事业也都在制度建设方面取得了一系列重要进展。

二是基本公共服务供给的责任与管理权限经历重新划分与下移过程。结合改革进程中的财政分权办法和各种"放权让利"方案，这一时期的基本公共服务供给责任被重新划分，相当一部分管理权限被下放至地方政府。例如，1985年发布的《中共中央关于教育体制改革的决定》明确提出"基础教育的管理权限在地方政府"等，"县办高中、乡办初中、村办小学"因而成为通行做法。再如社会救济服务方面，1993年6月，上海市率先进行了"城市居民最低生活保障线制度"试点工作。1994年，民政部对上海市的做法予以肯定，并提出要"对城市社会救济对象逐步实行按照当地最低生活保障线标准进行救济"。经过全国范围内的推广，到1999年9月，全国668个城市和1638个县政府所在地均已建立起这项制度，最低生活保障对象达到280多万人，全国共支出15亿元最低生活保障金。

三是基本公共服务供给过程中政府与个人责任的合理回归。1978—2000年，以劳动就业和社会保障为典型代表的基本公共服务，经历了政府与个人责任合理划分与理性回归的过程。在计划经济体制下，政府控制了几乎所有制度，同时也包揽了一切，包括城镇居民的就业在内，都是由政府负责安排和分配的，非常不利于劳动者生产积极性和创造性的发挥。改革开放以后的市场化进程，使得劳动者的就业过程遵循市场经济活动规律，促进了劳动力资源的合理流动与优化配置，提高了劳动者的积极性和生产效率。与此同时，公费医疗制度和养老保险制度也进行适应市场经济体制的改革，改变了原先政府包揽一切的状况，基本公共服务随之逐步进入人们的视野。

---

① 因公牺牲军人遗属的简称。

第三阶段：区域协调发展时期（2001年至今）基本公共服务供给特征。

一是基本公共服务均等化供给逐步被上升到经济社会发展总体战略高度。在党的十六大所提出的"全面建设小康社会"宏伟目标体系中，基本公共服务供给水平的提高被作为重要内容之一，如"社会保障体系比较健全，社会就业比较充分，家庭财产普遍增加，人民过上更加富足的生活"，以及"形成比较完善的现代国民教育体系、科技和文化创新体系、全民健身和医疗卫生体系"等。十七届六中全会通过的《中共中央关于深化文化体制改革 推动社会主义文化大发展大繁荣若干重大问题的决定》专门就公共文化服务体系建设以及加快城乡一体化发展等做出了细致而又深入的部署。基本公共服务的均等化供给已经完全上升到了整个经济社会发展战略的高度，对所有涉及基本公共服务供给的内容都有了细致入微的安排。

二是基本公共服务供给更注重向不发达地区和困难群体倾斜。2000年以来，我国政府逐步将公共支出的重点由城镇转向了相对不发达的广大农村地区。如农村地区逐步实现了全免费的义务教育，新型农村合作医疗制度、农村养老保障制度和最低生活保障制度也都逐步得到了建立和健全。新型农村合作医疗不但为大病医疗提供了较好的保障，同时其管理和服务体系也逐步形成。2005年，国务院颁发了《关于深化农村义务教育经费保障机制改革的通知》，提出要按照"明确各级责任、中央地方共担、加大财政投入、提高保障水平、分步组织实施"的基本原则，逐步将农村义务教育全面纳入公共财政保障的范围，建立中央和地方分项目、按比例分担的农村义务教育经费保障机制。中央重点支持中西部地区，适当兼顾东部部分困难地区。通过一系列针对不发达地区和困难群体的公共服务供给政策的倾斜，以及各项政策措施的积极作用，现行的基本公共服务供给制度与政策相比更加注重均衡化发展战略的实现，并且在缩小社会发展差距与缓和分配不公平等方面起到了良好的作用。

三是政府加大了对基本公共服务均等化供给的财政保障力度。政府对涉及文教卫生和社会保障等基本公共服务均等化供给的财政保障与支持，主要体现在三个方面：第一，加大了对基本公共服务供给的财政投入力度；第二，相对前一时期对个人责任的强调与回归，中央政府在基本公共服务供给的财力保障方面承担了相对多的责任；第三，2000年以来各项基本公共服务供给方面的支出增速超过了同期国家财政支出的增速，反映出政府推动基本公共服务实现均等化供给的决心和政策力度。

四、中国公共服务均等化政策变迁

在西方，公共服务均等化是公民理应享有的基本权利，早已成为各国政府基本的施政纲领。与之相比，我国基本公共服务均等化的推进则相对滞后。

2005年10月11日，中共十六届五中全会通过的《中共中央关于制定国民经济和社会发展第十一个五年规划的建议》，首次提出要"按照公共服务均等化原则，加大国家对欠发达地区的支持力度，加快革命老区、民族地区、边疆地区和贫困地区经济社会发展"。这一原则要求的提出对于我国公共服务均等化的实现具有划时代的意义，此后公共服务均等化的理念在我国党和政府的会议和文件中不断重申。

2006年3月，《中华人民共和国国民经济和社会发展第十一个五年规划纲要》正式提出"逐步推进基本公共服务均等化"。同年10月，党的第十六届六中全会通过的《构建社会主义和谐社会若干重大问题的决定》对实现基本公共服务均等化作了更详尽的阐述，进一步提出要"完善公共财政制度，逐步实现基本公共服务均等化"。

2007年10月，党的十七大提出了"围绕推进基本公共服务均等化和主体功能区建设，完善公共财政体系"的战略部署，指出"缩小区域发展差距，必须注重实现基本公共服务均等化"。

2008年2月，胡锦涛在政治局第四次集体学习时的讲话中提出，对基本公共服务体系的建设构想包含三个层次，其中，基本公共服务均等化是公共服务体系建设的长远目标，也是服务型政府建设的重要价值追求，但也需要逐步实现。应围绕逐步实现基本公共服务均等化的目标，协调处理好公共服务的覆盖面、保障和供给水平、政府财政能力三者间关系。

2009年，全国财政会议继续强调加快公共服务均等化建设，着力以改善民生为重点的社会建设，重点加大教育、就业、住房、医疗卫生、社会保障等民生领域投入，并向中西部地区倾斜，以稳定和改善居民消费预期，拉动消费需求。同年，广东省率先出台了首部地方性公共服务规划——《广东省基本公共服务均等化规划纲要（2009—2020年）》。

2012年，党的十八大再次将"公共服务均等化"这一改革命题摆在重要的战略地位，并明确提出了基本公共服务均等化总体实现的更高目标，并在效率与公平的关系上，提出了更加"注重公平"的理念。同年，出台了我国第一部国家基本公共服务领域的总体性规划——《国家基本公共服务体系"十二五"规划》。

2017年国务院出台了《"十三五"推进基本公共服务均等化规划》。与此同时，各地方也陆续出台了本地的《"十三五"基本公共服务均等化规划》。这些规划明确了基本公共服务制度框架，建立了基本公共服务清单制，是

"十三五"乃至更长一段时期推进基本公共服务体系建设、促进基本公共服务均等化的综合性、基础性、指导性文件,为我国进一步推进基本公共服务均等化建设给出了更加清晰的指引。

第四节　实证分析

一、京、津、冀基本情况介绍

从行政架构来看,2015年,京津冀地区共有43个区(地级市),其中,北京16个区,天津16个区,河北11个地级市;共有560个街道(街道率19.82%)、1 331个建制镇(建制镇率47.12%)、934个建制乡(建制乡率33.06%),其中,北京街道率45.32%、建制镇率43.20%、建制乡率11.48%;天津街道率47.95%、建制镇率49.59%、建制乡率2.46%;河北街道率13.02%、建制镇率47.42%、建制乡率39.56%。在中国,统一行政级别下的不同称谓可以间接反映经济发展的差异。从以上对比数据来看,北京、天津两者间差异相对较小,而与河北间的差异则比较大,这一点从人均GDP指标也可以看出。

从财政投入来看,京津冀地区行政面积北京占7.71%、天津占5.57%、河北占86.72%,相应的财政支出比重则分别是33.81%、19.70%、46.49%。无论是单位行政面积财政投入还是人均财政投入,在区(地级市)层面都呈现出较大差异。具体而言,北京、天津两者间差异相对较小,同河北的差异则比较大。就各地区单位行政面积财政投入最大值来看,北京西城区9.367亿元/平方千米、天津和平区9.970亿元/平方千米、河北廊坊市0.075亿元/平方千米;就最小值来看,北京延庆区0.042亿元/平方千米、天津宁河区0.044亿元/平方千米、河北承德市0.007亿元/平方千米。就各地区人均财政支出最大值来看,北京大兴44 012元/人、天津滨海新区61 419元/人、河北廊坊市10 554元/人;就最小值来看,北京丰台区18 287元/人、天津蓟县8 374元/人、河北保定市4 506元/人(见表4-1)。

从人口流动性来看,根据已获数据比较同一地区户籍人口和常住人口,可以看出京津地区区(县)层面基本上为人口净流入。虽然我们无法获知河北省具体地级市层面人口流动情况,但可以通过《中国统计年鉴》和《中国人口和就业统计年鉴》来了解。整体来看,京津地区为人口净流入,并且净流入逐年递增;河北地区为人口净流出,且净流出量逐年递增(见表4-2)。

表 4-1　2015 年京津冀基本情况比照表

地区		街道	建制镇	建制乡	街道率(%)	建制镇率(%)	建制乡率(%)	行政面积(平方千米)	户籍人口(万人)	常住人口(万人)	人口差(常减户)(万人)	GDP(亿元)	财政支出(亿元)	人均GDP(万元/人)	人均财政支出(元/人)	单位行政面积财政投入(亿元/平方千米)
北京	东城	17			100	0	0	41.84	97.4	90.5	-6.9	1 857.8	237.2	19.07	24 349	5.669
	西城	15			100	0	0	50.7	145.2	129.8	-15.4	3 270.4	474.9	22.52	32 707	9.367
	朝阳	24		19	55.8	0	44.2	470.8	207.4	395.5	188.1	4 640.2	443.6	22.37	21 391	0.942
	丰台	16	2	3	76.2	9.5	14.3	305.87	113.7	232.4	118.7	1 169.9	207.9	10.29	18 287	0.68
	石景山	9			100	0	0	84.38	38.3	65.2	26.9	430.2	91.3	11.23	23 846	1.082
	海淀	22	7		75.9	24.1	0	430.8	239.5	369.4	129.9	4 613.5	496.7	19.26	20 740	1.153
	房山	8	14	6	28.6	50	21.4	1 989.5	79.9	104.6	24.7	554.7	183.6	6.94	22 975	0.092
	通州	4	10	1	26.7	66.7	6.7	906	71.8	137.8	66	595.4	198.3	8.29	27 619	0.219
	顺义	6	19		24	76	0	1 021	61.5	102	40.5	1 440.9	225.1	23.43	36 603	0.22
	昌平	8	14		36.4	63.6	0	1 352	59.5	196.3	136.8	657.3	185.7	11.05	31 216	0.137
	大兴	8	14		36.4	63.6	0	1 031	66.3	156.2	89.9	510.2	291.8	7.7	44 012	0.283
	门头沟	4	9		30.8	69.2	0	1 455	24.9	30.8	5.9	144.1	93.3	5.79	37 473	0.064
	怀柔	2	12	2	12.5	75	12.5	2 122.6	28.2	38.4	10.2	234.2	107	8.3	37 936	0.05
	平谷	2	14	2	11.1	77.8	11.1	1 075	40.1	42.3	2.2	197.1	107.2	4.92	26 745	0.1
	密云	2	17	1	10	85	5	2 229.5	43.3	47.9	4.6	226.7	110.2	5.24	25 453	0.049
	延庆	3	11	4	16.7	61.1	22.2	1 993.8	28.2	31.4	3.2	107.3	83.8	3.8	29 728	0.042

续表

地区		街道	建制镇	建制乡	街道率(%)	建制镇率(%)	建制乡率(%)	行政面积(平方千米)	户籍人口(万人)	常住人口(万人)	人口差(常减户)(万人)	GDP(亿元)	财政支出(亿元)	人均GDP(元/人)	人均财政支出(元/人)	单位行政面积财政投入(亿元/平方千米)
天津	和平	6			100	0	0	9.98	41.57	34.9	-6.67	775.77	99.5	18.66	23 942	9.97
	河东	13			100	0	0	39	75.08	96.69	21.61	286.05	70.3	3.81	9 362	1.803
	河西	13			100	0	0	37	82.14	98.3	16.16	770.07	79.3	9.38	9 649	2.143
	南开	12			100	0	0	40.64	86.23	113.57	27.34	590.93	74.2	6.85	8 605	1.826
	河北	10			100	0	0	27.93	62.93	88.51	25.58	412.84	73.1	6.56	11 616	2.617
	红桥	11			100	0	0	21.3	51.66	56.15	4.49	192.35	44.9	3.72	8 697	2.108
	东丽	11			100	0	0	477.34	36.72	75.37	38.65	875	110	23.83	29 946	0.23
	西青	4	7		36.4	63.6	0	545	38.85	84.24	45.39	1 015.1	126.2	26.13	32 484	0.232
	津南	1	8		11.1	88.9	0	420.72	43.62	88.74	45.12	742.54	81.8	17.02	18 748	0.194
	北辰	7	9		43.8	56.3	0	478	39.37	85.21	45.84	955.7	95	24.27	24 126	0.199
	武清	6	24		20	80	0	1 574	90.08	118.11	28.03	1 026.8	139.3	11.4	15 468	0.089
	宝坻	8	16		33.3	66.7	0	1 509	70.11	91.39	21.28	605.04	88.2	8.63	12 576	0.058
	滨海新	14	5		73.7	26.3	0	2 270	123.9	297.01	173.09	9 270.3	761.1	74.81	61 419	0.335
	宁河		11	3	0	78.6	21.4	1 414	39.73	49.16	9.43	522.52	62.5	13.15	15 732	0.044
	静海		16	2	0	88.9	11.1	1 476	59.23	78.21	18.98	616.69	84.2	10.41	14 219	0.057
	蓟县	1	25	1	3.7	92.6	3.7	1 593	85.66	91.39	5.73	390.54	71.7	4.56	8 374	0.045

第四章 京津冀区域基本公共服务增量差异动态研究

续表

地区		街道	建制镇	建制乡	街道率(%)	建制镇率(%)	建制乡率(%)	行政面积(平方千米)	户籍人口(万人)	常住人口(万人)	人口差(常减户)(万人)	GDP(亿元)	财政支出(亿元)	人均GDP(元/人)	人均财政支出(元/人)	单位行政面积财政投入(亿元/平方千米)
河北	石家庄	56	126	94	20.3	45.7	34.1	14 480	1 070	缺	缺	5 440.6	682.3	5.08	6 376	0.047
	承德	13	90	115	6	41.3	52.8	39 388	353	缺	缺	1 358.7	292.1	3.85	8 275	0.007
	张家口	23	97	112	9.9	41.8	48.3	36 147	442.2	缺	缺	1 363.5	391.3	3.08	8 850	0.011
	秦皇岛	22	48	27	22.7	49.5	27.8	7 753	307.3	缺	缺	1 250.4	227.5	4.07	7 403	0.029
	唐山	52	132	45	22.7	57.6	19.7	13 801	780.1	缺	缺	6 103.1	629.2	7.82	8 065	0.046
	廊坊	17	68	22	15.9	63.6	20.6	6 382	456.3	缺	缺	2 473.9	481.6	5.42	10 554	0.075
	保定	29	151	160	8.5	44.4	47.1	22 129	1155	缺	缺	3 300.6	520.6	2.86	4 506	0.024
	沧州	21	84	86	11	44	45	13 468	744.3	缺	缺	3 320.6	484.8	4.46	6 514	0.036
	衡水	4	69	45	3.4	58.5	38.1	8 546	443.5	缺	缺	1 220	272	2.75	6 132	0.032
	邢台	26	97	76	13.1	48.7	38.2	12 187	729.4	缺	缺	1 764.7	386.1	2.42	5 293	0.032
	邯郸	30	105	108	12.3	43.2	44.4	11 994	943.3	缺	缺	3 145.4	498.1	3.33	5 280	0.042

注：财政支出为本年支出合计，人均数据均为户籍人口，人口差=常住人口-户籍人口；河北省各地市常住人口数据暂时无法获得，同时也导致人口差数据无法获得

表 4-2 2007—2015 年北京、天津、河北常住、户籍人口情况　　　　单位：万人

地区	北京			天津			河北		
年份	常住	户籍	常减户	常住	户籍	常减户	常住	户籍	常减户
2007	1 676.00	1 216.25	459.75	1 115.00	964.14	150.86	6 943.19	7 031.56	-88.37
2008	1 771.00	1 232.28	538.72	1 176.00	974.27	201.73	6 988.82	7 137.86	-149.04
2009	1 860.00	1 247.52	612.48	1 228.16	984.69	243.47	7 034.40	7 216.54	-182.14
2010	1 961.90	1 261.70	700.20	1 299.29	989.56	309.73	7 193.60	7 298.05	-104.45
2011	2 018.60	1 280.92	737.68	1 354.58	1 000.40	354.18	7 240.51	7 344.76	-104.45
2012	2 069.30	1 300.07	769.23	1 413.15	996.38	416.77	7 287.51	7 416.56	-129.05
2013	2 114.80	1 317.83	796.97	1 472.21	1 006.75	465.46	7 332.51	7 503.23	-170.62
2014	2 151.60	1 334.68	816.92	1 516.81	1 018.35	498.46	7 383.75	7 592.74	-208.99
2015	2 170.50	1 345.27	825.23	1 546.95	1 026.90	520.05	7 424.92	7 649.81	-224.89

注：户籍人口数据来源于《中国人口和就业统计年鉴》，具体由公安部治安管理局管理处提供；常住人口数据来源于《中国统计年鉴》，2010 年常住人口数据为当年人口普查推算数，其余年份为年度人口抽样调查推算数

在京津冀一体化提出之前，京、津、冀三地基于不同的资源禀赋，以"利我"为原则自然而然地形成了不同的发展定位及发展模式。而 2015 年 8 月 23 日经中共中央政治局审议通过的《京津冀协同发展规划纲要》明确了中央对京津冀区域整体定位以及三省市功能定位。京津冀整体定位是"以首都为核心的世界级城市群、区域整体协同发展改革引领区、全国创新驱动经济新增长引擎、生态修复环境改善示范区"；北京市定位是"全国政治中心、文化中心、国际交往中心、科技创新中心"；天津市定位是"全国先进制造研发基地、北方国际航运核心区、金融创新运营示范区、改革开放先行区"；河北省定位是"全国现代商贸物流重要基地、产业转型升级试验区、新型城镇化与城乡统筹示范区、京津冀生态环境支撑区"。这体现了区域整体和三省市各自特色，符合协同发展、促进融合、增强合力的要求。

同时，《规划》将京津冀协同发展的目标分为近期、中期和远期三个阶段，分别是 2017 年、2020 年和 2030 年。近期即到 2017 年，有序疏解北京非首都功能取得明显进展，在交通一体化、生态环境保护、产业升级转移等重点领域率先取得突破，深化改革、创新驱动、试点示范有序推进，协同发展取得显著成效。中期即到 2020 年，北京市常住人口控制在 2 300 万人以内，北京"大城市病"等突出问题得到缓解；区域一体化交通网络基本形成，生态环境质量得到有效改善，产业联动发展取得重大进展；公共

服务共建共享取得积极成效，协同发展机制有效运转，区域内发展差距趋于缩小，初步形成京津冀协同发展、互利共赢新局面。远期即到2030年，首都核心功能更加优化，京津冀区域一体化格局基本形成，区域经济结构更加合理，生态环境质量总体良好，公共服务水平趋于均衡，成为具有较强国际竞争力和影响力的重要区域，在引领和支撑全国经济社会发展中发挥更大作用。

京津冀的整体定位以及阶段性发展目标已经为京津冀地区公共服务指明了方向，然而正如之前理论分析所述，目前公共服务的地区不平等是一个存量概念，是长期累积造成的结果。因此，实现区域公共服务均等化是一个漫长的过程，并且只能通过增量调整逐渐实现存量差异的缩小以及优化，而在此之前，至少从理论层面摸清现阶段京津冀地区公共服务存量不平等的现状以及发展变化态势是必要的。

下面我们将京津冀地区看作一个整体，把区（地级市）作为最小组成的单位，来估算分析京津冀地区公共服务量存量不平等程度以及其变化趋势。

二、实证分析假设前提

本书后面的实证分析过程以及相关文字都基于以下基本前提假设。

假设一：本书所研究的公共服务是对政府所提供的服务的一种理论层面的高度而笼统的概括，不特指某一项具体的公共服务内容。

假设二：公共服务增量差异的变动可以视为政府为改变公共服务存量差异现状而进行的增量改革。

假设三：人们通常所感知到的公共服务水平（品质）可用公共服务存量水平反映，感知到的公共服务差异即为公共服务存量差异。

假设四：有关财政支出可以完全反映公共服务增量供给水平。

三、数据来源、调整说明及描述性统计分析

（一）数据来源及调整说明

1. 本书中的财政数据来自《北京财政年鉴》《天津财政年鉴》《河北财政年鉴》，人口数据和物价数据来自《北京统计年鉴》《天津统计年鉴》《河北经济年鉴》。

2. 对于行政区划的调整，我们采取"从新原则"，即按照2015年最新情况来处理之前行政区划调整所引起的数据口径差异问题。

关于河北，截至2016年河北下辖11个地级市。1996年衡水地区撤地设市，改称为衡水市。因此，我们用衡水地区1994—1996年的数据来反映衡水

市情况。

关于天津，截至2016年天津下辖16区。1999年撤销武清县，设立武清区；2001年撤销宝坻县，设立宝坻区；2015年撤销宁河县、静海县，设立宁河区、静海区；2016年撤销蓟州县，设立蓟州区。因此本书全部用新的地区名称及数据。

关于北京，截至2016年北京下辖16个区。1997年撤销通县，设立通州区；1999年撤销顺义县，设立顺义区；2001年撤销大兴县，设立大兴区；2002年撤销怀柔县、平谷县，设立怀柔区、平谷区；2016年撤销密云县，设立密云区，撤销延庆县，设立延庆区。因此本书全部用新的地区名称及数据。

由于人口数据和财政数据的来源不同，我们分别进行处理（具体说明详见表4-3）。

表4-3 天津、北京数据口径调整表

年份	天津人口数据
1994—1995	天津滨海新区=滨海区+塘沽区+汉沽区+大港区
1996—2000	天津滨海新区=滨海区+塘沽区+汉沽区+大港区+经济技术开发区
2001—2009	天津滨海新区=塘沽区+汉沽区+大港区+经济技术开发区
2010—2015	滨海新区=滨海新区
1994—2012	河东区=河东区+天津铁厂
2013—2015	河东区=河东区
年份	天津财政支出数据
1994—1995	滨海新区=塘沽区+汉沽区+大港区+天津经济技术开发区+天津港保税区
1996—2010	滨海新区=塘沽区+汉沽区+大港区+天津经济技术开发区+天津港保税区+天津技术产业园区
2011—2015	滨海新区=滨海新区
年份	北京人口、财政支出数据
1994—2009	东城区=东城区+崇文区，西城区=西城区+宣武区
2010—2015	东城区=东城区，西城区=西城区
年份	河北人口、财政支出数据
1994—1996	衡水市=衡水地区
1997—2015	衡水市=衡水市

3. 用本年支出合计反映每年公共服务增量供给量。在相关财政年鉴的一般预算收支决算总表中，我们发现"支出总计"中只有"本年支出合计"才

是真正体现本地本年公共服务的实际财政资金使用额。因此，我们选用财政支出数据间接反映公共服务供给，并且用"本年支出合计"反映每年公共服务增量供给。

4. 关于人口数指标口径的选择。中国问题研究，人口因素是不能被忽略的，并且公共服务的收益单位是个人，所以通常会选择指标人均化的办法。本书选择户籍人口口径，原因有二：一是数据可获得且相对准确；二是由于目前大多数地方公共服务的分项仍与户籍挂钩，因此用户籍人口口径更贴近现实。具体来说，本书是用户籍人均本年支出合计具体反映公共服务增量供给水平的。

5. 由于多种原因，原始数据自身存在各地区加总数与全省（市）数有出入的情况，鉴于测算模型中涉及各地区占全省（市）比重的数据，我们统一采用各地区加总数来反映全省（市），以确保各地区占全省（市）比重之和为1。

（二）描述性统计分析

对整理的数据进行简单的描述性统计分析，我们发现（见表4-4）：①"均值"趋势显示人均公共服务增量供给水平不断提高，从1994年的241元增加到2015年的10 682元；②人均公共服务增量供给最小值基本上被河北省的保定、邢台、邯郸所包揽，最大值被天津的滨海新区所包揽；③最大值与最小值的比值反映出人均公共服务增量供给极端水平差距越来越大，从1994年的5.98倍上升为2015年的13.63倍；④极差系数和变异系数所反映的不平等程度均呈现整体上升趋势。鉴于以上指标自身存在的缺陷，后文我们还将用基尼系数和GE的再次判断。

表4-4 人均公共服务增量供给情况描述性统计　　　　单位：元

年份	观察值	总体均值	最小值		最大值		最大值/最小值	极差系数	标准差	变异系数
1994	43	241	140	邯郸	835	滨海新区	5.96	2.89	206	0.86
1995	43	310	166	邯郸	1 249	滨海新区	7.52	3.50	296	0.95
1996	43	392	221	邯郸	1 608	滨海新区	7.28	3.54	399	1.02
1997	43	446	240	邢台	2 140	怀柔区	8.92	4.26	507	1.14
1998	43	495	162	蓟县	2 431	怀柔区	15.01	4.58	617	1.24
1999	43	590	294	邢台	3 070	怀柔区	10.44	4.70	804	1.36
2000	43	695	330	邢台	3 972	怀柔区	12.04	5.24	1 511	2.17
2001	43	859	398	蓟县	5 479	滨海新区	13.77	5.91	1 410	1.64

续表

年份	观察值	总体均值	最小值		最大值		最大值/最小值	极差系数	标准差	变异系数
2002	43	1 023	457	邢台	6 542	滨海新区	14.32	5.95	1 668	1.63
2003	43	1 166	456	蓟县	7 246	滨海新区	15.89	5.82	1 918	1.65
2004	43	1 405	588	沧州	9 125	滨海新区	15.52	6.08	2 315	1.65
2005	43	1 735	763	邢台	9 397	滨海新区	12.32	4.97	2 682	1.55
2006	43	2 112	960	保定	10 736	滨海新区	11.18	4.63	3 164	1.50
2007	43	2 633	1 207	保定	12 229	滨海新区	10.13	4.19	3 705	1.41
2008	43	3 211	1 522	保定	15 079	滨海新区	9.91	4.22	4 313	1.34
2009	43	4 030	1 819	保定	19 849	滨海新区	10.91	4.47	5 949	1.48
2010	43	4 858	2 399	保定	27 212	滨海新区	11.34	5.11	7 022	1.45
2011	43	5 999	2 951	保定	38 117	滨海新区	12.92	5.86	8 427	1.40
2012	43	6 958	3 379	保定	45 941	滨海新区	13.60	6.12	9 562	1.37
2013	43	7 951	3 592	邢台	54 995	滨海新区	15.31	6.46	11 951	1.50
2014	43	8 714	3 702	保定	61 938	滨海新区	16.73	6.68	12 873	1.48
2015	43	10 682	4 506	保定	61 419	滨海新区	13.63	5.33	15 375	1.44

四、实证分析方法说明

对不平等问题的广泛关注加速了人们对不平等度量方法的研究进程，取得了相当丰硕的成果，帕累托（Pareto，1895）、洛伦兹（Lorenz，1905）、基尼（Gini，1912、1914、1921）、道尔顿（Dalton，1920）、泰尔（Theil，1967）、阿特金森（Atkinson，1970）、科隆（Kolm，1976a，1976b）都做出了比较大的贡献。国外学者亚兰德（Anand，1983）、兰伯（Lamber，1989）、查克瓦提（Chakravarty，1990）、西尔伯（Silber，1999）以及阿特金森和布吉尼翁（Atkinson & Bourguigon，2000），国内学者徐宽（2003）、万广华（2008）都对关于不平等度量方法进行过很好的综述，现在这些不平等测度方法已被人们广泛应用到各种领域。比较常用的相对指标有基尼系数和广义熵指数（Generalized Entropy，GE）。

（一）基尼系数的测算

基尼系数有不同的计算方法。它可以表示为单位正方形中由45度线和洛伦兹曲线所定义的两个面积之比率，可以表示为基尼平均差的函数，可以表示为收入与收入按收入大小排序的序数的协方差，还可以表示为若干特定的矩阵表达式。其理论推导视数据是离散的还是连续的而略有不同，但结果是相互统一的。

本书按照图形法的计算方法，即 $g=\dfrac{A}{A+B}$，通过理论推导按不同思路可以将 B 表示为：$B=\dfrac{1}{2}\sum_{i=1}^{n}(2y_i^s-y_i)p_i$ 或 $B=\dfrac{1}{2}\sum_{i=1}^{n}y_i(2-2p_i^s+p_i)$，进而得到基尼系数的具体公式：

$$g=1-\sum_{i=1}^{n}(2y_i^s-y_i)p_i$$

或

$$g=1-\sum_{i=1}^{i=n}y_i(2-2p_i^s+p_i)$$

式中，$M_i=\dfrac{Y_i}{P_i}$，$i=1,2,\cdots,n$，M_i 为第 i 个区（地级市）人均财政本年支出合计，并以此指标进行从小到大排序。

Y_i 表示第 i 个区（地级市）财政本年支出合计。

P_i 表示第 i 个区（地级市）人口。

$y_i=\dfrac{Y_i}{Y}$ 表示第 i 个区（地级市）财政本年支出合计占三省（直辖市）总财政支出的比重。

$p_i=\dfrac{P_i}{P}$ 表示第 i 个区（地级市）人口占三省（直辖市）总人口的比重。

$Y=\sum_{i=1}^{n}Y_i$ 表示三省（直辖市）总财政支出。

$P=\sum_{i=1}^{n}p_i$ 表示三省（直辖市）总人口。

$y_i^s=\sum_{j=1}^{i}y_j$ 表示财政本年支出合计比重累计变量（从 1 到 i）。

$p_i^s=\sum_{j=1}^{i}p_j$ 表示人口比重累计变量（从 1 到 i）。

（二）广义熵指数（generalized entropy，GE）的计算

广义熵指数通用公式：

$$I_c=\dfrac{1}{c(c-1)}\sum_{i=1}^{n}p_i\left[\left(\dfrac{M_i}{\mu}\right)^c-1\right] \qquad (4-11)$$

式中，c 是一个参数，表示具体的 GE 指标对分布的具体部分的灵敏度，当 c 值很大且是正数时，这个指标对影响高收入层的分布变化反应灵敏；当 c 是负数时，这个指标对影响低收入层的分布变化反应灵敏。

具体为以下三个公式：

MLD 指数（对数变异系数的均值）：$I_0 = -\sum_{i=1}^{n} p_i \ln\left(\frac{M_i}{\mu}\right)$，$c = 0$。泰尔指数：$I_1 = \sum_{i=1}^{n} p_i \left(\frac{M_i}{\mu}\right) \ln\left(\frac{M_i}{\mu}\right)$，$c = 1$。半平方变异系数：$I_2 = \frac{1}{2} \sum_{i=1}^{n} p_i \left[\left(\frac{M_i}{\mu}\right)^2 - 1\right]$，$c = 2$。其中，$\mu = \sum_{i=1}^{n} p_i M_i = \frac{Y}{P}$，表示三省（直辖市）人均财政本年支出合计。

五、测算结果分析

表4-5给出了京津冀各区（县、地级市）人均公共服务增量供给水平，基于此，我们测算出公共服务增量供给基尼系数、广义熵指数（见表4-6）并绘制出趋势图（见图4-1）。我们有三点发现：

一是四种指标呈同向波动状，只是波动幅度有所差异，可间接相互印证所呈现的公共服务增量不平等动态过程。

二是增量公共服务不平等变动呈阶段化特征。2004年之前不平等程度扩大趋势比较明显，公共服务增量供给基尼系数从1994年的0.264 223 57扩大到2004年的0.395 656 76。这与当时的财政体制调整相吻合。1994年开始推行分税制改革，其本质实际上是财政资源支配的再一次集权。在此背景下，地方政府可自由支配的财政资源受到了限制。与此同时，不同地区自身发展程度差距导致其使用财政资源的倾向不同，经济发达地区开始更加关注民生发展，而经济欠发达地区则不得不将注意力集中于有利于经济建设的基础设施等。这无形中加剧了地区公共服务增量供给不平等程度。

公共服务增量供给基尼系数从2004年开始出现缓慢下降态势并且一直持续到2011年附近，从0.395 656 76下降到0.343 320 42。而这一段时间也是我国"公共服务均等化"理念从酝酿到落实的实践摸索期，从走势来看效果比较明显。2011年开始下降态势停止，公共服务增量供给基尼系数又出现缓慢上升趋势，2015年上升到0.378 179 78。同1994年相比，整体来看公共服务增量不平等仍呈扩大趋势，但同2004年的0.395 656 76相比，依然有一定程度下降。2011—2015年这段时间可以看作我国"公共服务均等化"从实践摸索期转入成熟规划期，国家层面在2012年、2017年相继出台了《国家基本公共服务体系"十二五"规划》《"十三五"推进基本公共服务均等化规划》，将"公共服务均等化"上升为国家战略。与此同时，各地方也陆续出台了本地的《"十三五"基本公共服务均等化规划》。但从京津冀区域看，这一阶段的基本公共服务均等化推进迟缓。

表 4-5 京津冀各区（县、地级市）人均公共服务增量供给水平

单位：元

年份	1994		1995		1996		1997		1998		1999		2000		2001		2002		2003		2004	
排序	地区	增量	地区	增量	地区	增量	地区	增量	地区	增量	地区	增量	地区	增量	地区	增量	地区	增量	地区	增量	地区	增量
1	邯郸	140	邯郸	166	邯郸	221	邢台	240	蓟县	162	邢台	294	邢台	330	蓟县	398	邢台	457	蓟县	456	沧州	588
2	保定	146	保定	180	沧州	221	邯郸	248	武清区	191	保定	312	蓟县	332	邢台	405	蓟县	470	邢台	535	邢台	613
3	沧州	150	邢台	181	保定	222	沧州	253	红桥区	208	邯郸	314	邯郸	344	保定	416	保定	502	保定	553	保定	635
4	邢台	151	沧州	184	邢台	224	保定	253	河东区	227	蓟县	316	衡水	365	邯郸	426	衡水	505	邯郸	564	衡水	701
5	衡水	161	衡水	200	蓟县	252	蓟县	268	河西区	243	沧州	329	沧州	373	衡水	454	邯郸	510	衡水	569	邯郸	737
6	承德	183	承德	218	衡水	255	衡水	278	南开区	247	衡水	348	保定	376	沧州	457	沧州	562	沧州	641	宝坻区	871
7	武清区	185	蓟县	223	武清区	259	承德	284	河北区	254	承德	360	宝坻区	428	宝坻区	536	宝坻区	605	宝坻区	716	蓟县	875
8	廊坊	189	武清区	226	廊坊	264	武清区	305	开区	269	武清区	387	静海县	461	静海县	573	南开区	695	南开区	770	红桥区	948
9	蓟县	190	廊坊	229	承德	266	廊坊	310	邯郸	278	张家口	411	静海县	462	廊坊	601	廊坊	720	承德	816	河北区	1000
10	宝坻区	203	宝坻区	236	张家口	307	红桥区	317	保定	286	红桥区	424	静海区	462	张家口	620	河东区	733	静海县	837	石家庄	1013
11	河西区	206	红桥区	249	南开区	326	张家口	336	沧州	291	廊坊	430	廊坊	481	承德	630	石家庄	750	张家口	837	廊坊	1017
12	石家庄	222	南开区	256	河西区	337	河东区	352	静海县	305	河北区	438	红桥区	518	河东区	638	红桥区	762	廊坊	845	宁河县	1020
13	张家口	224	河西区	261	石家庄	338	河西区	358	宁河县	306	河西区	446	河东区	521	南开区	646	宁河县	769	红桥区	855	南开区	1024
14	河东区	228	张家口	266	宝坻区	357	南开区	370	宝坻区	310	南开区	455	河西区	527	红桥区	664	承德	777	宁河县	856	河东区	1029
15	南开区	234	河东区	267	红桥区	359	石家庄	381	承德	312	静海县	463	张家口	536	石家庄	667	宁河县	779	石家庄	881	承德	1048
16	唐山	241	石家庄	278	唐山	363	河北区	386	衡水	316	南开区	478	石家庄	544	武清区	668	河西区	802	河东区	886	静海区	1099
17	河北区	262	河北区	295	河北区	365	唐山	404	津南区	332	宝坻区	484	宁河县	551	河西区	690	唐山	848	河北区	915	河西区	1116
18	红桥区	279	唐山	318	河东区	395	宝坻区	425	廊坊	369	唐山	508	河西区	566	河北区	712	张家口	875	河西区	980	张家口	1172

续表

年份	1994		1995		1996		1997		1998		1999		2000		2001		2002		2003		2004	
排序	地区	增量	地区	增量	地区	增量	地区	增量	地区	增量	地区	增量	地区	增量	地区	增量	地区	增量	地区	增量	地区	增量
19	北辰区	296	静海县	355	宁河县	399	宁河县	438	张家口	381	宁河县	509	唐山	575	唐山	745	河北区	889	唐山	1 034	秦皇岛	1 243
20	宁河县	299	津南区	359	津南区	409	津南区	454	北辰区	398	石家庄	515	南开区	580	宁河县	765	武清区	944	秦皇岛	1 114	唐山	1 374
21	通州区	301	宁河县	361	静海县	434	静海县	455	石家庄	460	津南区	591	津南区	648	津南区	787	秦皇岛	951	武清区	1 177	武清区	1 566
22	静海县	318	北辰区	361	通州区	469	北辰区	539	唐山	464	秦皇岛	641	秦皇岛	667	秦皇岛	847	津南区	1 038	津南区	1 397	津南区	1 766
23	津南区	322	房山区	413	秦皇岛	486	通州区	569	和平区	496	北辰区	840	东丽区	966	东丽区	1 306	和平区	1 558	和平区	1 680	和平区	1 900
24	房山区	323	通州区	415	房山区	538	秦皇岛	569	东丽区	548	东丽区	858	北辰区	1 017	和平区	1 401	东丽区	1 616	东丽区	1 847	北辰区	2 110
25	秦皇岛	371	秦皇岛	430	北辰区	540	西青区	624	西青区	572	房山区	894	和平区	1 089	北辰区	1 504	北辰区	1 875	北辰区	2 289	东丽区	2 431
26	西青区	380	和平区	473	和平区	573	和平区	651	秦皇岛	649	通州区	976	西青区	1 223	房山区	1 661	昌平区	2 067	房山区	2 358	丰台区	2 776
27	大兴区	382	西青区	475	大兴区	605	房山区	663	通州区	724	西青区	989	房山区	1 283	昌平区	1 755	房山区	2 083	朝阳区	2 424	朝阳区	2 777
28	丰台区	388	朝阳区	478	西青区	617	大兴区	718	房山区	779	和平区	992	昌平区	1 304	丰台区	1 765	丰台区	2 187	丰台区	2 431	房山区	3 009
29	密云县	409	东丽区	540	东丽区	671	东丽区	735	大兴区	882	大兴区	1 216	丰台区	1 450	通州区	1 767	西青区	2 223	通州区	3 020	通州区	3 239
30	朝阳区	410	顺义区	560	顺义区	680	昌平区	847	丰台区	1 045	昌平区	1 235	通州区	1 583	西青区	1 962	朝阳区	2 231	海淀区	3 039	西青区	3 381
31	和平区	410	丰台区	574	平谷区	728	丰台区	886	昌平区	1 084	丰台区	1 336	朝阳区	1 670	朝阳区	2 039	通州区	2 317	昌平区	3 044	海淀区	3 606
32	顺义区	442	昌平区	574	昌平区	764	顺义区	914	密云县	1 128	朝阳区	1 455	大兴区	1 673	大兴区	2 083	海淀区	2 692	西青区	3 153	大兴区	3 803
33	东丽区	448	平谷区	613	密云县	822	平谷区	952	顺义区	1 200	顺义区	1 573	密云县	2 167	海淀区	2 362	大兴区	2 920	大兴区	3 303	昌平区	3 902
34	西城区	470	密云县	620	丰台区	858	密云县	1 033	平谷区	1 272	滨海新	1 659	西城区	2 176	密云县	2 590	西城区	3 074	平谷区	3 475	石景山	3 972
35	海淀区	492	西城区	668	朝阳区	924	朝阳区	1 087	朝阳区	1 279	平谷区	1 689	滨海新	2 191	东城区	2 660	石景山	3 182	西城区	3 615	西城区	4 195
36	昌平区	523	海淀区	697	石景山	951	石景山	1 181	滨海新	1 400	石景山	1 779	石景山	2 240	平谷区	2 713	平谷区	3 215	顺义区	3 762	平谷区	4 339

续表

年份	排序	1994 地区	1994 增量	1995 地区	1995 增量	1996 地区	1996 增量	1997 地区	1997 增量	1998 地区	1998 增量	1999 地区	1999 增量	2000 地区	2000 增量	2001 地区	2001 增量	2002 地区	2002 增量	2003 地区	2003 增量	2004 地区	2004 增量
	37	东城区	547	东城区	720	海淀区	970	海淀区	1 190	石景山	1 419	海淀区	1 848	东城区	2 261	石景山	2 750	东城区	3 293	石景山	3 776	东城区	4 738
	38	平谷区	552	海淀区	735	东城区	1 036	延庆县	1 258	延庆县	1 491	延庆县	1 885	海淀区	2 268	西城区	2 811	顺义区	3 560	东城区	3 777	密云县	5 101
	39	石景山	587	石景山	758	延庆县	1 040	东城区	1 286	东城区	1 600	东城区	1 928	平谷区	2 478	顺义区	3 000	密云县	3 582	密云县	4 148	延庆县	5 151
	40	门头沟	619	门头沟	829	门头沟	1 066	西城区	1 427	西城区	1 608	密云县	1 950	顺义区	2 590	延庆县	3 175	延庆县	3 692	延庆县	4 199	顺义区	5 362
	41	延庆县	648	延庆县	834	西城区	1 092	门头沟	1 534	海淀区	1 666	西城区	1 987	延庆县	2 601	门头沟	3 924	门头沟	4 392	门头沟	5 271	门头沟	6 442
	42	怀柔区	810	怀柔区	1 202	怀柔区	1 583	滨海新	1 605	门头沟	1 934	门头沟	2 707	门头沟	3 520	怀柔区	4 807	怀柔区	5 547	怀柔区	6 208	怀柔区	6 954
	43	滨海新区	835	滨海新区	1 249	滨海新区	1 608	怀柔区	2 140	怀柔区	2 431	怀柔区	3 070	怀柔区	3 972	滨海新区	5 479	滨海新区	6 542	滨海新区	7 246	滨海新区	9 125

年份	排序	2005 地区	2005 增量	2006 地区	2006 增量	2007 地区	2007 增量	2008 地区	2008 增量	2009 地区	2009 增量	2010 地区	2010 增量	2011 地区	2011 增量	2012 地区	2012 增量	2013 地区	2013 增量	2014 地区	2014 增量	2015 地区	2015 增量
	1	邢台	763	保定	960	保定	1 207	保定	1 522	保定	1 819	保定	2 399	保定	2 951	保定	3 379	邢台	3 592	保定	3 702	保定	4 506
	2	保定	803	邢台	995	邢台	1 211	衡水	1 560	蓟县	1 873	邢台	2 422	邢台	2 999	邢台	3 399	邯郸	3 936	邢台	4 060	邯郸	5 280
	3	沧州	921	衡水	1 039	衡水	1 305	邢台	1 582	邢台	1 898	衡水	2 512	衡水	3 149	衡水	3 589	保定	3 961	邯郸	4 240	邢台	5 293
	4	衡水	931	沧州	1 170	蓟县	1 400	蓟县	1 690	衡水	2 100	蓟县	2 580	蓟县	3 417	蓟县	4 032	衡水	4 209	沧州	5 127	衡水	6 132
	5	邯郸	968	蓟县	1 231	沧州	1 451	邯郸	1 758	邯郸	2 227	邯郸	2 872	邯郸	3 557	邯郸	4 088	沧州	4 821	石家庄	5 336	石家庄	6 376
	6	蓟县	1 029	邯郸	1 256	邯郸	1 488	沧州	1 791	沧州	2 241	沧州	2 984	沧州	3 673	沧州	4 169	石家庄	4 980	衡水	5 484	沧州	6 514
	7	红桥区	1 098	河北区	1 313	石家庄	1 668	石家庄	1 968	石家庄	2 438	石家庄	2 999	南开区	3 728	石家庄	4 469	蓟县	5 807	南开区	6 379	秦皇岛	7 403

续表

年份	2005		2006		2007		2008		2009		2010		2011		2012		2013		2014		2015	
排序	地区	增量	地区	增量	地区	增量	地区	增量	地区	增量	地区	增量	地区	增量	地区	增量	地区	增量	地区	增量	地区	增量
8	石家庄	1 126	石家庄	1 322	红桥区	1 729	河东区	2 140	河东区	2 617	红桥区	3 156	红桥区	3 853	南开区	4 782	河东区	5 901	廊坊	6 690	唐山	8 065
9	宝坻区	1 136	红桥区	1 378	河东区	1 775	红桥区	2 298	南开区	2 815	南开区	3 187	石家庄	3 926	红桥区	5 040	红桥区	5 966	唐山	6 754	承德	8 275
10	廊坊	1 212	河东区	1 489	河北区	1 815	宁河县	2 352	红桥区	2 903	河西区	3 251	河西区	3 941	河东区	5 120	廊坊	6 436	秦皇岛	6 917	蓟县	8 374
11	河东区	1 249	廊坊	1 519	宁河县	1 842	河西区	2 445	河北区	3 098	河东区	3 282	河东区	4 046	河西区	5 265	南开区	6 437	蓟县	7 147	南开区	8 605
12	河北区	1 285	宝坻区	1 521	宝坻区	1 977	河北区	2 447	宁河县	3 105	河北区	4 004	河北区	4 853	廊坊	6 046	唐山	6 450	承德	7 210	红桥区	8 697
13	南开区	1 296	宁河县	1 583	河西区	2 042	宝坻区	2 486	河西区	3 152	廊坊	4 071	廊坊	5 180	张家口	6 068	秦皇岛	6 578	红桥区	7 340	张家口	8 850
14	河西区	1 328	静海县	1 586	廊坊	2 073	廊坊	2 597	宝坻区	3 184	张家口	4 179	张家口	5 293	河北区	6 184	张家口	6 592	张家口	7 458	河东区	9 362
15	静海县	1 352	张家口	1 641	静海县	2 095	南开区	2 605	廊坊	3 206	宁河县	4 182	秦皇岛	5 513	唐山	6 394	宝坻区	7 232	河西区	7 899	廊坊	9 649
16	张家口	1 404	南开区	1 693	张家口	2 196	张家口	2 637	静海县	3 303	宝坻区	4 370	唐山	5 609	承德	6 408	河西区	7 690	河东区	8 021	河北区	10 554
17	承德	1 440	河西区	1 727	承德	2 243	静海县	2 856	秦皇岛	3 483	唐山	4 384	唐山	5 791	秦皇岛	6 618	河北区	7 991	河北区	9 207	宝坻区	11 616
18	宁河县	1 521	承德	1 845	南开区	2 255	武清区	3 115	张家口	3 665	静海县	4 395	宁河县	5 980	宝坻区	7 957	宝坻区	9 491	宝坻区	10 618	静海县	12 576
19	秦皇岛	1 531	秦皇岛	1 911	秦皇岛	2 469	承德	3 136	承德	3 769	承德	4 485	宝坻区	6 173	宁河县	8 196	宁河县	10 197	宁河县	12 346	宁河县	14 219
20	唐山	1 760	唐山	2 067	唐山	2 611	秦皇岛	3 185	唐山	3 827	秦皇岛	4 540	静海区	6 616	静海县	8 539	静海区	10 415	静海区	12 476	武清区	15 468
21	武清区	1 776	武清区	2 335	武清区	2 913	唐山	3 458	武清区	4 055	武清区	5 522	武清区	6 952	武清区	8 964	武清区	11 264	丰台区	13 555	宁河区	15 732
22	和平区	2 513	北辰区	2 738	和平区	4 158	和平区	5 135	北辰区	5 937	和平区	7 524	北辰区	9 295	北辰区	10 000	津南区	12 916	武清区	13 921	丰台区	18 287
23	津南区	2 652	和平区	3 106	津南区	4 283	津南区	5 357	和平区	6 051	北辰区	7 698	和平区	9 657	津南区	10 310	丰台区	13 521	北辰区	15 697	津南区	18 748
24	东丽区	3 290	津南区	3 397	北辰区	4 392	北辰区	5 671	津南区	7 238	丰台区	7 954	丰台区	9 918	和平区	11 877	北辰区	13 591	津南区	17 009	海淀区	20 740
25	丰台区	3 326	丰台区	4 095	丰台区	5 054	丰台区	5 872	朝阳区	7 571	朝阳区	8 908	津南区	9 997	丰台区	12 977	和平区	14 760	石景山	18 105	朝阳区	21 391

续表

年份 排序	2005 地区	2005 增量	2006 地区	2006 增量	2007 地区	2007 增量	2008 地区	2008 增量	2009 地区	2009 增量	2010 地区	2010 增量	2011 地区	2011 增量	2012 地区	2012 增量	2013 地区	2013 增量	2014 地区	2014 增量	2015 地区	2015 增量
26	北辰区	3 424	丰台区	4 209	房山区	5 682	房山区	6 697	丰台区	7 819	海淀区	9 840	海淀区	10 825	海淀区	13 246	朝阳区	15 744	和平区	18 229	房山区	22 975
27	朝阳区	3 484	朝阳区	4 605	东丽区	5 862	朝阳区	6 934	海淀区	8 545	房山区	10 446	朝阳区	11 133	朝阳区	13 936	石景山	16 291	房山区	18 514	石景山	23 846
28	通州区	4 009	房山区	5 105	朝阳区	6 058	大兴区	7 054	石景山	9 289	津南区	11 044	通州区	12 079	石景山	13 967	海淀区	16 504	朝阳区	18 646	和平区	23 942
29	房山区	4 149	海淀区	5 153	通州区	6 084	通州区	7 127	西青区	9 365	通州区	11 195	石景山	12 532	通州区	14 544	东城区	17 347	通州区	18 701	北辰区	24 126
30	海淀区	4 226	西青区	5 160	石景山	6 377	石景山	7 185	房山区	10 185	东丽区	11 459	东丽区	13 929	房山区	14 629	通州区	18 103	海淀区	19 739	东城区	24 349
31	大兴区	4 707	石景山	5 217	海淀区	6 393	东丽区	7 229	东丽区	10 360	石景山	11 837	西青区	14 088	东城区	15 981	房山区	18 424	东城区	19 939	密云县	25 453
32	石景山	4 827	大兴区	5 343	西青区	6 448	海淀区	7 478	通州区	10 734	西青区	11 854	东城区	14 139	西青区	16 184	西青区	20 358	平谷区	20 773	平谷区	26 745
33	西青区	4 907	通州区	5 436	大兴区	6 555	平谷区	7 863	西青区	11 443	大兴区	12 059	平谷区	14 682	大兴区	16 296	平谷区	20 642	密云县	22 148	通州区	27 619
34	平谷区	5 219	平谷区	6 240	平谷区	6 882	西青区	8 033	东城区	12 507	东城区	12 091	大兴区	14 914	昌平区	16 998	密云县	20 795	西青区	22 547	延庆区	29 728
35	西城区	5 299	东城区	6 295	密云县	7 165	密云县	8 285	平谷区	12 858	平谷区	13 247	房山区	15 105	东丽区	17 693	西青区	20 937	昌平区	23 667	东丽区	29 946
36	昌平区	5 328	密云县	6 457	昌平区	7 342	昌平区	9 010	昌平区	12 867	昌平区	13 806	昌平区	15 182	平谷区	17 808	大兴区	21 265	大兴区	24 520	昌平区	31 216
37	顺义区	5 576	西城区	6 500	东城区	7 572	东城区	9 425	大兴区	13 011	密云县	14 423	密云县	16 390	平谷区	17 884	昌平区	21 509	西青区	24 657	西青区	32 484
38	密云县	5 608	昌平区	6 719	延庆县	8 812	西城区	10 488	密云县	13 203	延庆县	15 644	东城区	16 947	东城区	18 700	东丽区	23 766	东丽区	25 891	西城区	32 707
39	东城区	5 620	顺义区	7 401	顺义区	9 349	延庆县	10 535	顺义区	14 156	顺义区	16 360	西城区	18 282	西城区	21 329	顺义区	24 407	延庆县	26 277	顺义区	36 603
40	延庆县	6 145	延庆县	7 756	西城区	9 492	顺义区	11 140	门头沟	15 271	西城区	17 160	延庆县	21 175	顺义区	21 944	延庆县	28 127	顺义区	27 564	门头沟	37 473
41	怀柔区	8 182	门头沟	9 289	门头沟	10 451	门头沟	11 207	延庆县	15 398	门头沟	18 597	顺义区	22 251	门头沟	24 234	门头沟	30 562	门头沟	27 667	怀柔区	37 936
42	门头沟	8 228	怀柔区	10 133	怀柔区	12 143	怀柔区	14 752	怀柔区	17 640	怀柔区	22 771	门头沟	22 404	怀柔区	27 177	怀柔区	34 577	怀柔区	34 840	大兴区	44 012
43	滨海新区	9 397	滨海新区	10 736	滨海新区	12 229	滨海新区	15 079	滨海新区	19 849	滨海新区	27 212	滨海新区	38 117	滨海新区	45 941	滨海新区	54 995	滨海新区	61 938	滨海新区	61 419

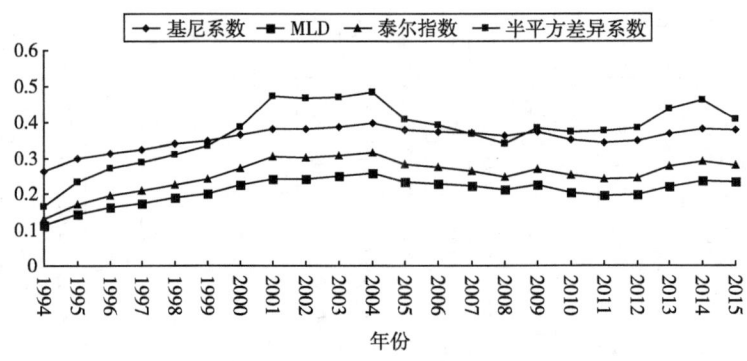

图 4-1　公共服务增量不平等变化趋势

表 4-6　1994—2015 年公共服务增量不平等测算结果

年份	基尼系数	MLD	泰尔指数	半平方差异系数
1994	0.264 223 57	0.112 786 19	0.129 909 45	0.165 867 85
1995	0.297 508 47	0.143 510 95	0.170 563 98	0.232 393 81
1996	0.312 458 30	0.162 554 77	0.196 643 57	0.272 818 27
1997	0.323 011 79	0.173 716 94	0.209 093 86	0.286 970 84
1998	0.338 596 23	0.190 883 91	0.226 582 20	0.308 428 31
1999	0.347 099 67	0.201 431 25	0.241 527 28	0.333 310 11
2000	0.364 548 63	0.225 209 89	0.272 751 58	0.385 864 73
2001	0.379 182 05	0.242 286 27	0.304 075 23	0.472 395 27
2002	0.379 215 71	0.241 903 41	0.302 369 42	0.468 209 92
2003	0.385 826 99	0.248 877 44	0.307 851 45	0.469 255 22
2004	0.395 656 76	0.256 847 58	0.314 882 64	0.484 036 96
2005	0.376 841 71	0.232 777 60	0.281 325 31	0.408 060 54
2006	0.371 862 70	0.227 393 59	0.273 558 06	0.390 636 50
2007	0.369 667 94	0.222 920 39	0.264 007 89	0.367 658 95
2008	0.360 794 09	0.210 641 55	0.247 269 59	0.340 392 65
2009	0.372 198 39	0.226 476 41	0.270 104 61	0.381 575 99
2010	0.350 283 83	0.203 963 82	0.251 554 56	0.372 901 17
2011	0.343 320 42	0.194 139 31	0.242 237 27	0.374 761 19
2012	0.346 409 20	0.197 438 39	0.245 484 04	0.383 031 79
2013	0.365 877 20	0.221 052 34	0.276 057 51	0.438 208 69
2014	0.378 800 90	0.236 423 11	0.291 824 87	0.462 197 37
2015	0.378 179 78	0.232 529 77	0.279 203 28	0.407 974 19

三是对目前公共服务增量不平等程度的判断。截至 2015 年，京津冀区（县、地级市）层面人均公共服务存量基尼系数达到 0.378 179 78。这种不平

等程度到底算一个什么样的水平？是远低于人们的忍受界限还是已超出人们的忍受界限？或是适中？对此，我们暂时无法武断地下任何结论。我们尝试建立一个全新的逻辑分析框架：人的需求由私人需求和公共需求组成。私人需求由可支配收入通过市场来实现。大多数情况下，公共需求由财政收入转为财政支出通过政府获取公共服务来实现。私人需求的差异（不平等）可借助可支配收入的差异来反映，即可用反映收入分配差距的基尼系数。那么，公共需求的差异亦可借助财政支出的地区差异来反映，即书中所提出的人均公共服务增量供给变异系数、基尼系数、MLD指数、泰尔指数、半平方差异系数等。在国内，在"公共服务均等化问题"于2005年被官方首次提出来之前，人们更多地关注私人需求的不平等问题，即收入分配差距。国家统计局2013年开始公布全国居民收入基尼系数[1]（见表4-7）。对于上述人均公共服务增量供给不平等程度，我们可以比照反映收入分配差距的基尼系数来理解[2]。国际上通常把基尼系数0.4作为收入分配差距的警戒线。我们认为，这一警戒线值并不能适用于公共需求。事实上，人们对于公共需求不平等的忍耐度更低。私人需求的不平等在一定程度上可以归因于"个人"，而公共需求在很大程度上由政府配置。因此，人们对公共需求要求更苛刻。反观我国现实，从"公共服务均等化"被提出到目前已上升为国家战略，足以说明中国的"公共服务非均等化"现象已经到了亟须解决的地步。有鉴于此，我们把2004年的公共服务增量基尼系数值0.395 656 76"取整"为0.39，并设其为公共服务不平等的警戒线，此处具体为人均公共服务增量基尼系数。通过分析，我们认为目前人均公共服务增量基尼系数所反映出来的公共服务非均等化程度很高。

表4-7 2003—2009年全国居民收入基尼系数情况表

年份	2003	2004	2005	2006	2007	2008	2009
基尼系数	0.479	0.473	0.485	0.487	0.484	0.491	0.490
年份	2010	2011	2012	2013	2014	2015	2016
基尼系数	0.481	0.477	0.474	0.473	0.469	0.462	0.465

注：表中数据是国家统计局根据一体化住户调查指标新口径和调查户基本信息、人口普查资料，参考个人所得税资料等背景信息，对城乡居民收入历史数据进行了回溯调整，在此基础上测算的全国居民可支配收入基尼系数

资料来源：王萍萍. 关于我国居民收入基尼系数测算的几个问题[N]. 中国信息报，2013-02-05.

---

[1] 王萍萍. 关于我国居民收入基尼系数测算的几个问题[N]. 中国信息报，2013-02-05。

[2] 这里需要注意的是，关于收入分配差距的基尼系数是反映居民之间收入的个体差异；书中的人均公共服务增量供给差异反映的是地区间差异。要想让两种不同层面的差异具有可比性，我们作如下前提假设：对于个体而言，他们所在的省（自治区、直辖市）已实现省内公共服务均等化。这样就可以把每个省看作一个整体（或是一个人），从而测算出31个省（自治区、直辖市）公共服务增量供给省际不平等，也就可以理解为31个个体之间的不平等。

第五节　结论及政策启示

通过对上面测算结果初步分析，我们得出以下基本结论：

第一，京津冀各区（县、地级市）人均公共服务增量规模普遍持续增长，且保持在较高的水平。2015年规模最大的滨海新区已经达到61 419元，最小的保定市也已达到4 506元。说明随着经济发展水平提高以及政府对公共服务供给意识的增强，京津冀地区公共服务增量规模不断扩大。

第二，京津冀地区公共服务增量极端布局基本稳定。长期以来，大多数情况下人均公共服务增量规模最少的五个地区都属于河北省，即邢台、保定、邯郸、沧州、衡水。而人均公共服务存量规模最多的五个地区被北京的东城、西城、延庆、门头沟、怀柔，以及天津的滨海新区等交替占据着。

第三，通过增量调整降低存量不平等的公共服务均等化政策效果显露。1994年以来，从分税制改革到"公共服务均等化"国家战略的实施，作为中国区域经济的一个重要板块——京津冀地区的各区（县、地级市）公共服务存量不平等经历了"大幅上升""较快下降""趋于平缓""弱回升苗头"过程，说明公共服务均等化政策是对"分税制改革"及地区经济发展差异带来的地区公共服务过度不平等的一个"纠偏"，并且效果比较明显。与此同时，需引起我们警惕的是，近两三年京津冀地区公共服务存量不平等出现"弱回升苗头"，这需要进一步从增量供给的角度寻找原因。

第四，京津冀各区（县、地级市）公共服务增量不平等程度依然很高。本书建立了一个全新的逻辑分析框架：人的需求由私人需求和公共需求组成。私人需求的差异（不平等）可借助可支配收入的差异来反映，即可通过收入分配差距的基尼系数来反映。公共需求的差异可借助财政支出的地区差异来反映，即文中所提出的人均公共服务增量基尼系数来反映。国际上通常将基尼系数0.4作为反映收入分配差距的警戒线，我们认为它虽有借鉴意义，但该值不适合用于反映我国公共服务增量之不平等。结合中国公共服务均等化政策实际情况，本书提出了我国公共服务增量基尼系数警戒值为0.39。据此，发现长期以来我国人均公共服务增量基尼系数处于警戒线附近，2015年达到0.378 179 78。

第五，户籍公共服务增量不平等揭示了公共服务的真实差距。人口因素导致公共服务增量不平等的现实感受远小于真实差距。鉴于人口数据的可获得性，我们只能测算出户籍口径下的公共服务增量不平等。事实上，长期以来北京、天津为人口净流入地区（常住人口大于户籍人口），河北省逐渐成为人口净流出地区（常住人口小于户籍人口）。同时，由于各种原因，地方政府常以户籍人口作为提供公共服务的人口依据。因此，京津冀地区的公共服务增量不平等的人口口径问题更突出。

基于以上基本结论，我们提出以下建议供决策参考。

首先，正确处理公共服务增量不平等和存量不平等的关系。政策的终极目的是逐渐降低公共服务存量不平等，而手段则是调整公共服务增量供给。但现实中公共服务存量不平等和公共服务增量供给不平等都是人们可以感知到的，类似于反映收入分配差距的基尼系数的警戒线。因此，政策设计应该在人们可接受的公共服务增量供给基尼系数警戒线以内来进行增量调整，并实现降低公共服务存量不平等的目的。

其次，正确处理北京、天津、河北和京津冀一体化之间在公共服务供给中的关系。虽然我们一直强调京津冀一体化下公共服务均等化，但实现这种跨越行政界线的区域公共服务均等化是一个漫长的过程。并且这种依靠政府控制的财政资源进行公共服务供给是以行政边界为前提的。因此，就北京、天津、河北每个行政个体而言，首要任务是统筹各自的财政资源，尽可能实现域内公共服务均等化。对北京而言，统筹财力向丰台、朝阳、海淀、通州等地区倾斜；对天津而言，统筹财力向蓟县、南开、河东、红桥等地区倾斜；对河北而言，统筹财力向保定、邢台、邯郸、衡水等地区倾斜，同时向中央争取更多的转移支付资金。

最后，将京津冀公共服务存量不平等控制在一个合理的水平是推进京津冀一体化的重要前提，因此可将43区（县、地级市）作为统筹对象来调整公共服务增量供给水平，这样可以更多地兼顾到长期以来处于"最低"水平的地区。

第五章 京津冀区域协同创新研究

第一节 京津冀协同创新的现状

京津冀的整体定位是"以首都为核心的世界级城市群、区域整体协同发展改革引领区、全国创新驱动经济增长新引擎、生态修复环境改善示范区"。三省市定位分别为,北京市是"全国政治中心、文化中心、国际交往中心、科技创新中心",天津市是"全国先进制造研发基地、北方国际航运核心区、金融创新运营示范区、改革开放先行区",河北省是"全国现代商贸物流重要基地、产业转型升级试验区、新型城镇化与城乡统筹示范区、京津冀生态环境支撑区"。

2015年3月23日,中央财经领导小组第九次会议审议研究了《京津冀协同发展规划纲要》,京津冀三地政府对于国家提出的"京津冀协同发展"这一概念十分重视,并且积极配合开展相关工作。但京津冀在协同创新方面做得还不够。京津冀三地的整体研发资源丰富、研发创新水平较有优势,但三地之间的水平不够均衡,还未做到"京津冀协同发展"所要求的优势互补、良性互动、共赢发展。

一、文献综述

王蓓等(2011)通过分析京津冀、长三角和珠三角地区科技资源投入产出的主要指标,阐述了三大都市区的科技发展态势,并运用熵值法和DEA模型方法,评价了科技资源配置的综合效率。张亚明(2014)基于同质创新政府与异质创新政府博弈模型,剖析了京津冀协同创新过程中科技资源共享的"囚徒困境"成因,由此建立了京津冀科技资源共享的"声誉博弈"模型,以寻求纳什均衡的突破点。陆大道(2015)回顾了京津冀大城市群内部各组成部分的经济联系与利益矛盾,提出了北京、天津、河北省的功能定位,建议逐步建立京津冀科技创新联动机制,加强科技协同创新。鲁继通(2015)运用复合系统协同度模型测度了2008—2013年京津冀区域协同创新有序度,研究表明,北京的区域协同创新能力最强，天津其次，河北最弱。孙丽文（2016）以2014年统计数据为样本，运用因子分析法对京津冀区域创新环境进行评价，指出京津冀在创新总体环境及子环境方面存在的差异。孙瑜康（2017）从缩小京津冀三地间创新水平差距和推动跨地区、跨主体的创新协作两个视角构建了协同创新指数，对京津冀协同创新水平进行测度评价，得出企业的主体地位较低，高校和研究机构的知识创新产出丰富但产业化程度较低等结论。

二、京津冀三地的创新环境

（一）地区生产总值（GDP）及产业结构

由表5-1可以看出，在产业结构方面，北京市的地区生产总值中第三产业增加值所占比重最大，远高于第一和第二产业，并且，第三产业增加值数值在京津冀三地中最高。而天津和河北都是第二产业与第三产业增加值所占比重相近，且占较大比重。

表5-1　地区生产总值及产业结构（2015年）

城市名称	地区生产总值（当年价格）（亿元）	构成（％）		
		第一产业	第二产业	第三产业
北京	23 014.6	0.6	19.7	79.7
天津	16 538.2	1.3	46.5	52.2
河北	29 806.1	3 439.5	14 386.9	11 979.8

数据来源：根据历年《中国统计年鉴》数据整理。

由图5-1可以看出，天津市的人均地区生产总值整体最高，北京其次，河北省相对比较落后。同时可以看出，北京的人均地区生产总值相对增长速度最快。

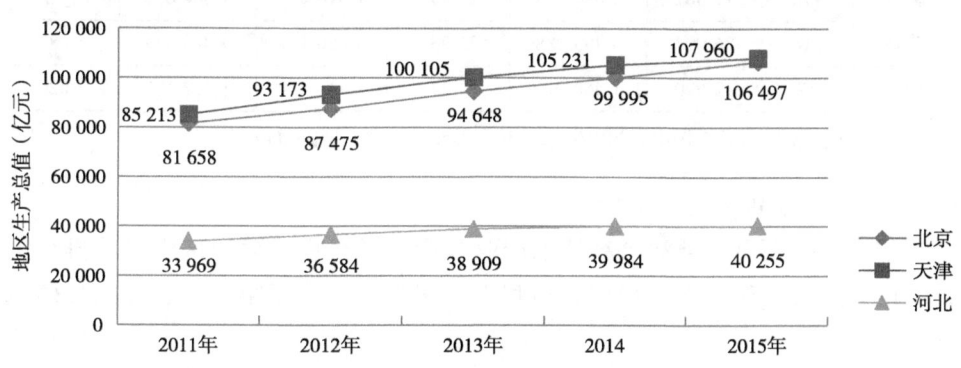

图5-1　人均地区生产总值

数据来源：根据历年《中国统计年鉴》数据整理。

(二) 三地高新开发区情况

京津冀三地都拥有国家级高技术产业开发区。北京的中关村科技园区是北京科技创新的核心区，聚集了众多高新技术企业和研究所。天津拥有滨海高技术产业开发区。河北省拥有石家庄高技术产业开发区、保定高技术产业开发区、唐山高技术产业开发区、燕郊高技术产业开发区、承德高技术产业开发区五个开发区，在开发区数量上占有一定优势。但从表5-2中可以看出，中关村科技园区的各项数据都十分突出，企业数量、从业人员、总收入、总产值和出口总额等数值均远高于其他开发区，甚至超过了河北省五个开发区的总和。滨海高技术产业开发区的整体实力仅次于中关村。值得注意的是，滨海高技术产业开发区因位于天津，具有北方最大的人工港，所以滨海高技术产业开发区的出口总额比其他数据来说，更接近中关村的水平。综上所述，河北省虽然拥有多个开发区，但这些开发区的科技创新资源有限，与京津的开发区差距较大。总的来说，京津冀三地的开发区整体水平不错，但关键在于这三地的开发区之间资源水平差距较大。

表5-2 开发区高新技术企业主要经济指标（2015年）

开发区[①]	企业数（个）	从业人员（人）	总收入（万元）	技术收入（万元）	销售收入（万元）	总产值（万元）	出口总额（万美元）
全国合计	82 712	17 190 396	2 536 628 213	235 792 461	1 915 678 445	1 860 182 790	47 327 257
中关村	16 693	2 308 225	408 093 729	66 230 207	133 046 240	95 616 666	2 988 548
滨海	3 963	375 366	75 604 585	5 368 934	42 047 030	42 232 252	1 140 050
石家庄	691	1 110 581	17 109 202	3 470 216	11 329 368	10 402 051	92 563
保定	242	112 243	12 403 316	211 899	11 562 545	11 335 597	110 078
唐山	178	17 567	1 098 249	25 492	1 010 421	1 087 653	14 657
燕郊	218	36 007	5 793 188	32 739	5 456 141	4 848 343	5 089
承德	37	12 570	1 458 016	21 341	1 411 439	1 322 107	2 620

数据来源：根据历年《中国统计年鉴》《中国科技统计年鉴》数据整理。

(三) 三地高技术产业

如表5-3所示，天津市高技术产业企业数量在京津冀地区中虽然排名第二，但其主营业务收入、利润总额和出口交货值均位于第一，且与京冀两地

[①] 表5-2中开发区名称均为简写，全称依次为：北京中关村科技园区、天津滨海高技术产业开发区、石家庄高技术产业开发区、保定高技术产业开发区、唐山高技术产业开发区、燕郊高技术产业开发区、承德高技术产业开发区。

有较大差距，而北京的高新技术企业数量最多，但其收入和出口交货值等均处于中间水平，河北省各项数据仍然都处于末位。由此可以看出，天津市在高技术产业的生产经营情况方面占有一定的优势，而河北省仍然相对落后。

表 5-3　各地区高技术产业企业生产经营情况（2015 年）

地区	总体企业数（个）	主营业务收入（亿元）	利润总额（亿元）	出口交货值（亿元）
全国	29 631	139 969	8 986	50 923
北京	805	3 997	268	695
天津	591	4 234	316	1 504
河北	633	1 706	160	167

数据来源：根据《中国科技统计年鉴 2016》数据整理。

（四）三地科技创新人才资源

北京市占地面积是 1.64 万平方千米，天津市的占地面积仅为 1.19 万平方千米，而河北省的占地面积相对较大，为 18.77 万平方千米，其占地面积是京津两地面积总和的 6 倍之多，但从表 5-4 可以看出，2015 年河北省的高等学校个数并没有超过北京很多，仅仅比北京的高等学校多 27 所，而北京在占地面积不大的情况下，拥有了数量相对较多的高等学校，天津的高等学校数量相对较少。而且，虽然北京的高校数量居中，但其高等学校中的从业人员和 R&D 人员却位居首位，北京高校 R&D 人员大概是天津市和河北省的 3 倍左右，并且 R&D 人员中博士毕业的人员分别是天津和河北的 4 倍和 7 倍。这体现出北京高等学校中 R&D 人员所占比重远远高于天津和河北，其中博士学历人员的比重也远高于其他两地，河北省的以上两个比重最低。国际上比较科技人力投入的指标为 R&D 人员全时当量，从这一数据上的比较也可以看出，北京高校的科技人力投入更高，其次是天津，而河北省的科技人力投入最弱。

表 5-4　各地高等学校 R&D 人员（2015 年）　　　　单位：人

地　区	全国	北京	天津	河北
学校数（个）	2 560	91	55	118
从业人员	2 998 285	178 641	59 611	124 936
R&D[①] 人员合计	838 786	80 744	24 546	27 616

---

① 研究与试验发展（R&D）指在科学技术领域，为增加知识总量，以及运用这些知识去创造新的应用进行的系统的创造性的活动，包括基础研究、应用研究、试验发展三类活动。国际上通常采用 R&D 活动的规模和强度指标反映一国的科技实力和核心竞争力。

续表

地　　区	全国	北京	天津	河北
其中：博士毕业	230 928	33 034	7 787	4 286
R&D 人员全时当量① （人年）	354 861	34 460	11 369	10 036
其中：研究人员	298 728	28 189	9 518	8 833
基础研究	164 155	13 690	4 589	4 313
应用研究	172 110	19 989	6 164	5 477
试验发展	18 596	781	616	246

数据来源：根据《中国科技统计年鉴2016》数据整理。

在各地区高技术产业中的 R&D 人才资源方面，如表5-5所示，2015年北京市的人才资源仍处于较为领先的位置，天津虽然研发机构的数量最少，但其 R&D 人员全时当量最多，可以看出天津在高技术产业上的人才资源较为丰富，河北省的人才资源仍然相对匮乏。

表5-5　各地区高技术产业 R&D 人员投入（2015年）

地区	研发机构数（个）	R&D 人员全时当量（人年）
全国	11 265	726 983
北京	313	22 344
天津	139	24 660
河北	167	13 694

数据来源：根据《中国科技统计年鉴2016》数据整理。

（五）其他影响因素

由表5-6我们可以看出，2015年京津冀三地在人均受教育年限、互联网普及率、人均拥有图书馆藏量上存在差别。在人均受教育年限上，北京占有明显优势，河北省的年数相对较少，只略微超过九年义务教育的年限。而从三地间互联网的普及率来看，北京同样处于绝对领先位置，天津和河北在互联网普及率上相对落后。从人均拥有公共图书馆藏量上来看，北京和天津相差不大，人均在1册以上，而河北省却只有0.3册，相对较少。

---

① 指全时人员数加非全时人员按工作量折算为全时人员数的总和。例如：有两个全时人员和三个非全时人员（工作时间分别为20%、30%和70%），则全时当量为2+0.2+0.3+0.7=3.2人年，是为科技人力投入国际进行比较而采用的可比指标。

表 5-6 京津冀三地的创新环境（2015 年）

地　　区	北京	天津	河北
人均受教育年限（年）	12.08 065	10.56 386	9.041 526
网民数（万人）	1 647	956	3 731
互联网普及率（%）	76.50	63.00	50.50
网民规模增速（%）	3.40	5.80	3.60
互联网普及率在全国的排名	1	6	13
人均拥有公共图书馆藏量（册/件）	1.12	1.10	0.30

数据来源：根据《中国统计年鉴 2016》数据整理。

综上所述，从三地的创新环境看，北京的创新优势明显；天津市整体创新环境稍逊于北京，但天津的高技术产业十分发达，拥有丰富的高技术产业人才资源；河北省的整体创新环境较京津两地相对落后，这体现为河北在开发区整体实力、高技术产业、人才资源以及其他影响创新环境方面均落后于京津两地。

三、京津冀三地的研发投入

（一）地方科学技术支出

2015 年全国地方一般公共预算支出①总计为 150 335.62 亿元，其中，科学技术支出是 3 384.18 亿元，占有一定的比重。由图 5-2 可知，从京津冀三地看，北京市的科学技术支出最多，是 287.8 亿元，天津市的相对较少，是 120.82 亿元，河北省的科学技术支出最少，是 45.5 亿元。由此可以看出，北京市地方政府对于科学技术的财政投入更多一些，河北省的投入相对较弱。

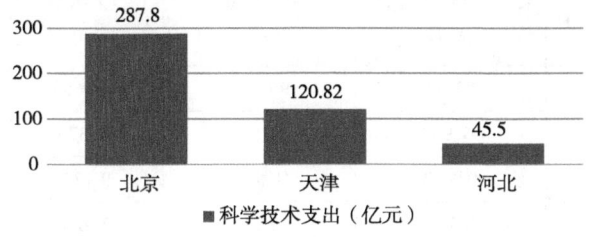

图 5-2　地方一般公共预算支出（2015 年）

数据来源：根据历年《中国统计年鉴》数据整理。

---

①　一般公共预算支出：国家财政将筹集起来的资金进行分配使用，以满足经济建设和各项事业的需要。

各地区各类主体研发经费内部支出的数据如表 5-7 所示。规模以上工业企业中，天津的研发经费内部支出最多，河北省次之，北京市最少。而在高技术产业和高等学校中，北京的研发经费内部支出最多，天津次之，河北省最少。由此我们可以看出，天津和河北省的研发经费支出更侧重于工业企业，而北京更侧重于高技术产业和高等学校。

表 5-7　各主体研发经费内部支出

地区	规模以上工业企业	高技术产业	高等学校
全国	100 139 330	26 266 585	9 985 884
北京	2 440 875	1 202 250	1 626 476
天津	3 526 665	824 042	611 820
河北	2 858 051	387 330	127 417

数据来源：根据《中国科技统计年鉴 2016》数据整理。

（二）研究与开发机构资源投入

如表 5-8 所示，2015 年全国研究与开发机构共有 3 650 所，其中北京有 389 所，天津和河北分别有 60 所和 79 所，相比之下，北京市的研发与开发机构数量具有绝对的优势。而从各地区的 R&D 人员全时当量数据的比较也可以看出，北京的研发人员资源最为充沛。并且，北京市的 R&D 机构中课题项目数量占全国课题数的 28% 以上，投入研发人员 9 万人以上，投入研发经费 517 万元以上，不难看出，北京市的研发投入最多。而以上这些数据中，天津和河北的研发投入相对很少。

表 5-8　各地区研究与开发机构 R&D 课题投入（2015 年）

地区	机构数（个）	R&D 人员全时当量（人年）	R&D 课题数（项）	投入人员（人年）	投入经费（万元）
全国	3 650	383 597	99 559	348 699	15 137 870
北京	389	97 988	28 534	91 376	5 176 868
天津	60	10 063	1 614	9 783	290 670
河北	79	8 757	857	7 958	266 479

数据来源：根据《中国科技统计年鉴 2016》数据整理。

但是从动态的角度来看，如图 5-3 所示，近些年来天津研发机构的研发投入增长较快，从 2009 到 2015 年，天津市的研发经费内部支出增长了 144%；河北的创新费用投入增长较慢，6 年仅增长了 75%。

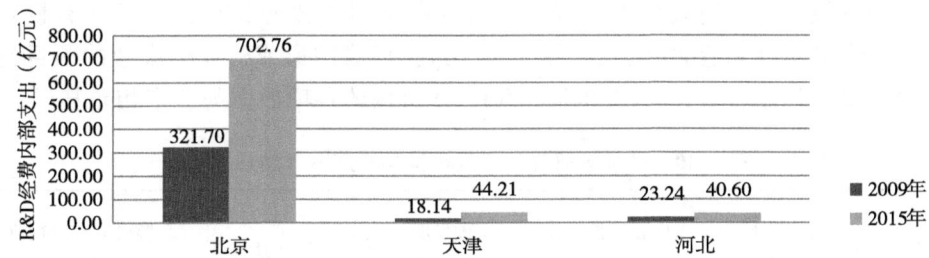

图 5-3　三地研发机构 R&D 经费内部支出

数据来源：根据历年《中国统计年鉴》《中国科技统计年鉴》数据整理。

（三）高技术产业投资情况

如表 5-9 所示，2015 年，全国高技术产业中共有 20 028 个施工项目，其中，京津冀三地共有 1 048 个项目。河北省高技术产业中施工项目最多，有 485 个，天津市稍微少于河北省，有 416 个，北京市最少，有 147 个。在此项数据比较中，可以看出河北省对高技术产业投资力度较大，在新开工项目个数、全部建成项目数以及投资额和新增固定资产上都超过北京和天津。

表 5-9　各地区高技术产业投资（2015 年）

地区	施工项目个数（个）	新开工项目个数（个）	全部建成投产项目数（个）	投资额（亿元）	新增固定资产（亿元）
全国	20 028	14 122	14 100	19 950.7	14 307.5
北京	147	22	31	120.2	77.2
天津	416	320	203	417.0	345.4
河北	485	305	351	864.3	704.1

数据来源：根据《中国科技统计年鉴 2016》数据整理。

综上所述，北京市地方政府对于科学技术的财政投入以及研发机构对于研发的投入均远高于天津市和河北省。近年来，天津研发机构的研发投入增长较快，河北省的投入增长较慢。而在高技术产业的投入方面，河北的投资力度在三地中位居首位。

四、京津冀三地的研发产出

（一）研究与开发机构科技产出

因为北京市在京津冀协同发展中的定位是要成为科技创新中心，所以其在科技创新上的产出尤为突出。北京市拥有较大数量的研究与开发机构，所以其发表的科技论文、出版的科技著作都非常多，并且专利申请数量较多，相应的有效发明专利数量十分可观，大约占全国总数的33%，专利所有权转让以及许可的收入近20亿元（见表5-10），形成国家或行业标准数的项目也十分之多。相比而言，天津和河北的R&D机构的各项数据与北京相差甚远。

表5-10 各地区研究与开发机构科技产出（2015年）

地区	发表科技论文（篇）	出版科技著作（种）	有效发明专利（件）	专利所有权转让及许可收入（万元）	形成国家或行业标准数（项）
全国	169 989	5 662	86 367	72 435	3 813
北京	57 061	2 385	28 985	19 800	1 857
天津	2 781	62	1 783	4 570	39
河北	2 352	124	1 215	110	15

数据来源：根据《中国科技统计年鉴2016》数据整理。

综上可以看出，北京可作为国家科技创新的核心，津冀两省（直辖市）应与北京创新力量对接，促进科技创新的协同发展。北京市的研发科技产出众多，一方面是因为北京拥有大量的高等学校和研发机构，为研发产出奠定了坚实的基础，另一方面是因为近年来科技发展迅速，企业在技术上的创新更有益于它的长久发展和创造更多的利益。津冀两地的研发机构产出虽不及北京，但也在不断增加中。

（二）规模以上工业企业专利、新产品产出

从表5-11可以看出，京津冀三地中，北京规模以上工业企业R&D人员当量、R&D经费和R&D项目数都是最低的，但因为北京的科技创新能力突出，所以专利产出优于津冀两地。相比之下，天津规模以上工业企业的研发产出也比较突出。而河北省规模以上工业企业虽然数量庞大，研发项目和研发投入也并不少，但其专利产出相对较少。

表5-11 分地区规模以上工业企业① R&D活动及专利情况（2015年）

地区	企业数（个）	有R&D活动的企业数（个）	R&D人员全时当量（人年）	R&D经费（万元）	R&D项目数（项）	专利申请数（件）	有效发明专利数（件）
全国	383 153	73 570	2 638 290	100 139 330	309 895	638 513	573 765
北京	3 548	1 141	50 773	2 440 875	7 554	20 024	23 749

① 规模以上工业企业：在统计学中，一般以年主营业务收入作为企业规模的标准，达到一定规模要求的企业就称为规模以上企业。从2011年1月起，国家统计调查将纳入统计范围的规模以上工业企业起点标准从年主营业务收入500万元提高到2 000万元。

续表

地区	企业数（个）	有R&D活动的企业数（个）	R&D人员全时当量（人年）	R&D经费（万元）	R&D项目数（项）	专利申请数（件）	有效发明专利数（件）
天津	5 525	2 084	84 291	3 526 665	11 393	16 721	17 422
河北	15 305	1 388	79 452	2 858 051	8 358	10 396	7 740

数据来源：根据《中国统计年鉴2016》《中国科技统计年鉴2016》数据整理。

结合图5-4，河北规模以上工业企业的新产品产出增长很快，并且已接近北京的水平。2009年到2015年，河北省规模以上工业企业新产品销售收入由1 095.22亿元增长到3 476.24亿元，增长高达217%，远超过北京和天津的增长速度。在京津冀协同发展中，河北省的功能定位是成为产业转型升级试验区，在创新产品产出的技术方面得到提升。随着京津冀协同发展的推进，河北省高技术产业投资额逐步增加，在创新产品的生产技术方面得到了提升，产品生产过程的改进，有利于承接北京市的科技创新知识成果。

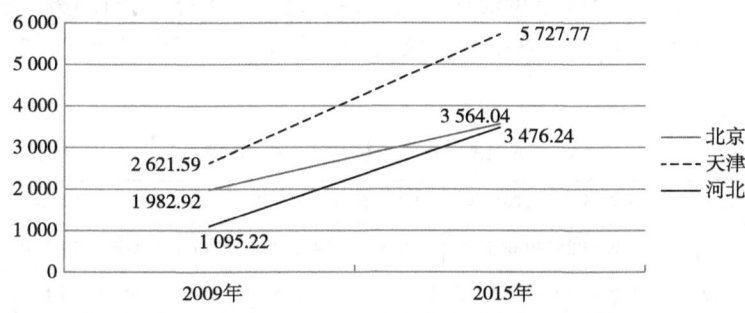

图5-4　规模以上工业企业新产品销售收入（亿元）

数据来源：根据《中国统计年鉴》《中国科技统计年鉴》数据整理。

（三）高技术产业新产品产出

京津冀三地中，北京的高技术产业中新产品开发数量居于首位，但其销售收入居第二位，虽然天津的高技术产业中的新产品项目不是最多的，但其销售收入最多。2009年，北京和天津的高技术产业新产品销售收入分别为1 483.54亿元和778.79亿元，北京约是天津的两倍；而2015年，天津的高技术产业新产品的销售收入已达到1 746.80亿元（见表5-12），超过了北京的1 597.81亿元，增长速度很快。这是因为天津有一定的制造业基础，物流体系先进，同时还建设了国家自主创新示范区。京津冀协同发展构想中，天津市的功能定位是成为全国先进制造研发基地，承接北京的科技创新知识产物。从以上数据可以看出，天津在制造研发产品上的潜力很大，在高技术产业的产出方面十分突出。

表 5-12　各地区高技术产业新产品开发及销售（2015 年）

地区	新产品开发项目数（项）	新产品开发经费支出（万元）	新产品销售收入（万元）	出口（万元）
全国	77 167	30 305 841	414 134 905	167 575 462
北京	4 490	1 498 012	15 978 092	1 400 824
天津	1 946	690 950	17 467 974	8 587 208
河北	1 401	343 124	3 410 594	429 461

（四）技术市场成交额及输出、流入

技术市场成交额是科技成果转化的一种表现形式。京津冀三地的技术市场成交额均呈现逐年递增趋势。如表 5-13 所示，从三地横向比较来看，北京的技术市场交易额始终处于领先位置，但从每个地区每年成交额的变化量上看，天津和河北两省市的技术市场交易额都在处于高速增长状态中，尤其是从 2012 年开始，成交额稳步快速增长。结合图 5-5 的折线图趋势，我们可以看出，津冀两地的增长趋势相近，成交额增长幅度高于北京市的技术市场成交额的增长幅度。

表 5-13　分地区技术市场成交额　　　　　　　　　　单位：万元

地区	2008 年	2009 年	2010 年	2011 年	2012 年	2013 年	2014 年	2015 年
全国	26 652 288	30 390 024	39 065 753	47 635 589	64 370 683	74 691 254	85 771 790	98 357 896
北京	10 272 173	12 362 450	15 795 367	18 902 752	24 585 034	28 517 239	31 371 854	34 538 855
天津	866 122	1 054 611	1 193 390	1 633 819	2 323 275	2 761 575	3 885 631	5 034 369
河北	165 906	172 112	192 931	262 471	378 178	315 581	292 228	395 438

数据来源：根据历年《中国科技统计年鉴》数据整理。

京津冀三地的技术市场技术输出与流入如图 5-6 所示，其中，北京对天津和河北的技术输出并不多，其技术大多流向了上海、江苏、福建和广东等沿海发达城市，对津冀两省市产业技术的拉动性很小。津冀与北京临近，却没有得到更多的北京的技术输出，主要是因为，单纯的地理位置的优势并不占重要地位，津冀两省市需要有与北京的技术相近、相关联的技术市场，才能有能力去接收北京技术市场的技术流出。目前，北京的产业结构已经相对较完善，第三产业占主导地位，工业主要为高端制造业，而天津和河北的产业结构相近，均为第二、三产业并重，工业主要为一般制造业。这样就导致了津冀两地并没有有能力去接收北京的技术输出的企业，北京与津冀没有形成创新流动和技术合作关系。

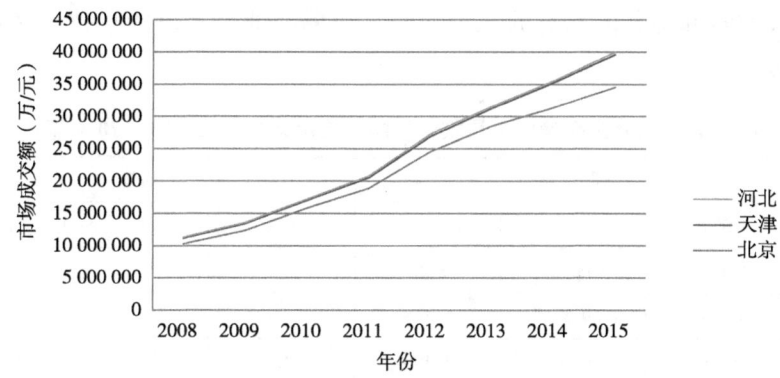

图 5-5　分地区技术市场成交额

数据来源：根据历年《中国科技统计年鉴》数据整理。

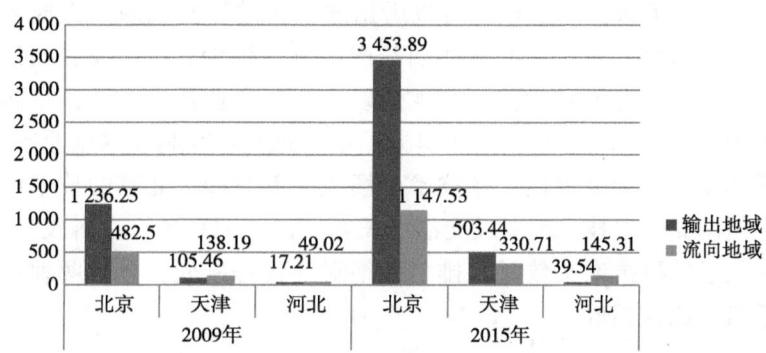

图 5-6　技术市场技术输出与流向（合同金额：亿元）

数据来源：根据历年《中国科技统计年鉴》数据整理。

（五）科技论文产出

科技论文的产出情况在一定程度上反映了一个地区的科技创新产出。我们以国外主要的检索工具 SCI[①]、EI[②]、CPCI-S[③] 收录的我国科技论文的数量和排名，来判断京津冀三地的论文产出情况（见表 5-14）。北京市被收录的

[①] 美国科学引文索引（Science Citation Index，SCI）于 1957 年由美国科学信息研究所（Institute for Scientific Information，ISI）在美国费城创办，是由美国科学信息研究所（ISI）1961 年创办出版的引文数据库。

[②] 工程索引（EI）是由美国工程师学会联合会于 1884 年创办的历史上最悠久的一部大型综合性检索工具。EI 在全球的学术界、工程界、信息界中享有盛誉，是科技界共同认可的重要检索工具。

[③] CPCI-S（Conference Proceedings Citation Index-Science），原名 ISTP。ISTP 中文名字是科技会议录索引，由美国科学情报研究所编辑出版。SCI（科学引文索引）、EI（工程索引）、ISTP（科技会议录索引）是世界著名的三大科技文献检索系统，是国际公认的进行科学统计与科学评价的主要检索工具。

科技论文数量和排名以绝对的优势领先，津冀两地被收录的科技论文数量和排名相近。

表 5-14　国外主要检索工具收录我国科技论文按地区分布（2014 年）

地区	篇数（篇）			位次		
	SCI	EI	CPCI-S	SCI	EI	CPCI-S
全国	235 139	163 799	48 224			
北京	42 777	29 671	9 448	1	1	1
天津	6 745	4 958	1 400	12	13	15
河北	2 993	3 237	1 681	20	18	11

数据来源：根据《中国科技统计年鉴 2015》数据整理。

综合以上五类数据的比较，可以看出北京市的科技创新产出成果最为丰富，优于津冀两地，河北省的科技创新产出成果较少。在研发机构论文、专利产出方面，北京有绝对优势；在规模以上工业企业产出方面，京津两地专利产出比较突出，河北在新产品产出方面增长迅猛；在高技术企业产出方面，天津的新产品产出十分突出；在技术市场成交额方面，北京的技术市场成交额较大，但津冀两地技术市场成交额增长幅度高于北京市；在科技论文方面，北京市被收录的科技论文数量和排名以绝对的优势领先，津冀两地被收录的数量和排名则比较相近。

五、京津冀协同创新面临的挑战

京津冀三地的整体研发资源丰富、创新水平较为突出，但三地之间的水平不够均衡，还未做到"京津冀协同发展"所要求的优势互补、良性互动、共赢发展。京津冀三地之间的科技创新资源存在明显的差异。

在创新环境方面，北京第三产业占比大，发展好，天津、河北两地第三产业比较落后，三地产业结构不平衡，竞争力差距较大，严重阻碍了京津冀区域产业升级。津冀两地缺乏创新的人才资源，对提高科技创新形成了阻碍。在开发区实力、高技术产业经营状况等方面，河北省同京津两地的差距较大，不利于力量对接、整体发展。

在研发投入方面，即使天津、河北近年来已经大幅度增加对研发的支出，但目前北京市地方政府对于科学技术的财政投入远高于天津市和河北省，天津、河北两地政府对科技创新投入的支持力度仍然有限。

在研发产出方面，三地的技术交易市场自成体系，存在北京的技术产出大多流向沿海发达城市，对天津和河北的技术输出有限的现象。由于区域创新资源共建、共享与开放的不足，割裂了一体化的区域要素市场建设，降低了要素配置的效率，未形成推进京津冀协同创新发展的强大合力。

六、京津冀财税政策支持创新现状

（一）企业税收收入分享

国家财政部于 2015 年 6 月 3 日发布了关于印发《京津冀协同发展产业转移对接企业税收收入分享办法》的通知（财预〔2015〕92 号），目标在于推动京津冀协同发展，促进资源要素合理流动，实现京津冀地区优势互补、良性互动、共赢发展。分享方案包括：①分享税种，增值税、企业所得税、营业税三税地方分成部分；②企业范围，由迁出地区政府主导、符合迁入地区产业布局条件且迁出前三年内年均缴纳"三税"大于或等于 2 000 万元的企业，纳入分享范围；③分享方式，以迁出地区分享"三税"达到企业迁移前三年缴纳的"三税"总和为上限，达到分享上限后，迁出地区不再分享。

（二）企业迁移简化程序

国家税务总局于 2015 年 12 月 31 日发布了关于京津冀范围内纳税人办理跨省（市）迁移有关问题的通知（税总发〔2015〕161 号），目的在于促进京津冀三地税收协同发展，进一步减轻纳税人负担，便利企业合理流动，简化京津冀范围内纳税人跨省（市）迁移手续。

在三地之间迁移的纳税人，迁出时不作注销清算，迁入时简化登记程序，为产业转移和企业合理流动提供便利。对于三地评定的纳税信用 A 级纳税人，三地税务部门相互认可，不再重新评定，直接与本地 A 级纳税人同等待遇。现已经享受高新技术企业等税收优惠资质的纳税人，迁移后三地税务机关继续认可，不再重新审核调查。对于一些重点涉税信息，比如非正常户、走逃户等实行三地共享，便于协同执法，进一步规范税收秩序。

（三）"一统三互"的征管体制

2014 年 10 月 29 日，北京、天津、河北三地的国税局、地税局主要负责人签署了《京津冀协同发展税收合作框架协议》，提出了通过统一建立互联网办税平台和优化热线服务，采取资质互认、征管互助、信息互通的"一统三互"措施。这标志着三地税务部门的协作发展取得了阶段性成果，为京津冀一体化发展的重大国家战略提供了税收政策配套。

七、促进京津冀协同创新的财税政策建议

京津冀的协同创新需要有创新的市场环境基础，可以通过财政拨款、转移支付等方式加大创新研发投入，通过完善区域和园区之间的税收共享机制

促进京津冀三地产学研结合。同时，可以通过设立京津冀协同发展的专项资金和成果转化资金，促进创新成果的形成和转化。除此之外，应当进一步完善政府采购机制并实现京津冀大数据资源的共享，促进税务机关之间的交流，实现三地税收征管政策的统一。

（一）提高公共服务水平，优化创新环境

无论研发、成果转化还是推广整个产业链，协同创新都需要高科技人才的支持，而只有满足人们衣食住行及教育医疗等公共服务需求的新区域才能吸引更多的人才，使新的产业创新高速发展。津冀两地的公共服务和整体创新环境仍然落后于北京，使得大量追求优质服务的人蜂拥挤入北京，北京的环境承载能力面临严峻考验。

在财税方面，应通过财政拨款和转移支付等方式加大对津冀两地的公共服务投入和创新研发投入，促进津冀两地形成合适的创新战略，提高自主创新能力和协同创新能力。天津和河北应该利用本土优势，充分合理利用资源优势，开发利用新能源，改造升级传统产业，实现节能减耗，促进第三产业发展。例如，河北重工业改造转型是京津冀协同发展的重点任务，需要加强自主创新和新技术的研发，侧重对高精装备制造业的整改和发展。

同时，通过完善区域和园区之间的税收共享机制，促进京津冀三地产学研结合，鼓励创新人才的集聚交流与合作，促进京津产业向河北转移，推动京津冀产业结构转型升级。

（二）加大资金支持，促进创新成果形成和转化

足够的资金支持是京津冀协同发展的经济基础，这就需要财政和税收的大力支持。

在促进创新形成方面，可以通过建立京津冀协同发展的专项资金，支持京津冀产业转型升级的重点领域或重大项目建设。贯彻和落实区域研发创新的费用扣除和税收抵免政策，使京津冀区域内的企业可以真正利用税收优惠政策实现产业升级和经济发展。

在创新成果转化方面，可以设立创新成果转化资金，用以投资产业升级、生态保护等重大产业项目以及高科技产业，将创新成果产业化，真正发挥创新驱动经济发展的力量。目前，天津和河北的创新产出成果相比北京较少，应加大资金支持力度支持津冀两地的成果转化，并积极承接北京的科技创新知识成果。

（三）其他举措

完善政府采购机制，对创新产业产品进行更加有利的市场引导。同时，应完善政府采购支持科技型中小企业的相关政策，在助力经济增长，促进市

场公平竞争，引领科技创新等方面发挥重要作用。可以采用如下几种方式推进京津冀协同创新的政府采购作用机制。

1. 通过对所认定的高新技术产品进行强制采购或在招标时引入创新指标等方式，促进对高新技术产品的政府采购。政府应基于优势产业和重点发展产业制定高新技术产品认定标准，促进京津冀协同创新的科研成果转化。

2. 通过包括预留采购份额、合同拆分、报价优惠、提供贷款担保等方式，推动京津冀科技型中小企业的发展。

3. 通过包括制定绿色产品清单、设置最低绿色采购份额、建立专门的绿色政府采购机构、制定国家级的绿色采购行动计划等方式，推动政府绿色采购，促进节能环保产业的发展，实现京津冀协同创新可持续发展的重要目标。

完善公共技术信息平台的建设，实现京津冀大数据产学研协同创新的资源共享、监测评价和试点示范。协同创新应加强三地科技战略联盟、搭建创新交流合作平台，以跨区域协同创新联系机构或政府领导的创新委员会将三地紧密联系起来，形成创新利益共同体。在财税领域，也可以通过公共平台促进税务机关之间的交流，实现三地税收征管政策的统一。这样可以减少因征管因素造成的地区间税负的不公，方便企业办理税务手续，促进企业在京津冀的横向流动。

第二节　欧盟区域协同创新的国际经验及其对京津冀一体化的启示

无论从历史基础还是从发展定位看，京津冀地区作为我国经济发展的关键区域之一，协同创新都是不可或缺的组成部分，是助推京津冀协同发展的重要因素。在国家间、区域间联合的大势之下，欧盟在协同创新领域发展卓著。因此，欧盟协同创新的国际经验对于我国京津冀地区鼓励创新财税政策的完善具有宝贵的借鉴意义。

本节从欧盟协同创新政策入手，以欧盟凝聚力政策和欧盟创新与科技组织的区域创新计划为基础，分析这些政策如何缩小欧盟地区之间的研发创新的差异并进一步加强各成员国在经济、社会方面的凝聚力。基于这一分析，本节结合京津冀目前已出台的协同创新财税政策，提出相应的建议和对策：我国可参考欧盟做法，细化投资基金用途，完善对小微企业的扶持政策，搭建共享平台，提升京津冀综合创新能力。

一、凝聚力政策

(一) 凝聚力政策概述

"欧洲 2020 战略"（Europe 2020 Strategy）是欧盟继"里斯本战略"之后，于 2010 年提出的第二份十年经济发展规划，是欧盟新一轮发展的纲领性文件。"欧洲 2020 战略"分别在就业、研发、气候变化和能源可持续性、教育以及社会包容和消除贫困方面提出了 5 项核心目标，包括在 2020 年研发投资金额占到欧盟国内生产总值（GDP）的 3%，30~34 岁人口接受高等教育的比率超过 40% 等。

为实现"欧洲 2020 战略"的目标，凝聚力政策（Cohesion Policy）提供了区域投资的必要框架。凝聚力政策是欧盟的主要投资政策，它涵盖了欧盟所有地区并提出以下目标：促进就业岗位的创造，实现合理的商业竞争，刺激经济增长，实施可持续发展，提升公民生活质量。为了实现这些目标，同时解决欧盟各地区的各种发展需求，几乎占欧盟总预算 1/3 的 3 518 亿欧元已被投入到 2014—2020 年的凝聚力政策中。"推广创新"作为凝聚力政策的核心主张之一，约 30% 凝聚力政策的资金将投入其中。欧盟成员国和地区之间在创新和研发方面存在着巨大差异，凝聚力政策的核心目标正是缩小欧盟地区之间的研发创新差异并进一步加强各成员国在经济、社会方面的凝聚力。

1. 凝聚力政策的历史与成就。1957 年，依《罗马条约》成立的欧洲经济共同体促成了区域政策的形成。1968 年，欧洲委员会的区域政策总理事会成立。1975 年，欧洲区域发展基金创立，凝聚力政策的前身初现。1988 年，一项预算为 640 亿欧元的结构性资金被纳入凝聚力政策中。1994—1999 年，结构性凝聚力基金增加了 1 倍，约为 1 680 亿欧元，达到了欧盟预算的 1/3。2000 年，凝聚力政策的重点内容被转移到经济增长、就业和创新方面，凝聚力政策进一步扩张。2007—2013 年，凝聚力政策简化了规则和结构，更加强调透明度和沟通，并将经济增长和就业作为改革的关键要素。2014 年至今，凝聚力政策进入了创新阶段。

凝聚力政策最显著的成就表现在其对欧洲宏观经济的影响。在主要受益国中，凝聚力政策的影响是积极的、重要的。据宏观经济模型估计，欧盟 12 国在 2015 年的 GDP 增长比其他国家高出了 4%，并且，匈牙利这一数字超过了 5%。长期来看，这种影响将持续进行下去（某些情况下还会增长）。例如，在波兰，到 2023 年，GDP 预计将比在 2007—2013 年没有凝聚力政策的情况下高出 6%。据估计，到 2023 年，在 2007—2013 年期间的 1 欧元投资将产生 2.74 欧元的额外 GDP 的增长，因此，总体来看，这将使 2023 年的额外 GDP

总共增加近9 500亿美元。

凝聚力政策对区域融合的影响，可以通过研究区域内GDP随时间的变化来观察。在2000—2006年规划期间，在其他发达国家地区差异不缩小甚至扩大的背景下，欧盟地区的差异显著缩小，并延续到2009年。从2009年到2011年，随着金融危机的爆发，差距略有扩大，但2011年到2014年又小幅收窄。

如图5-7所示，2000—2014年，欧盟GDP总体差异和国家间差异逐年减小，国家内部区域GDP差异持稳，可以看出，凝聚力政策在宏观经济上的确起到了缩小区域间经济发展差异的作用。

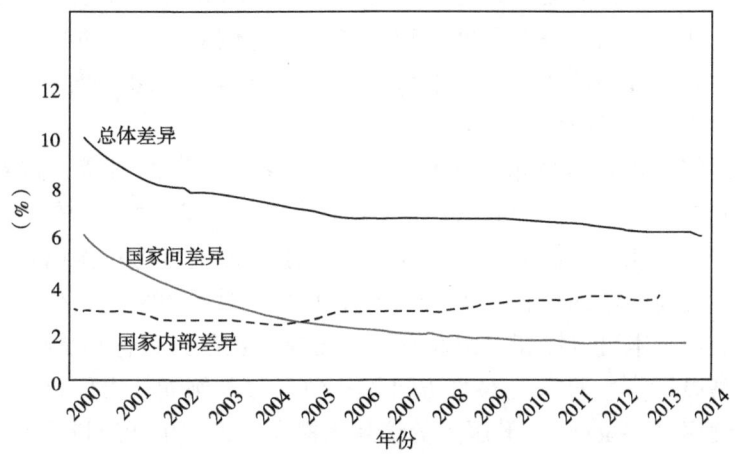

图5-7　2000—2014年欧盟GDP差异对比趋势图

资料来源：《"视野2020" 2018—2020规划（欧洲创新委员会（EIC）试点）》。

其次，凝聚力政策的成就还表现在支持中小企业和商务革新、改善交通与环境基础设施和提高能源使用效率几个方面。在2007—2013年规划期间，具体关键成就有：①创造就业和经济增长。在最贫困的欧盟地区，人均收入得到提高。2007—2010年，在ESF（欧洲社会基金）帮助下，有240万参与者在6个月内找到了一份工作。②支持企业发展。约40 000个由中小企业提交的商业企划得到了直接投资和补助，121 400个新成立企业得到了政府支持。另外，还有发展科研和革新，支持科学研究、创造长期科研就业岗位，改善环境、进行废水处理和优化水源结构，优化交通和能源产品。

2. 凝聚力政策的重点内容。凝聚力政策有四大重点内容，分别是研究与创新、信息和通信技术、提高中小企业竞争力以及支持向低碳经济转型。

第一，研究与创新。宏观经济状况表明，创新推动了发达国家80%的经济增长。欧洲需要创新，以便利用研究成果并将其转化为可推动经济增长的销售产品。欧洲的研究与创新落后于部分发达国家，2011年，研发（R&D）支出仅占欧洲GDP的2%。这一数字远低于美国、日本和韩国。

凝聚力政策选择投资研发和创新，其特别之处在于智能专业化策略。在欧洲区域发展基金被投资到研究和创新之前，成员国和地区需要拟定所谓的智能专业化策略。这些策略将帮助各地区挖掘它们的创新潜力，并在特定的资产和实力基础上进行建设。每个地区都将专注于一组有限的优先领域，并且形成该地区在这些领域的竞争优势。

到目前为止，各成员国的报告显示，近25%的欧盟结构性基金（约860亿欧元）投资于研究和创新。此外，还有536亿欧元的补充政策，是专门为研究和创新项目"第七框架项目"和"竞争力与创新框架计划"提供的，这些项目是"视野2020"（Horizon 2020，欧盟在2014—2020年实施的历史以来投入最大的研究创新项目）的前身。

第二，信息和通信技术（ICT）。由于凝聚力政策的投资，现在有超过470万的欧盟公民拥有了宽带。欧洲社会基金使人们能够更好地使用信息通信技术，能够有效地将人们的技能与雇主的需求相匹配。通过网络连接起来的公司实现了更高的收入增长，创造了比线下竞争对手更多的工作机会。有效利用信息通信技术可以提高工作效率，从而提高竞争力。特别是在偏远地区，实现了对高质量信息通信技术的访问并从中受益。例如，人们可以通过促进诸如电子健康（e-health）等服务的访问来提高个人的生活质量。

未来凝聚力政策将在所有地区投资信息通信技术基础设施，并着重关注偏远和农村欠发达地区；增加对高速宽带（特别是所谓的"下一代网络"）服务的提供，以提高公司的生产率，使偏远地区的个人在家工作或从电子健康解决方案中受益；投资于开发和升级ICT工具，例如用于研究和创新的电子基础设施、云计算、信息安全和互联网安全；继续向企业、公民和公共管理部门创新使用信息通信技术，例如卫生服务的电子供应（eHealth）、公共部门程序（eGovernment）、中小型企业（eLearning、eBusiness等），协调城市地区资源的有效利用（智能城市），并用数字化方式保存文化遗产；加强数字素养、电子学习、电子技能和相关的创业技能。

第三，提高中小企业竞争力。欧盟对中小企业的定义是员工人数在10人以上250人以下、营业额在200万欧元到5 000万欧元之间的企业。在欧盟，99%的企业（约2 000万）是中小企业。这些企业是经济增长、创新、就业和社会融合的关键驱动力。譬如，每3个私营部门就可以创造2个就业岗位，并且在较大型的企业中，就业增长率可以翻倍。中小企业需要帮助获得融资和吸引熟练工人,因此,它们更容易受到经济变化的影响。为了在全球市场上保持竞争力,中小企业需要提高生产效率,产品、服务质量和市场营销能力。

凝聚力政策致力于投资初创企业,并在中小企业中创造就业岗位。近700亿欧元用于支持企业,主要是中小企业,使他们变得更具创新性,更多地利用信息通信技术,获取技能,或实现工作的现代化。

凝聚力政策基金还致力于解决阻碍发展的问题,培养企业家精神和支持中小企业的发展。改革后的凝聚力政策的目标是,通过增加金融工具的使用,将目前的投资增加一倍,在2014—2020年达到约1 400亿欧元。增加的投资将有助于中小企业利用赠款、贷款、贷款担保、风险资本等渠道获得融资,利用商业知识和建议、信息和网络机会,包括跨境合作;降低全球市场的准入门槛创业风险;开发绿色经济、可持续旅游、健康和社会服务等新的增长点,包括"银经济"和文化创意产业;培养企业家、管理人员和工人,使他们能够适应新的挑战;投资人力资本和提供实用型职业教育和培训的机构;与研究中心和大学建立有价值的联系,以促进创新。

第四,支持向低碳经济转型。欧洲区域发展基金(ERDF)和凝聚力基金还投资于低碳经济建设,如可再生能源、提高能源使用效率、推广清洁能源,建设城市交通和自行车道。

在不同地区,ERDF将分配不同的投资比例限额:发达地区20%,过渡地区15%,欠发达地区12%。这将确保2014—2020年能够从ERDF获得至少230亿欧元的最低投资,使上述地区逐步向低碳经济转型。

3. 凝聚力政策的实施。欧盟的战略目的是促进和支持其成员国和地区的整体和谐发展,凝聚力政策是由国家、区域机构与欧盟委员会共同实施的。

该政策的实施遵循以下几个议程:

欧洲理事会和欧洲议会根据欧盟委员会的提议,共同决定该政策的预算和使用规则。该政策的原则和重点是通过欧盟委员会和欧盟国家之间的协商来提炼、确定的。每个成员国都制定了一份合作伙伴协议草案,该协议概述了该国的战略,同时提出了一份规划清单。

委员会与国家当局就合作协议的最终内容以及每个项目进行谈判。这些项目会展示国家和地区或合作领域的重点内容。

经过商议,这些计划由会员国及其所在地区实施。这意味着要选择、监视和评估成千上万个项目,这项工作由每个国家、地区的"管理当局"组织进行。

委员会批准用于各国实施计划的资金,向各国支付经过许可的费用,并与相关国家一同对每一个计划的实施进行监控。同时，欧盟委员会和成员国会在计划实施过程中提交进程报告。

（二）凝聚力政策的落实

除去公共和私人的共同投资，凝聚力政策的落实主要依靠三个基金的支持，这三个基金分别是欧盟区域发展基金（ERDF，the European Regional Development Fund）、凝聚力基金（CF，Cohesion Fund）以及欧盟社会基金（ESF，the European Social Fund）。

1. 欧盟区域发展基金（ERDF，the European Regional Development Fund）。欧盟区域发展基金旨在通过纠正区域间的失衡，来加强欧盟经济与社会的凝聚力。

首先，欧盟区域发展基金主要投资范围包括：①生产性投资，即直接支持中小企业，增加和保障可持续性的就业机会；②不论企业规模大小的生产性投资，涉及大企业和中小企业的合作；③对基础建设的投资，它能给能源、环境、交通和信息通信技术领域的市民提供基础服务；④社会、健康、研发、创新、商业和教育基础设施；⑤对内在发展潜力的投资，主要投资于设备和小型基础设施（包括小型文化和可持续性旅游基础设施）等固定资产，以及为企业提供服务，以支持研发创新群体、技术投资和企业中的应用研究。

其次，促进优先领域投资。加强研发、技术发展和创新，包括：①改善研发创新的基础设施和提升研发创新能力，并促进发展能力中心（尤其是欧盟利益中心）发展；②促进对研发创新的商业投资，发展企业、研发中心与高等教育部门之间的连接与协同创新，特别是促进生产、服务发展、技术转让、社会创新、生态创新、公共服务应用、需求刺激、网络和集群等方面，并在支持智能专业化、技术和应用研究、试点行为、早期产品验证行为、先进的制造能力，以及关键能动技术和推广通用技术等领域积极开放创新。

增强信息和通信技术的连接、使用和质量，包括：增大宽带部署与推出高速网络，并支持采用新兴技术和数字经济网络；发展信息通信技术的产品、服务、电子商务并提高对信息通信技术的需求；加强信息通信技术在电子政务、电子学习、电子融合、电子文化和电子健康的应用。

增强中小型企业的竞争力，包括：促进创业，譬如通过促进对经济开发的新想法和培育新公司（用企业孵化器等方式）；发展并实施新的中小企业商业模型，并着重于朝着国际化的方向发展；为了进一步提高生产和发展服务，支持创造并扩展先进能力；支持中小企业在区域、国内以及国际市场中提升能力、获得成长，并且参与到创新过程中。

支持向低碳经济转变，包括：促进可再生资源中能源的生产与分发；提升企业的能源效率与对可再生能源的使用；支持在公共基础设施（包括公共建筑与房地产行业）中使用高效率的和智能管理的以及可再生的能源；推广在中低电压下运行的智能分发系统；促进在所有种类土地上实施低碳战略，尤其是城区，包括发展可持续的多模式城市流动和采取缓解的适应措施；促进并推广对低碳技术的研发和创新；促进基于有效热能需求的热电联产高效使用。

最后，对特定区域的政策，主要体现为分配给优先领域的份额会因地区不同而相异（见表5–15）。

表5–15 对特定区域的政策

区域分类	集中于至少两个优先领域的基金占比（限额）（%）	集中于至少四个优先领域的基金占比（限额）（%）
较发达区域	80	20
过渡区域	60	15
欠发达区域	50	12

资料来源：http://ec.europa.eu/regional_policy/en/funding/erdf/。

在欧洲领土合作①项目下，至少80%的基金将会集中于上述四个优先领域。

欧盟区域发展基金也会特别关注特定地域。欧盟区域发展基金旨在通过着重关注城市的可持续发展，来减少城区经济、环境和社会的问题。通过城市规划的"综合行动"，至少5%的欧盟区域发展基金专门划分给了这个领域。一些天然处于不利地理位置的区域（偏远山区或人口稀少地区）也会从特殊待遇中受益，进而解决由于位置偏远而可能存在的缺陷。

2. 凝聚力基金（Cohesion Fund，CF）。凝聚力基金的针对对象是欧盟成员国中人均国民总收入不到欧盟平均值90%的国家。它旨在减少国家间经济与社会的差异，并促进可持续发展。它现在受制于与欧盟区域发展基金、欧盟社会基金相同的常见监管规定。

2014—2020年，凝聚力基金关注保加利亚、克罗地亚、塞浦路斯、捷克共和国、爱沙尼亚、希腊、匈牙利、拉脱维亚、立陶宛、马耳他、波兰、葡萄牙、罗马尼亚、斯洛伐克和斯洛文尼亚。

凝聚力基金将总共630亿欧元分发给下列种类的活动：全欧洲交通网络，

---

① 欧洲领土合作是凝聚力政策的目标之一，并且提供了一个实现在国家间、区域和本地参与者之间政策交流和联合行动的框架。欧洲领土合作的首要目标是促进欧盟成为一个在经济、社会和领土发展上更加和谐的整体。

尤其是已经被欧盟认证过的"欧洲利益优先项目",将会借助于融资工具"连接欧洲设施",凝聚力基金支持基础设施建设;保护环境,在这里,只要有关能源与运输的项目能以能源效率、可再生能源、发展铁路运输、支持多式联运以及加强公共交通等方式呈现,或者能够清晰展示为环境造福的行动,凝聚力基金都会对他们提供支持。

3. 欧盟社会基金(the European Social Fund,ESF)。欧盟社会基金投资涵盖所有欧盟区域,指定 800 多亿欧元用于 2014—2020 年主要成员国的人力投资,以及额外用至少 32 亿欧元投向青年就业计划。

2014—2020 年,欧盟社会基金集中于 4 个凝聚力政策的主题目标:促进就业和支持劳工流动,促进社会包容和消除贫困,对教育、技能和终身学习的投资,提升制度能力和推进有效的公共管理。

此外,还有 20% 的欧盟社会基金承诺将用于促进社会包容和消除贫困。

(三)研究与创新影响协同创新的具体途径

1. 智能专业化战略及智能专业化平台介绍。凝聚力政策选择投资研发和创新,主要用来支持智能专业化研究与创新战略(Research and Innovation Strategies for Smart Specialization,RIS3)。智能专业化这一概念在欧洲 2020 战略中出现,是区域性重要创新政策之一。智能专业化战略通过识别每个国家和区域的比较优势和潜力以及在特定部门或市场的长远优势,为国家或地区提出一个特定的战略并确定一个全球化的角色,最大限度地实现欧洲整体及欧洲内部国家和地区研究与创新潜能的创新。这一概念的提出,是为了实现欧盟 2020 战略提出的智能、可持续、包容增长的目标。

为了给欧盟成员国和各地区提供智能专业化政策设计和实施的建议,智能专业化平台(Smart Specialization Strategy Platform,S3)应运而生。S3 平台帮助欧盟国家和地区发展、实施和审查其智能专业化研究与创新战略。在"区域政策有助于欧洲 2020 年智能增长"的主题交流后,S3 平台在 2011 年成立。截至 2017 年 4 月,超过 170 个欧盟国家或地区在平台注册。平台向注册者提供有关智能专业化战略的指南、实例以及相关数据,同时,注册的国家或地区可以通过平台相互检阅和学习,使这个平台成为促进区域协同创新的沃土。

2. S3 提供相互学习研发税收激励规定的平台。成员国可以在 S3 平台上相互学习与借鉴研发税收激励的规定。比利时,法国、荷兰、挪威等七个国家开始了这方面相互学习的实践。关于哪些研发成本可以享受税收优惠,以及如何对研发税收优惠进行管理和控制,各国采取了不同的做法。

研发可以分为企业内部的自主研发和委托外部机构或个人进行的研发。

在委托外部研发方面，在法国，企业委托经管理部门认证通过的研发机构所发生的研发费用，属于合理的成本，研发的税收抵免为研发总额的30%。同时，支付给公共研究机构的研发费用，可以享受60%，即双倍的税收抵免。分包和合作的研发费用，每年也有一定的扣除限度（支付给一般企业签订的研发费用不超过1 000万欧元，支付给公共研究机构的研发费用不超过1 200万欧元）。类似的，挪威的委托研发费用也可以享受税收优惠，如果供应商是经审批的研究机构，可抵扣的研发费用上限会翻一番到4 000万克朗（约420万欧元）。

在技术人员研发费用的确认方面，比利时规定的研发成本是所有企业研究人员（硕士文凭）的工薪税和青年创新公司（YIC）技术人员和辅助人员的工薪税。而在法国，一般研究人员劳动力成本的50%都可以作为研发费用。聘用初次就业的拥有博士学位或同等学位的研究人员的企业，在满足就业合同没有其他限制且企业研究人员的人数并不比上一年少的情况下，在聘用后的24个月内享受抵免的研发费用是支付给这部分研究人员的工资的2倍。

在申请流程方面，获得税收激励的程序一般都涉及事前评估、提供财政声明和事后控制。在荷兰，研发税收激励的申请包括企业提交申请并组织行政记录，即对每个研发项目实际发生的成本和支出记录。随后，专家检查程序的完整性，通过审核的企业最终可以从纳税申报中抵扣研发费用，同时，企业应当提供实际研发时间以及成本和费用支出的声明。除此之外，专家可以访问该公司进行检查。

3. S3平台提供的研究创新数据支持。研发创新区域查看器提供了三组数据的分区可视化图表。这三组数据分别是欧洲结构和投资基金（ESIF）对欧盟各国家或区域研发创新的投入数据（包括对中小企业研发创新投资、对大企业研发创新投资、对各地区投资总额等）、"视野2020"（Horizon 2020）基金对研发创新的投入数据（包括对食品、交通、健康等各领域的研发创新投资额）以及一组与研发创新相关的主要经济指标，包括研发人员占地区总人口比重、各地区年度研发支出总额、研发支出占GDP的比重等。

根据表5-16中研发人员占地区总人口比重可以初步得出，柏林、斯德哥尔摩以及维也纳三个地区的研发创新能力较强，爱沙尼亚和立陶宛这两个地区的研发创新能力较弱。三个研发创新能力较强的地区得到的欧洲结构和投资基金的资助较少，这是因为欧洲结构和投资基金是落实凝聚力政策的重要保障，主要由前文所述的ERDF、CF、ESF三个基金构成，基金成立的目的主要是为了减少欧盟地区之间的研发创新差异，因此创新能力较弱的地区得到的资金更多。而创新较强的三个地区获得的"视野2020"基金的支持较多，则是因为"视野2020"是为了确保欧盟整体在全球的竞争力，因此研发创新基础较好的地区更容易申请获批，得到资金支持。

表5-16 研发创新区域查看器提供的部分国家或地区的研发创新数据

（单位：欧元）

国家或地区	总研发人员数（占活跃人口的比重）（％）	欧洲结构和投资基金ESIF每年人均研究与创新金额（2014—2020年）	"视野2020"基金每年人均金额（直到2017年5月分配的资金）
柏林	1.72	15.43	33.12
斯德哥尔摩	2.03	2.66	44.32
维也纳	2.33	4.79	57.48
爱沙尼亚	0.89	100.71	18.14
立陶宛	0.77	48.61	3.07

资料来源：http：//s3platform.jrc.ec.europa.eu/synergies-tool。

（四）中小企业工具影响协同创新的具体途径

1. 中小企业和中小企业工具概述。由上文可知，中小企业占欧盟所有企业的99％。尽管出现了复苏的迹象，但经济危机对中小企业的影响仍很明显。欧盟比以往任何时候都更重视中小企业在经济增长和增加就业方面的作用，从早期市场引入到直接或间接配套支持措施，再到"视野2020"和企业与中小企业竞争力计划，都体现了欧盟对中小企业的投入。

中小企业工具和快速创新（FTI）成为欧洲创新委员会（EIC）试点的核心部分，目标是开创全新的、突破性的产品、服务、流程或商业模式，这些模式可以开拓新的市场。作为"视野2020"计划，欧盟委员会正在挑选可能具有颠覆性的企业作为中小企业工具的一部分从而进行投资和支持。

中小企业工具所帮助的对象是具有高度创新性、热情和野心并且乐于获得优秀商业资源、行业指导和大量资金的中小企业。该工具将分三个阶段进行，目的是将颠覆性的想法转变为具有欧洲和全球影响力的具体的、创新的解决方案。中小企业可以申请第一阶段，但也可根据其提案的进展申请后续阶段。

如图5-8所示，中小企业工具实施伊始，各国中小企业纷纷申请项目、争取资金和扶持。由于中小企业工具及其政策正是中小企业所需的，的确对中小企业起到了帮助作用。

2. 中小企业工具三阶段分述。第一阶段，概念和可行性评估。提供5万

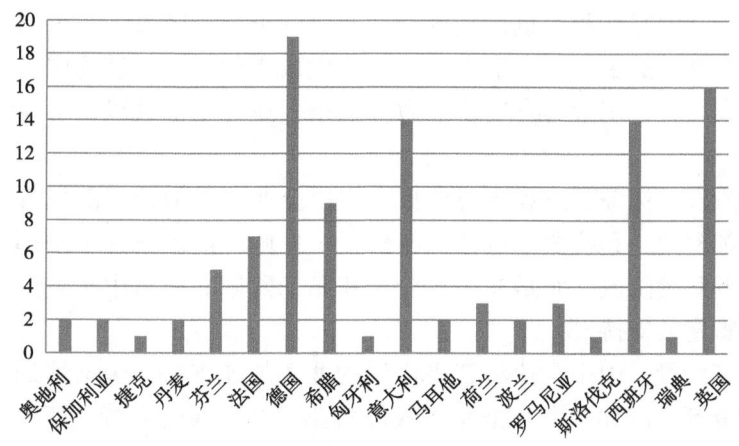

图 5-8　欧盟各成员国响应企业个数

资料来源：《"视野 2020" 2018—2020 规划（欧洲创新委员会（EIC）试点）》。

欧元资金开展可行性研究，以验证拟议中的项目的颠覆性创新或概念的可行性。中小企业需要起草一份初步的商业计划书。

为了验证一种创新理念的可行性，中小企业需要进行可行性研究。例如，风险评估、市场研究、用户参与、知识产权（IP）管理、创新战略开发、合作伙伴搜索、概念可行性等，以及如何建立一个与企业战略和欧洲模式相一致的可靠的高潜力创新项目。企业如何通过创新打破企业盈利能力的瓶颈，应在第一阶段进行检测和分析，并在第二阶段解决，以增加创新活动的投资回报。项目应持续 6 个月左右。

第二阶段，演示，市场调查和研发。中小企业通过创新活动进一步拓展其提案，如项目的示范、测试、试点、扩大规模或缩小规模，并扩充商业计划书内容。基金的目标是投资 50 万欧元到 250 万欧元。

创新项目将得到支持，以应对与之相关的具体挑战，并在企业竞争力提高和收入增长的基础上，以战略性的商业计划作为支撑。企业活动应侧重于创新活动，例如演示、测试、原型设计、市场复制等，目的是将创新理念（产品、工艺、服务等）引入成熟阶段的工业和市场推广，当然也可能包括一些相关研究。

提案应以一项详尽的商业计划为基础，必须特别注意知识产权保护和所有权；申请人必须提交令人信服的措施和计划，以确保商业开发的可能性。提案应包含项目成果和成功标准，说明基金所支持的项目的成果如何被商业化，以及对该公司的影响是怎样的。相关基金委员会将考虑这些提议并要求相关机构提供 50 万欧元到 250 万欧元的资助。项目应该持续 12 到 24 个月。

第一、二阶段涉及的重点领域有：加快中小企业吸收纳米材料、支持从事生物技术领域的中小企业缩小市场与实验成果的差距、鼓励中小企业参与太空研究和开发、刺激具有创新潜力的中小企业建立低碳以及可持续的经济系统等。

第三阶段，业务加速和支持服务。中小企业工具的第三阶段旨在通过商业指导增加阶段一和阶段二资金支持的经济影响。阶段三并不是第一阶段和第二阶段的后续阶段，而是在第一阶段和第二阶段之后对中小企业工具的受益人提供特定的支持。

在第三阶段，中小企业将获得广泛的业务加速支持，包括培训、指导和风险投融资等。例如，中小企业将获得商业创新顾问的支持。商业创新顾问所扮演的是为中小企业提供商业指导和领导能力培训的角色，指导的侧重点在于培养组织能力，为中小企业受益人提供必要的技能。商业创新顾问应在"视野2020"框架下进行指导，其应具备的主要经验和资质如下。

商业创新顾问需要有：管理各种领域且具有高经济增长企业的经验、在中小企业内部的创新管理经验、作为高级管理人员规划公司远景的经验；以顾问身份在顾问组织工作的个人履历以及成功案例；在商业流通各环节有广阔的人脉、资源网络；可被证实的创新管理经验和相关资质证明。

商业创新顾问将帮助中小企业受益人在他们的创新生命周期中取得进步，具体包括指导服务、组织以及合作三方面。

除了获得商业顾问的指导，中小企业工具还集中于持续改进、扩展商业网络、提供创新机会以及增进中小企业与商业伙伴和投资者的合作交流。作为中小企业工具的一部分，该服务可以为中小企业工具受益人提供一个终身特权，以此来获取以用户为导向的商业加速服务，并且可以对不同中小企业量体裁衣。

以上免费的辅导服务由欧洲企业网络（EEN）提供，商业指导与商业加速服务被整合成一个服务包，包括确定合适的指导或咨询方案以缩小与其他企业的创新差距，以及对公司创新管理能力的评估。

3. 筛选合适的中小企业，提供中小企业工具支持。由于第一阶段到第二阶段是在每年的不同时间段按顺序进行的，在各阶段截止时间前，中小企业会分别主动申请、参与到项目中去，所以评估服务是分阶段、有针对性地提供的。

在第一阶段截止后，中小企业对项目的提案会被几个有科技、工业、商业、金融从业背景的评估师分别从影响（权重50%）、品质（权重25%）、质量与效益（权重25%）三个方面打分，每项加权平均后总分合格的中小企业项目提案会被保留并且按分数由高到低排行。

在第二阶段截止后，评估师会对在第一阶段保留下来的中小企业所提交的正式申请进行同样的评估，合格者会进入面谈阶段。在面谈中，中小企业代表大会被问及关于三项打分标准的问题，以及针对不同企业特别设计的不同层面的问题。评估师会对中小企业代表人的回答做出评估，只有项目得到 A 级评价的中小企业才能在第三阶段获得相应资金和后续服务。

在第一阶段和第二阶段评估结束后，所有参与项目提议或申请的企业都会得到一份评估报告，无论申请成功与否，评估报告都会对中小企业自身发展有所帮助，对其进一步调整创新创业方向有长远的现实意义。

如表 5-17 所示，欧盟投资扶持中小企业工具，在 2017 至 2019 年投资结构基本一致。其中，第二阶段投资占比最高。投资预算逐年增高，表明欧盟对中小企业工具的重视，也显示出将有更多中小企业从中获益。

表 5-17 2017—2019 年欧盟预计对中小企业投资数额及占比

预计投资	2017 年	2018 年	2019 年
年度总体预算（欧元）	479 740 000	552 260 000	600 990 000
第一阶段占比（%）	10	10	10
第二阶段占比（%）	87	87	87
第三阶段占比（%）	1	1	1
商业指导占比（%）	1	1	1
评估占比（%）	1	1	1

资料来源：https://ec.europa.eu/easme/en/EIC-sme-instrument。

二、欧盟创新与科技组织（EIT）的区域创新计划（RIS）

（一）概述

欧盟创新与科技组织 EIT（European Institute of Innovation & Technology）是欧盟的下设组织，知识创新利益共同体 KICs（Knowledge and Innovation Communities）是其主要的执行机构。

创新不足的一个原因是，关键的企业、研究机构和学院之间以及私营和公共部门之间没有联系或联系脆弱，这包括缺乏拟订创新计划的专业知识，还包括缺乏结构化、体系化的创新方法。因此 EIT 的主要目的是通过同拥有"知识三角"（教育、研究和创新）的先进实体合作和互联，推进创新并支持可能产生创新或取得创新性突破的领域。换句话说，EIT 是通过知识三角一体化（knowledge triangle integration，KTI）培育创新。通过知识三角一体化，

EIT 提高了欧洲的创新能力，加强了与合作伙伴在商业、高等教育方面，以及和知识创新利益共同体在研发工作中的合作。

EIT 的区域创新计划 EIT RIS（EIT Regional Innovation Scheme）于 2014 年由欧洲议会和理事会提出，是 EIT2014—2020 战略创新议程的一部分，致力于分享在 EIT 区域活动中出现的成功经验，并积极将其扩展到整个欧洲，降低欧盟内创新落后地区与创新先进地区之间的差距。

（二）EIT RIS 针对的对象

EIT 使用欧盟创新分数排行精准地将欧盟国家划分为创新领导国家、强有力的创新国家、中等创新国家和普通创新国家，希望能借此帮助科技发展能力欠缺的国家发现自身的科技研发弱势领域和弱势区域。而 EIT RIS 所针对的国家正是欧盟创新分数排行界定的中等创新国家和普通创新国家。

1. 欧盟创新分数排行概述。欧盟创新分数排行比较分析了欧盟国家、其他欧洲国家和相邻国家的创新表现。它评估了各个国家创新体系的相对优势与劣势，并帮助各国确定各自需要解决的问题。

此排行的 2017 年版本提供了一个精炼、完善的分析框架。它不是直接与以往的版本进行比较，而是使用了新分析框架，使其允许随着时间的推移跟踪记录创新表现。新的指标捕捉了在技能、数字准备、创业和公私合作创新伙伴关系上的投资。此外，一个具有背景数据的新工具箱也可以被用来分析和比较各国间的结构差异。

因为着重改善了人力资源、创新友好型环境、持有资源投资和有吸引力的研究体系等方面，全新的欧盟创新分数排行揭示出欧盟的创新表现在持续向好。瑞典仍然是欧盟创新的领头羊，紧随其后的是丹麦、芬兰、荷兰、英国和德国。立陶宛、马耳他、英国、荷兰和奥地利是增长最迅猛的创新国家。

放眼全世界，欧盟正在追赶加拿大和美国，然而韩国和日本依旧领先。中国则是国际竞争者中取得最快进步的国家。

2. 综合衡量创新的指标。全新的分析框架一共有 27 个不同的指标，包括 4 个主要指标和 10 个维度。4 个主要指标为框架（framework conditions）、投资（investments）、创新行动（innovation activities）和影响力（impacts）。

框架指标捕捉创新表现于企业外部的三个维度：人力资源（新博士毕业生、接受过高等教育的 25~34 岁人群、拥有终生学习能力），有吸引力的研究体系（国际化的科学合作出版物、前 10% 的最著名出版物、国外在读博士生），以及创新友好型环境（宽带普及率、创业导向）。

投资指标包含在研发中公共与私人投资中的两个维度：金融和支持（公共领域的研发支出、风险资本支出）、公司投资（商业领域的研发支出、非研发创新支出、为发展或升级其雇员的信息通信技术技能提供的培训）。

创新行动指标反映企业级别的创新成就，并将它们分为三个维度：创新者（有创新产品或还在创新过程中的中小企业、创新于市场或组织中的中小企业、内部创新的中小企业），连接（有创新力的中小企业与他人合作、公私合作出版物、公共研发支出的私人共同基金），知识产权（专利申请、商标申请、设计申请）。

影响力指标涵盖了企业创新行动影响的两个维度：就业影响（知识密集型活动的就业、创新型快速成长企业的就业），销售影响（中高技术产品出口、知识密集型服务出口、创新型的新市场和新企业产品的销售）。

3. 根据创新指数划分成员国。基于综合指标——摘要创新指数计算出来的平均表现分数，成员国被分为四组，如表5-18所示。

表5-18 根据创新指数划分成员国

创新领导国家 （innovation leaders）	创新表现远好于欧盟平均水平：瑞典、丹麦、芬兰、荷兰、德国
强有力的创新国家 （strong innovators）	创新表现比欧盟平均水平高一点或持平：奥地利、法国、爱尔兰、卢森堡、斯洛文尼亚
中等创新国家 （moderate innovators）	低于欧盟平均水平：克罗地亚、塞浦路斯、捷克共和国、爱沙尼亚、希腊、匈牙利、意大利、拉脱维亚、立陶宛、马耳他、波兰、葡萄牙、斯洛伐克、西班牙
普通创新国家 （modest innovators）	创新表现远低于欧盟平均水平：保加利亚、马其顿、罗马尼亚、乌克兰

资料来源：http://ec.europa.eu/growth/industry/innovation/facts-figures/scoreboards_en

（三）EIT RIS的实践措施

每一个创新区域都设计了和计划吻合的完全属于自己的EIT区域创新计划战略。EIT区域创新计划活动与组织和个人合作，譬如来自具备参加EIT区域创新计划国家中的学生和企业家。同时，EIT创新区域计划为他们提供服务、专业知识和项目，如业务创建、加速服务和教育项目。

知识创新利益共同体在EIT区域创新计划中有一定的灵活性，从而促进在EIT区域创新计划中国家和区域的知识三角一体化。也就是说，知识创新利益共同体是无偿为它们设计最适合它们战略的方法，促使它们提供真正有形的成果，从而扩大在知识创新利益共同体的参与度并传递良好的实践经验和知识三角一体化技术。

图5-9展示了知识创新利益共同体将会如何实践。

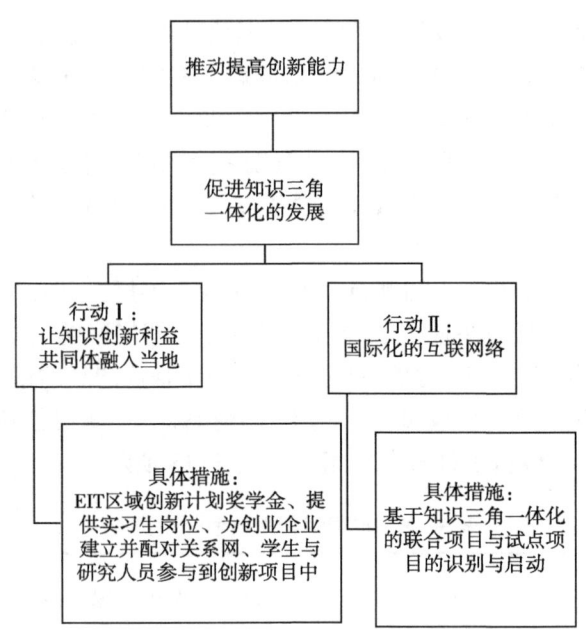

图 5-9　知识利益共同体的实践框架

资料来源：《EIT 区域创新（2018—2020 实施指导方案）》。

为了促进知识三角一体化，知识创新利益共同体将被期望与当地高校机构、研究所和企业合作，同时也提供指导和帮助，以便在 EIT 区域创新计划中的研究人员可以把知识创新利益共同体的实践更加有效地用到当地。需认识到现有框架条件、不同类型的教育、商业社区、研究机构和地方创新生态系统的多样性，并没有适用于不同国家和领域的制度特征的通行单一模式。

1. 行动Ⅰ：让知识创新利益共同体融入当地。知识创新利益共同体期望有更多的当地参与者——个人（特别是学生、研究人员）和实体（如创业、规模扩大、大学、研究实验室、非政府组织、地区和城市）——希望他们参与到知识创新利益共同体的三个主要活动方向中，并能够认识到知识三角一体化的益处。以下是活动示例。

（1）教育。知识创新利益共同体设立了针对教育项目的奖学金，开展有针对性的信息活动和网络活动，来积极宣传知识创新利益共同体提供的机会，并激发和促进行业参与到国内和国际教育项目，根据知识三角一体化模型（例如在商业领域）为 EIT 区域创新计划国家的毕业生制订实习计划。

（2）创业。知识创新利益共同体会设立专门的项目使创业公司积极参与其中，并扩大知识创新利益共同体的加速项目，支持创业，提供网络和配对机会，为来自 EIT 区域创新计划国家的中小企业制定实习项目，与当地的商业和创新中心建立伙伴关系。

（3）创新研发。知识创新利益共同体会让当地初创企业参与技术研发和技术转让，让学生受益于创新项目的 EIT 区域创新计划（例如通过特定的奖学金），并运行试点和测试知识创新利益共同体创新项目的结果，并让来自 EIT 区域创新计划国家的研究人员参与知识创新利益共同体创新项目。

2. 行动Ⅱ：国际化的互联网络。除了直接参与知识创新利益共同体活动的本地参与者之外，知识创新利益共同体还应该在国家层面上与知识三角一体化的相关者（例如相关责任国家、区域当局、管理当局、区域机构和实施行动者）合作，来增强人们的意识并从知识三角一体化模型中分享最佳实践经验。

下面是一个方案，它从知识三角的三个方面的相互作用阐释知识创新利益共同体的四个阶段（见表 5-19），从而说明知识创新利益共同体如何发展创新传递机制的成熟创新生态系统。

表 5-19　知识利益共同体的四个阶段

第一阶段	知识三角间的机构相互作用
第二阶段	将研究、教育和商业活动连接起来以促进创新
第三阶段	联合创新创业战略的开发与实施
第四阶段	发展创新生态系统以实现知识创新利益共同体和开放式创新

资料来源：《EIT 区域创新（2018—2020 实施指导方案）》。

知识创新利益共同体应该为基于知识创新利益共同体的创新生态系统的实现和完全成熟做出贡献（第四阶段），但是，他们的行动不应仅限于必要的交流互动（第一阶段）。知识创新利益共同体模型应该通过 EIT 中心推广，并通过智能专业化战略及其实施机制触发协同效应。EIT 中心将会是一个相互交流与发挥经纪作用的平台，同时也是一个分享知识与实践经验的通道。并且，个人、创业公司和其他组织可以通过 EIT 中心分享有关当地创新生态系统的经验。

与 EIT 中心合作的知识创新利益共同体应该执行专题会议和工作会议，确定并发起联合项目和试点项目，起草政策文件等并发布相关出版物。此外，知识创新利益共同体应该协助代表知识三角三个方面的参与者进行沟通合作，并在 EIT 中心部署专业技术来为本地参与者提供指导服务。

在行动Ⅰ与行动Ⅱ中，应该把重点放在确保重点活动可以持续长久发展下去，从而吸引国内外的兴趣、吸引潜在的资金，允许 EIT 区域创新计划活动实施之后，必要时活动依旧能持续进行下去。

3. RIS3 和 EIT RIS 的协同效应。RIS3 的设计首先需要分析区域的特点，并根据区域的能力、机遇、弱点等特性，确立着重创新发展的方向。而 EIT RIS 依赖 RIS3 确立的优先发展的特定创新领域，推进针对性领域的创新活动，刺激创新思想的自由流动，并支持区域内外的项目投资。因此，EIT RIS 可以对那些设计了 RIS3 的区域产生协同效应，同时还可以寻找"知识三角"更好的融合方式，以提高区域的创新能力。

EIT RIS 可以通过与负责智能专业化战略的国家和区域当局、管理当局、区域机构和执行者互动，实现在国家和区域层面上更广阔的影响。具体体现在 KICs 能够在设计、实施并监测智能专业化战略的过程中，在特定领域和知识三角一体化方面提供专业知识，并在这一过程中加强当地"知识三角"之间的联系，在当地形成有效的创新生态系统。同时，KICs 可以通过和当地执行者互动，协助智能专业化战略实施，例如，在设计和实施智能专业化战略时将知识三角一体化的实践经验和方法融入其中。

三、京津冀协同创新的财税政策

2015 年 4 月通过的《京津冀协同发展规划纲要》指出，推动京津冀协同发展是一个重大国家战略。京津冀的整体定位是"以首都为核心的世界级城市群、区域整体协同发展改革引领区、全国创新驱动经济增长新引擎、生态修复环境改善示范区"。

（一）京津冀协同创新的税收优惠政策

党的十八届三中全会决定指出："按照统一税制、公平税负、促进公平竞争的原则，加强对税收优惠特别是区域税收优惠政策的规范管理。税收优惠政策统一由专门税收法律法规规定，清理规范税收优惠政策。"因此，专为京津冀地区设置税收优惠或者财政补贴促进发展并不是明智之举，会在京津冀地区创造新的"税收洼地"。目前，在北京中关村自主创新示范区先行先试的税收优惠政策，包括技术转让所得企业所得税政策、研发费用加计扣除、完善股权激励和技术入股所得税政策等与创新相关的财税政策均已推广至全国，京津冀三地的财税政策已经基本统一。但三个地区由于发展定位不同，仍存在极个别的政策差异，如天津空港保险产业园规定针对保险法人机构，空港会提供 10 年增值税、所得税（包括高管个人所得税）方面的支持。如果不是法人机构，比如是法人机构分支，包括省市一级分支，空港也有 5 年到 7 年在几个主要税种方面的奖励。①

目前，根据财税〔2017〕38 号《财政部 国家税务总局关于创业投资企

---

① http://www.bh.gov.cn/html/BHXQZWW/TZZC26515/2017-11-07/Detail_951407.htm。

业和天使投资个人有关税收试点政策的通知》，享受本通知规定税收试点政策的创业投资企业和享受税收试点政策的天使投资个人投资的初创科技型企业都须位于规定的试点地区，而京津冀正是 8 个全面创新改革试验区域之一。京津冀作为一个整体享受一致的试点政策，这很大程度上改变了过去与创新相关的财税政策只在中关村自主创新示范区等地试点，使得京津冀三地出现税收政策不统一的状况。

（二）京津冀三地间产业转移税收分享机制

根据财预〔2015〕92 号《京津冀协同发展产业转移对接企业税收收入分享办法》，符合规定的①迁出企业的增值税、企业所得税、营业税将在一定年限内在迁入地区和迁出地区以 50%：50%比例分享。分享的上限是企业迁移前三年缴纳的"三税"总和，达到分享上限后，迁出地区不再分享。若三年仍未达到分享上限，分享期限再延长两年，此后迁出地区不再分享，由中央财政一次性给予迁出地区适当补助。

除此之外，《分享办法》对划转数额、资金结算等税收分配操作事项进行了明确规定，推动迁出地与迁入地之间建立财政利益共享机制，促进区域间产业合理流动和布局。

（三）京津冀的征管政策

2014 年 10 月 29 日北京、天津、河北三地的国税、地税局联合签订《京津冀协同发展税收合作框架协议》（以下简称《协议》），标志着三地税务部门的战略合作关系正式确立，也确立了三地税收协同发展的新格局。《协议》旨在通过建立统一的纳税服务平台，采取资质互认、征管互助、信息互通等"一统三互"工作措施，增强区域的税收实力和整体竞争力，共同推进区域税收现代化建设。

《北京市科学技术委员会关于建设京津冀协同创新共同体的工作方案（2015—2017）》也提出完善协同创新三个机制，即政策互动机制、资源共享机制以及市场开放机制，具体包括在京津冀区域内实现高新技术企业互认备案、科技成果处置收益统一化，以及推行创新券制度等相关政策的研究。

（四）京津冀投资基金现状

2014 年 12 月，首钢总公司发起设立了首钢基金，管理 200 亿元规模的京冀协同产业发展投资基金。该基金大力推进唐曹铁路等基础设施项目，帮助解决唐山市曹妃甸区项目融资难的问题。

---

① 符合规定的企业是由迁出地区政府主导、符合迁入地区产业布局条件，且迁出前三年内年均缴纳"三税"大于或等于 2 000 万元的企业。具体企业名单，由迁入地区、迁出地区省级政府分别统计、共同确认。属于市场行为的自由迁移企业，不纳入分享范围。

京津冀发布的 2015 年的预算草案报告显示，北京将投入 61 亿元用来推动京津冀协同发展，其中投入 50.7 亿元支持"率先突破"三个重点领域：支持交通率先突破，推动新机场拆迁，打通国家高速路网和干线公路"瓶颈路"；支持生态率先突破，保障张承生态功能区水源保护林建设；支持产业率先突破，打造京津冀协同发展产业投资基金，计划 2014—2018 年每年投入 25 亿元用来支持本市外迁企业入驻河北产业园区综合服务项目。

京津冀产业协同发展投资基金成立大会于 2017 年 9 月 30 日在北京召开，由国家发展和改革委员会、财政部、工业和信息化部牵头发起，联合北京市、天津市、河北省，以及国家开发投资公司、招商局集团、中国工商银行、清华大学等其他投资主体共同出资设立。京津冀产业协同发展投资基金首期规模 100 亿元，基金采用有限合伙制形式设立，是国家出资引导社会资本参与的第一支京津冀协同发展专项投资基金，进一步推动了政府和社会出资人的多元化参与。

四、欧盟协同创新政策对京津冀的启示

（一）结合欧盟区域发展基金，细化投资基金用途

1. 确定优先重点领域，如研发创新、提高中小企业的竞争力。北京的 2016 年度预算执行情况显示，北京市已在推进交通、生态、产业三个重点领域"率先突破"投入 88.7 亿元。但京津冀还需将以下方面作为推动创新的重点。

（1）将研发创新作为京津冀优先重点领域之一。大力建设京津冀研发创新的基础设施并提升其能力；促进对研发创新的商业投资，发展企业、研发中心与高等教育部门之间的协同创新，譬如在生产、社会创新、生态创新、服务发展和公共服务应用等方向上进行合作，并在支持智能专业化方面积极开放创新；创立针对京津冀发展的能力中心，以专门向京津冀提供专业化的协助。

（2）将提升中小企业的竞争力同样作为京津冀优先重点领域之一。政府应直接支援中小企业投资，使其更具创新性，更多地利用信息通信技术来获取技能，以增加和保障可持续性的就业机会；通过企业孵化器等方式，培育新公司和激发对经济开发的新想法；发展并实施新的中小企业商业模型，并着重于朝着国际化的方向发展；降低它们立足于京津冀通往全球市场的准入门槛，支持中小企业在京津冀区域、国内以及国际市场中提升能力、获得成长，并且参与到创新过程中；投资人力资本和提供实用型职业教育和培训的机构；培养企业家、管理人员和工人，使他们能够适应新的挑战；与研究中

心和大学建立有价值的联系以促进创新；开发绿色经济、可持续旅游、健康和社会服务等新的增长点。

2. 较发达、过渡和欠发达地区用于优先领域的资金比例不同。将京津冀各地区进行细分，将其划分为经济较发达、过渡和欠发达三种甚至更细致的不同地区，使得用于优先领域的资金比例将根据不同地区而促进调整，以消除各地区之间的差异，实施对京津冀因地制宜的投资措施。

3. 将资金用于某一特定用途，如环保、特定区域。在建设京津冀低碳经济（如可再生能源、提高能源效率、清洁城市交通和自行车道）方面，确定每年投资的最低限额，以确保推动低碳经济的运转，同时根据京津冀不同地区做出资金分配比例的进一步细分。

对京津冀中特定区域的发展，着重规定资金投入的比例。例如，将对一些天然地理位置较差的不发达区域重点关注（如河北省的部分地区），以消除地理因素带来的发展劣势。

4. 不同基金关注不同园区。设立投资范围相异的基金，以针对京津冀特定园区（如中关村国家自主创新示范区、天津滨海新区、河北曹妃甸中华工业循环经济示范区、沧州渤海新区、秦皇岛经济技术开发区等）进行投资。例如，可设立旨在消除地区间经济社会差异与失衡的基金，投资于欠发达地区的建设；可设立针对就业发展的基金，对促进就业和支持劳工流动，促进社会包容和消除贫困，提升制度能力和公共管理等方向作出资金推动。

（二）结合欧盟中小企业工具，完善对小微企业扶持

1. 京津冀小微企业现状。小微企业即小型微利企业，是指从事国家非限制和禁止行业，并符合下列条件的企业：工业企业，年度应纳税所得额不超过 50 万元，从业人数不超过 100 人，资产总额不超过 3 000 万元；其他企业，年度应纳税所得额不超过 50 万元，从业人数不超过 80 人，资产总额不超过 1 000 万元。

自 2014 年开始，我国小微企业的数量大幅增长，其创造的 GDP、销售收入、利税占中国经济总量的一半以上，是中国经济的半边天。可是，目前，小微企业的生存也面临很多困难，小微企业融资难、成本高、渠道少，缺少法律法规、市场环境等外部配套政策的支持，不仅如此，产权不明晰、缺乏核心技术成为制约小微企业发展的根本。

尤其在京津冀地区，面对激烈的市场竞争和经济发展新态势，小微企业的发展不能再像之前那样走高耗能道路。应以创新为驱动，最大限度利用创业资源，以更高的效率、更低的成本开拓集智创新、便捷创业，将压力化为动力。

近年来，财政部为进一步加大对小微企业的支持力度，帮助小微企业持续健康发展，缓解小微企业融资难、融资贵困境：对金融机构向小微企业、微型企业发放的小额贷利息收入免征增值税；将小型微利企业的年应纳税所得额上限由30万元提高至50万元，对年应纳税所得额低于50万元（含50万元）的小型微利企业，其所得减按50%计入应纳税所得额，按20%的税率缴纳企业所得税；自2018年1月1日至2020年12月31日，继续对月销售额2万元（含本数）至3万元的增值税小规模纳税人，免征增值税。

2. 优秀小微企业的筛选及其评价标准。欧盟的中小企业工具是通过分时段、分阶段开放申请资金和商业服务的通道，并通过对中小企业的评估后有选择性地对其中的优秀者予以帮助。

对应欧盟中小企业工具侧重评估的第一、二阶段，京津冀也应建立相应评估小微企业的标准体系，筛选出优秀的小微企业，为后续的资金支持和指导培训选出合适的帮助对象。可以借鉴欧盟模式，制定评估标准，选定评估团队，按周期开放申请通道，让小微企业主动争取自己的未来。对于小微企业的评估标准，可以参照欧盟中小企业工具中的影响、品质、质量和效益，并结合中国实际适当增减并设立。这样做有助于充分调动中小企业的积极性、主动性和创造性，使其在竞争中不断加深对自身优缺点的认识，得到精准的项目支持。这有利于减少资金和资源的浪费，从长远看，也有利于产业结构转型升级，保持经济的活力，为市场注入资金，使得整个区域联动起来。

3. 给予小微企业资金支持和指导培训。对应欧盟中小企业工具侧重资金和指导的第三阶段，京津冀可以在实施税收优惠政策的基础上，给在评估中取得良好成绩的小微企业提供资金支持和商业创新指导。

小微企业融资难、融资慢、资金紧张，政府为小微企业提供资金，自然可解其燃眉之急。这样可以为小微企业打下扎实的经济基础、维持其基本运作，为长远的创新发展做好铺垫。商业创新指导则可为小微企业答疑解惑，调整创新创业方向。同时，商业创新顾问为小微企业所提供的资源网络和国际机会也可以使小微企业拓宽市场、打开国际视野，转型升级、促进创新；能给暂时处于低潮期的小微企业一个重生的机会，也可以给正在运作的小微企业进一步发展的平台，还能够促进其创新发展，帮助小微企业家开阔视野。

（三）结合S3平台，搭建京津冀共享平台

京津冀目前没有专属共享平台，可以结合欧盟S3平台，尝试搭建京津冀共享平台，加快实践财税、数据、资源等方面的一体化进程。

1. 促进京津冀税收征管一体化。京津冀应当建立统一高效的征管体制，提高纳税遵从度，消除因征管因素造成的地区间税负不公。可以考虑通过平台的形式促进税务机关之间加强交流与合作，共同提高管理水平。具体内容包括：

（1）统一税务信息管理。加大京津冀一体化征管工作税收信息和网络化建设力度，实现税源信息、政策信息、政府其他信息的共享，使得三地的税务机关干部可以通过平台学习借鉴各地的税收优惠政策体系，使用发票统一查询系统等，并进一步推进三地财税政策的统一。同时，在三地间搭建风险防控预警系统，建立纳税评估模型，推广三地行之有效的行业分析模型，形成完备的风险防控体系。除此之外，可以建立三地税收收入综合数据库，定期开展税收收入数据关联分析，将税收分析放到京津冀一体化征管工作大环境中进行，查找区域间税赋差距，为公平税负提供支撑。

（2）统一税务登记业务。在京津冀范围内实现变更登记便利化，实现纳税人在京津冀经济圈自由从事生产经营活动，方便企业办理变更，促进企业在京津冀横向流动，同时减少税务机关工作量。

（3）统一发票管理。北京企业在天津有很多分支机构，若为非独立核算分支机构领取发票，比较麻烦，有的企业要往返两地领购发票。可以尝试通过进一步改革纸质发票和探索推行网络发票两种方式，达到统一三地发票管理的目的。①

（4）提升纳税服务。在京津冀地区的范围内，以企业需求为导向，进一步提供、优化纳税人跨省市交易的服务，具体包括税法宣传、纳税辅导等。

2. 促进京津冀数据、资源等全方位一体化。在2016年12月举行的京津冀大数据综合试验区建设启动大会上，京津冀三地共同发布了《京津冀大数据综合试验区建设方案》。方案提出，到2020年底，京津冀初步建立大数据服务新体系。打造以北京为创新核心、天津为综合支撑、河北做承接转化的大数据产业一体化格局，并推动三地在交通、航运、环保、旅游、大健康、教育、创新创业等领域的大数据创新应用示范与民生应用。

在尝试搭建大数据服务新体系的过程中，可以参考欧盟S3平台，关注地区之间的数据对比并关注创新指标的数据收集，推进京津冀数据资源的集聚。京津冀的平台建设不仅应该包括区域的数据共享，还应该包括创新人才资源共享、科技资源共享等。通过加强科技人才联合培养与交流合作，健全跨区域人才多向流动机制，联合京津冀科研机构、高等院校、龙头企业、重点实验室、工程技术研究中心、孵化器、产业技术研究院等机构，全方位推进京

---

① http://info.hebei.gov.cn/hbszfxxgk/329975/330000/330408/6378107/index.html。

津冀的一体化进程，更好地实现区域的协同创新和发展。

(四) 结合区域创新计划，提升综合创新能力

1. 通过"创新排行"工具针对性地提高区域创新能力。类似于"欧盟创新排行"，我们也可根据京津冀各地区的创新表现优劣并借助于排行工具将各地区划分开来，使各地区的创新情况一目了然。可根据在技能、创业和公私合作创新伙伴关系上的投资情况等，与以往创新数据比较，得出排行。

针对此创新排行，应设计出必要的、适应我国国情的分析框架。分析框架可包含主要指标，可从研究体系的构建、投资支出、创新成果及其影响力四个方面分析京津冀区域的创新。

2. 通过知识创新利益共同体，提高创新能力较弱地区的创新水平。

第一，产学研（知识三角）合作。我国应确立针对京津冀发展区域的区域创新计划，并建立知识创新利益共同体。区域创新计划的主要目的是通过同拥有"知识三角"即良好的教育、研究和商业环境的先进实体合作和互联，推进创新并支持可能产生创新或取得创新性突破的领域。

知识创新利益共同体旨在为京津冀各地区设计最适合各自的战略，使每一个创新区域都拥有和计划吻合的、完全属于自己的区域创新计划战略，从而大力促进它们形成有效可行的成果，扩大其在知识创新利益共同体的参与度并传递良好的实践经验和技术。

通过知识三角合作，个人（特别是学生、研究人员）和实体（如大学、研究实验室、非政府组织、地区和城市）参与者将参与到知识创新利益共同体的主要活动中：改善教育、刺激创业和促进研发创新。其中，改善教育包括提供奖学金、企业实习机会、国内和国际的教育项目参与机会；刺激创业包括设立专门的项目使创业企业参与其中，并与当地的商业和创新中心建立伙伴关系，增进创业的可持续发展；促进研发创新包括提供初创企业参与技术研发和技术转让的机会、运行试点创新项目的结果等。

第二，与各部门、机构共同构建创新的生态系统。除了在参与者的层面可以提高创新能力，我国还应从国家层面推动京津冀区域所包含的政府当局、区域机构和行动实施者等进行充分合作，以提升三地整体的创新意识，最终构建出一个成熟的创新生态系统。该系统不仅应让各个参与创新研发的个人或实体进行经验交流，还应多开设专题会议和工作会议、确定并发起联合项目和试点项目、起草政策文件并推动相关书籍的出版，最重要的是，该系统应协助"知识三角"不同参与者的沟通交流，成为一个拥有良好机制的服务平台。

3. 政策间的协同效应。政策间的协同必不可少。针对京津冀的区域创新

计划与京津冀各区域的创新战略，应进行相互协调并随时补充。譬如，京津冀的区域创新计划可以通过创新战略确立的优先发展的特定创新领域，推进针对性领域的创新活动；创新战略可以在和当地参与者的互动中，协助智能专业化战略实施。

第六章　京津冀区域基本医疗保险统筹层次研究

第一节　研究背景与理论综述

在中国的社会医疗保障体系中，基本医疗保险起初是指与社会主义初级阶段的生产力发展水平相适应，根据当时财政、企业和个人的承受能力，只能保障职工的基本医疗需求的一种社会医疗保险制度，它是涉及面最广、内部关系最复杂的一项保险，在整个社会医疗保障体系中占有重要地位。经过十多年的改革，特别是"十一五"期间的深化改革和大力推进完善，以所谓的"3+1"模式（城镇职工医疗保险、城镇居民医疗保险、新型农村合作医疗加上城乡社会医疗救助制度）为主要内容和基本格局的社会医疗保障体系已经初步覆盖了全体城乡居民。

统筹，即通盘筹划，原指劳动保险制度基金的统筹管理，包括养老保险基金、医疗保险基金、工伤保险基金和生育保险基金等。医疗保险统筹层次可以理解为执行统一政策、统一基金管理区域范围的大小，达到基金共济、分散风险和服务参保人的目的。在我国，医疗保险统筹层次由高到低可以分为全国统筹、省级统筹、地市级统筹和县区级统筹。国务院建立城镇职工基本医疗保险制度时，规定原则上以地级以上行政区（包括地、市、州）为职工基本医疗保险统筹单位，也可以县（市）为统筹单位。所有单位及职工都要按属地管理参加所在统筹地区的基本医疗保险，执行统一政策，享受统一的待遇，实行基本医疗保险基金的统一筹集、使用和管理。

2014年以来，中央提出优化经济发展空间格局，重点实施"一带一路"倡议、京津冀协同发展战略、长江经济带战略。京津冀协同发展也成了国家重点实施的战略之一。在京津冀协同发展背景下研究三地基本医疗保险统筹层次，有很强的理论和现实意义：

第一，基本医疗保险作为限制人口自由流动的制度性壁垒之一，从长远来看，其协同发展对京津冀区域实现协同发展尤为重要。

第二，京津冀基本医疗保险协同发展，有利于实现三地基本公共服务均等化。

第三，基本医疗保险统筹层次的提高是全国医改的重要内容，对京津冀协同发展下的基本医疗保险统筹层次的研究，对其他区域以及全国的医疗保险改革具有重要的借鉴意义。

就国内外相关研究来看，国外学者比较一致的观点是：赞成提高统筹层次。"统筹"即"pooling"，表示基金风险池，卫生系统在小的、碎片化的风险分散池状态下很难发展，尽量集中化的风险池设计才可能是最优的风险分散池（Peter C. Smitha & Sophie N. Witterb）。建立医疗保险基金风险管理和评估机制重新分配资源，提高统筹层次，是欧洲实行社会医疗保险改革的重点措施之一（Llias Mossialos，Anna Dixon，Josep Figueras，Joe Kutzin）。但是，从管理学角度分析，有学者认为中央统筹层面的风险分散池以及最高层级的第三方支付机制会由于信息失真导致效率损失（K. K. Fung）。

国内学者基本赞同提高基本医疗保险统筹层次（胡义芳，2011；胡丹鸯，2011；彭浩然、岳经纶，2012）。至于如何提高统筹层次，学者们则有不同思路。王虎峰（2009）归纳出提高统筹层次的"两代模式"的观点。第一代模式为"单纯统收统支"，将社会医疗保险中原本存在的多个医疗保险基金合并为一个全国或者全地区性的医疗保险基金，与此同时将管理权转由全国医疗保险基金掌控。第二代模式是"基于风险管理与评估进行统收统支"：建立一个中央层面的基金筹资再分配机构，对部分或全部投保收入实行再分配，达到合并地区或全国风险分散的目的，同时也可以有效地控制支出风险。他还认为，采用第二代提高统筹层次模式更有利于我国社会经济发展。丁婷婷（2010）认为，基于对中国医疗保险立法滞后、制度建设现状和提高统筹层次所应具备的条件等方面的综合分析，提高统筹层次应该分制度、分阶段、分区域推进。韩璐（2016）具体研究了京津冀医疗保险协同发展问题，提出京津冀需要建立一种政府间开放性协作的机制，针对流动人口设立明确的参保原则，重点解决京津冀医疗保险转移接续存在的矛盾，在京津冀基本公共服务均等化的基础上，逐步实现区域间医疗保障制度的整合，使京津冀实现医疗保险一体化发展。本章以此为基础，对京津冀基本医疗保险开展实证研究，提出相关政策建议。

第二节　京津冀基本医疗保险统筹层次现状分析

一、京津冀基本医疗保险统筹层次现状及其差异

（一）京津冀基本医疗保险统筹层次现状分析

2009年以前，我国除北京、天津、上海、重庆4个直辖市原则上在全市

范围内实行统筹以外,其余地区实行的都是市级或县级统筹。各统筹地区制定各自的医疗保险制度、经办管理程序,彼此独立,互不相通,统筹层次过低导致医保覆盖面和参保率不高,抗风险能力较弱,医疗保险管理各自为政等弊端出现。我国近几年来通过《社会保险法》和深化医改一系列文件对其进行调整改革,如表6-1所示。

表6-1 中国基本医疗保险统筹层次比较一览表

项目	城镇职工基本医疗保险	城镇居民基本医疗保险
文件	《国务院关于建立城镇职工基本医疗保险制度的决定》(1998)	《关于做好2008年城镇居民基本医疗保险试点工作的通知》(2008)
政策规定的统筹层次	原则上以地级以上行政区(包括地、市、州、盟),也可以县(市)为统筹单位	各地应探索实行地级统筹。经济社会发展水平较高的地区,应实行地级统筹。条件不具备的,可以县(市)统筹
实际统筹层次	绝大多数以县(市)为统筹单位,少数地区在探索实施地(市)级统筹阶段	部分地区参考职工医保管理,统筹层次一致,部分地区实施地市级统筹或地市级与县区级混合统筹,绝大多数以县(市)为统筹单位,少数试点地区在实施地(市)级统筹

数据来源:根据人力资源及社会保障局网站及相关政策文件整理。

在城镇职工基本医疗保险统筹层次方面,目前北京、天津已经实现了全市统筹,全市城镇职工的缴费标准基本一致,试用同一个标准缴费。河北省统筹单位多、情况复杂,2012年开始逐步实施市级统筹。河北省各市市级统筹发展水平不一样,2012年石家庄最先开始实施市级统筹,其他各市也逐步由县级统筹向市级统筹过渡,但并未在全省范围内实现市级统筹,部分地区由于医保管理水平等方面的因素还存在着县级统筹层次,如表6-2所示。

表6-2 京津冀城镇职工基本医疗保险统筹层次及缴费标准

项目	统筹层次	缴费标准
北京	市级统筹	缴费标准相同
天津	市级统筹	缴费标准相同
河北	少数试点地区在实施市级统筹,有些地区实施市级统筹或市级与县区级混合统筹,部分地区以县为统筹单位	各市缴费标准相同

数据来源:京津冀人力资源及社会保障局网站及相关政策文件整理。

在城镇居民基本医疗保险统筹层次方面，国务院2007年7月发布《关于开展城镇居民基本医疗保险试点的指导意见》，提出2007年在有条件的省份选择2~3个城市启动城镇居民基本医疗保险试点，其中第一批试点城市中包括河北省石家庄、唐山和秦皇岛。2008年《关于做好2008年城镇居民基本医疗保险试点工作的通知》指出，"各地应探索实行地级统筹。经济社会发展水平较高的地区，应实行地级统筹，增强风险共济能力；条件不具备、难以一步到位实行地级统筹的地区，可以在全市范围内统一政策基础上，实行分别管理，分别运作"。北京、天津两市实施市级统筹，全市城镇居民的缴费标准基本一致，试用同一个标准缴费（见表6-3）。而河北省虽然试点较早，但并未在全省范围内实现市级统筹，部分地区还存在着市级与县区级混合统筹、县级统筹，实施市级统筹的城市主要有石家庄市、唐山市、秦皇岛市和廊坊市，但各市实施市级统筹的时间不一致（见表6-4）。

表6-3 京津冀城镇居民基本医疗保险统筹层次及缴费标准

地区	统筹层次	缴费标准
北京市	市级统筹	缴费标准相同
天津市	市级统筹	缴费标准相同
河北省	市、县级统筹	各统筹区域缴费标准不同

数据来源：京津冀人力资源及社会保障局网站及相关政策文件整理。

表6-4 河北省城市城镇居民医保市级统筹城市及实施时间

地区	统筹层次	市级统筹实施时间
石家庄市	市级统筹	2011年
唐山市	市级统筹	2014年
秦皇岛市	市级统筹	2014年
廊坊市	市级统筹	2015年

数据来源：河北省各市人力资源及社会保障局网站及相关政策文件整理。

（二）京津冀基本医疗保险统筹层次差异分析

首先，从城镇职工基本医疗保险实现市级统筹的时间上看，由于北京、天津两市属于直辖市，而直辖市由于其本身特殊的优势，起步早，实现市级统筹的时间明显早于河北省。北京、天津于2001年就已开始实施市级统筹，而河北省在2011年颁布的《河北省人力资源和社会保障厅关于进一步完善城镇基本医疗保险若干政策的意见》中才指出要在全省范围内实行市级统筹试点，逐步建立市级统筹。

其次，从城镇居民基本医疗保险实现市级统筹的时间上看，河北于2007年颁布《河北省人民政府建立城镇居民基本医疗保险制度的实施意见》，北京、天津市分别于2010年、2009年实行城镇居民基本医疗保险。目前京津两地居民医疗保险已实现市级统筹，虽然河北省起步时间早于京津两地，但由于省内各地区政策实施情况不同，2011年才开始逐步向市级统筹过渡，而且目前并未实现市级统筹。

最后，从基本医疗保险统筹层次上看，北京和天津在原则上基本实现了市级统筹，但是由于京津属于直辖市，实际上为省级统筹。而河北省自2012年起才从县级统筹向市级统筹过渡，截至目前并未实现全省范围内的市级统筹。因此，三地的统筹区域并不对等，存在着较大的差异。

二、京津冀异地就医现状分析

在京津冀一体化不断深化的过程中，伴随参保人员的地区间流动，异地就医患者也逐渐增多，但由于三地统筹区域不同、医疗保险制度具体实施的规定存在差异，医疗保险对异地就医支持性差，导致异地就医结算、报销困难，且缺乏有效监管。因此，较低的基本医疗保险统筹层次使得异地就医仍然面临许多难题。

（一）京津冀省内异地就医现状

2009年，中央发布《关于基本医疗保险异地就医结算服务工作的意见》，提出实现异地就医结算服务"三步走"的应对策略：首先，从根源上消除异地就医产生的条件，要求各行政地区要全力提高医保统筹层次，减少参保人员跨统筹地就医产生的结算问题；其次，优先开发省内异地医保直接结算的实现路径；最后，在统筹层次逐步提升至省级后，探索跨省异地医保的结算方式。但受制于当时医保实施状况的限制，《意见》对异地医保结算服务的主要针对群体是异地安置退休人员，另外，《意见》对由于出差、学习及异地转诊等异地就医情况也提出了指导性意见，该意见中主要提出的异地就医结算方法是邮寄报销、代管报销等途径，对省内异地就医直接结算提出建立医保信息系统，实行一卡通结算的建议，对跨省（自治区、直辖市）的异地就医结算主张各省（自治区、直辖市）采取自发建立医保协作平台的方式运行，并未对直接结算提出具体意见。到了2014年，全国27个已建立省级异地就医结算平台的省份中，有15个省份实现了省内异地就医直接结算，省内异地医保直接结算取得了长足进步。同年，人社部发布了《关于进一步做好基本医疗保险异地就医医疗费用结算工作的指导意见》，提出各省要进一步提高统筹层次，完善市级统筹，规范省内异地就医直接结算的经办流程，并提出要对流动人员跨省异地就医直接结算予以完善。

是否存在异地就医是由统筹层次决定的。目前北京、天津已经实现了省级统筹，故并不存在省内异地就医的问题；河北省为贯彻中央异地就医省内直接结算的相关政策，于2014年1月1日起开始实行省内异地就医直接结算，规范了各统筹地区的医保信息系统及医保目录，且建立了省级的医保异地就医结算信息系统，出台了河北省省内异地医保直接结算的具体经办准则，参保人与异地定点医疗机构之间是直接进行结算的，定点医院在发生医疗费用之后，不但要把医疗费用录入河北省基本医疗保险异地就医结算信息系统，还要把相关信息报送给就医地及参保地的医保经办机构及省医保中心，定点医疗机构与参保地和就医地之间对于医疗费用的结算，主要是通过省医保中心及"异地系统"为纽带进行医疗费用的结转。

（二）京津冀跨省异地就医现状

2016年底，人社部出台了《关于做好基本医疗保险跨省异地就医住院医疗费用直接结算工作的通知》。通知规定，到2016年底，基本实现全国联网，启动跨省异地安置退休人员住院医疗费用直接结算工作；2017年开始逐步解决跨省异地安置退休人员住院医疗费用直接结算，年底扩大到符合转诊规定人员的异地就医住院医疗费用直接结算。结合本地户籍和居住证制度改革，逐步将异地长期居住人员和常驻异地工作人员纳入异地就医住院医疗费用直接结算覆盖范围。要坚持规范便捷、循序渐进、有序就医和统一管理的原则。坚持为参保人员提供方便快捷的结算服务，参保人员只需支付按规定由个人承担的住院医疗费用，其他费用由就医地经办机构与定点医疗机构按协议约定审核后支付。坚持先省内后跨省、先住院后门诊、先异地安置后转诊转院、先基本医疗保险后补充保险，结合各地信息系统建设实际情况，优先联通异地就医集中的地区，稳步全面推进直接结算工作。坚持与整合城乡医疗保险制度相结合，与分级诊疗制度的推进相结合，建立合理的转诊就医机制，引导参保人员有序就医。坚持基本医疗保险异地就医政策、流程、结算方式基本稳定，统一将异地就医纳入就医地经办机构与定点医疗机构的谈判协商、总额控制、智能监控、医保医生管理、医疗服务质量监督等各项管理服务范围。

京津冀跨省异地就医问题最多的是河北与北京之间的异地就医问题。目前京津冀跨省异地就医采用的依然是先垫付后报销的方式。整理京津冀跨省异地就医的相关政策规定可以发现，目前跨省医保异地就医结算不但还未实现直接结算，且对可报销的异地就医人群也是有限制的，能够进行异地就医报销的人群主要是异地安置退休人员、长期驻外工作人员以及由于不可抗非自愿的因素发生异地就医的人员。京津冀异地就医类型及报销政策如表 6-5 所示。

表 6-5　京津冀异地就医类型及报销政策汇总

异地就医类型	异地定点医院	报销规定
异地安置和长期驻外工作	一、二、三级医院各选一所，也可根据本人所患病种选择相应的定点专科医院	在选定医院发生的医疗费用先由本人全额垫付，后由参保地标准结算
出差、探亲访友、临时外出	县以上医院	医疗费用先由本人全额垫付，经用人单位核准后，由用人单位与所在区（县）社会保险经办机构结算
转外就医	政策规定的转诊医院、责任医院	医疗费用先由本人全额垫付，交由街道（乡镇）劳动保障服务中心统一送社会保险经办机构审核结算；院校、各类福利机构为单位参保的，由院校、各类福利机构统一交社会保险经办机构审核支付

数据来源：根据京津冀人力资源及社会保障局网站及相关政策文件整理。

随着北京高速发展、外来就业人口增多，出现了诸如燕郊、香河之类的在京务工人员聚居地，这些地区虽属于河北，但是其居民主要工作地点在北京，相关的医保关系也在北京，这类人群不属于京津冀地区异地就医可报销的情况，故他们只有在急诊时才会去最近的燕郊当地医院，遇到大病或者慢性病，通常都选择在北京治疗。这便造成了京津冀地区异地就医比较突出的一个怪现象：虽然北京的医院病床紧张，供不应求，但是在离北京仅有 30 千米的燕达医院，虽然顶着三甲医院的头衔，但其病床的闲置率高达 70%。

为解决这种就医困境，2015 年 1 月，北京市人力资源和社会保障局在市十四届人大三次会议上表示，北京和河北已针对工作在北京但居住在河北的这类人群的异地就医问题，签订了框架协议，提出这类人群可在居住地选择两家定点医院，在定点医院发生的就医费用先全额垫付，再按照北京市城镇职工医疗保险的相关标准进行报销。

目前，京津冀三地医疗保险定点机构已实现互认，但是对于如何实现京津冀跨省异地就医人员医疗费用即时结算，人社部还未颁布相关政策。

（三）京津冀医保转移接续可携带性现状

中央对社会保险转移接续问题的政策最早是由2007年党的十七大报告提出的，报告明确提出要建立全国统一的社会保险关系转移接续办法。2009年国务院印发《关于深化医药卫生体制改革的意见》，指出要做好医疗保险关系转移接续服务。同年，《流动就业人员基本医疗保障关系转移接续替行办法》出台，该办法明确规定城乡各类流动人员不得重复参保，且地区不得设置户籍等参加障碍，并规定了转移接续类型及不同类型的接续办法。为落实《暂行办法》，人力资源和社会保障部于2010年出台了《关于印发流动就业人员基本医疗保险关系转移接续业务经办规程（试行）的通知》（人社险中心函〔2010〕58号），对转移接续手续的相关经办流程做了明确规定，但通知中明确规定该规程只适用于城镇职工医疗保险和城镇居民医疗保险的参保人员。

自2009年人力资源和社会保障部出台医疗保险转移接续暂行办法后，河北与天津相继于2010年5月和2010年7月根据当地实际情况制定了医保转移接续的实施办法和章程。而北京在人社部发〔2009〕191号文件出台后迟迟未推出医疗保险转移接续方法，这一方面是因为人社部文件未对就业概念做详细界定，医保的财政补助并没有随着人口流入而相应纳入北京市医保账户。另一方面是考虑到北京的医保待遇要高于其他省份，实现医保转移接续，可能会吸引更多人口流入；北京作为全国流动人口的主要流入地，若实现基本医疗保险转移接续，这两方面的压力必会威胁到北京基本医疗保险基金的稳定，人力资源和社会保障部的文件对北京来说过于超前。经过两年的研究调整，北京人力资源和社会保障局宣布北京市于2011年7月开始实施医疗保险转移接续办法。对比京津冀三地医疗保险转移接续办法，对相关转入条件要求最为严格的是北京地区，其次是天津，河北医保转移接续的门槛最低。

根据中央发布的相关文件，跨统筹地区就业人员医保关系的转移接续，根据流动就业人员在新统筹地区有无固定接收单位有不同的办法。如果流动就业人员在新统筹地区有固定接收单位，需要参加新就业地区的城镇职工基本医疗保险，若选择在新统筹地区灵活就业，需根据新统筹地区的相关政策规定，按要求参加城镇居民医保或城镇职工医保，流动就业人员转出的医保类型，则根据其在原统筹地区是否正规就业，分别从城镇职工医保或城镇居民医保中转出。

北京市跨统筹地区的医疗保险转移接续办法主要适用于两类人群：一类是跨统筹地在本市有接收单位的流动人员可参加城镇职工医保，但如果该类流动人员在退休后想享受退休人员医保待遇，不但需要满足累计缴费年限达到女满 20 年，男满 25 年的规定，还需要达到北京市按月领取养老金的条件，且实际缴费年限满 10 年以上；另一类是拥有本地户籍，没有接收单位的灵活就业人员，可以从统筹地转入本市城镇职工医保中对灵活就业人员单设的灵活就业人员医保。

天津市的转入要求相对北京来说较低，由于天津城镇职工基本医疗保险自 2001 年 11 月份开始实施，故天津对缴费年限的认定以 2001 年 11 月为分界点分为两个阶段，其规定，2001 年 11 月之前，在原就业地的养老保险缴费年限视同本市基本医疗保险缴费年限；在此之后的，在原就业地的医疗保险缴费年限视同本市医保缴费年限。在天津转入城镇职工医保的人员退休后若享受与一般退休人员同等待遇，在满足天津退休人员累计缴费年限（男 25 年，女 20 年）的基础上，还要具有 5 年的实际缴费年限。

河北省在本省转移接续办法中明确提出，各地不得设置户籍、区域、性别及年龄等参保障碍，参保人员在制度或者统筹地区间进行转移时，原参保地的缴费年限均可在新参保地区连续计算，且无实际缴费年限的限制。

第三节　提高京津冀基本医疗保险统筹层次的制约因素

一、地方资源禀赋、经济发展水平和财力差距过大

受我国现行财政体制的制约，公共服务的供给多是由地方财政资源的投入和分配决定的，地方经济发展水平与财力状况很大程度上影响着我国基本公共服务供给的均等化和一体化水平。京津冀集聚了全国最优质的教育、文化、医疗、科技等资源，近年来区域整体公共服务水平逐渐提升，但三地资源禀赋和发展起点不同，经济发展差距悬殊，北京、天津两市为中央直辖市，经济发达，财力雄厚，城镇化水平较高，政府有较强的能力提供公共服务，而河北经济实力相对较弱，仍处于城市中期阶段，财力有限，对基本公共服务的供应能力相对较弱，这影响了京津冀区域要素流动、功能疏解和协同发展。

从 2010 年到 2015 年，北京、天津的人均 GDP 远远高于河北，北京的地方财政收入远远高于天津、河北两地。由此可见，三地经济发展水平和财政支出能力方面存在巨大差距。以人均国内生产总值为例，2015 年北京为 17 040.28 万元，天津为 15 801.82 万元，河北为 40 143.33 万元，北京人均 GDP 是河北的 4 倍多。这直接影响了各地基本公共服务供给的数量和质量。基本公共服务供给的失衡，三地基本医疗保险水平存在较大差异，进一步阻

碍了京津冀整体基本公共服务的均等化进程。

二、京津冀医疗保险存在制度性障碍

京津冀基本医疗保险制度存在较大差异，要实现三地医疗保险制度的整合存在很大的难度。京津冀三地尚未实现跨省医保的及时结算，医保对接很不顺畅，医疗资源流转程度低，三地报销制度不衔接，带来了异地报销方面的很多障碍。

首先，京津冀基本医疗保险的分类上存在差异。天津的基本医疗保险体系由城镇职工基本医疗保险和城乡居民基本医疗保险两部分构成，而京冀的基本医疗保险体系则包括城镇职工基本医疗保险、城镇居民基本医疗保险及新农合三部分。

其次，京津冀灵活就业人员参保类型存在差异，其医保划分类别及缴费标准各不相同，其中，京冀灵活就业人员参加的是城镇职工医疗保险，而天津灵活就业人员参加的是城乡居民医保。

再次，京津冀医保统筹层次上存在差异。其中，天津实现了全部医保市级统筹，北京除新农合外也实现了其他医保的市级统筹，而河北三种基本医保的统筹层次均处于较低水平，尚未实现全省范围内的统筹。以河北城镇职工医疗保险为例，其虽实现市级统筹，但由于各地市经济发展水平不同，颁布的医疗保险政策也存在很大的差异。例如，石家庄和唐山并未按照用人单位上一年职工工资总额为缴费基数，石家庄职工医疗保险用人单位的缴费基数按本市不同地区的经济发展水平再次细分为四档；唐山的用人单位的缴费基数则是本单位上年度职工工资总额和退休费用之和，这种现状使河北实现全医保省级统筹举步维艰。

最后，京津冀三地由于经济及医疗卫生发展水平不同，其基本医疗保险的筹资标准及待遇水平存在较大的差距。不同统筹地区医疗保险政策差异大，造成异地就医报销困难，转移接续困难。

三、信息化程度过低造成高监管压力及运行负担

京津冀三地间缺乏三地联网、信息共享的医疗保险信息平台。虽然京津冀三地政府都有各自的医疗保险信息数据库，但在实际操作运用中却没有充分发挥其作用。参保人的医疗保险信息只能保存在其参保地的医疗保险数据库中，而不能在异地就医情况发生时，与异地就医地的医疗保险经办机构共享信息资源，这样，当流动人口在异地就医时就无法依据参保人的实际情况控制医疗费用。

另外，异地就医地的相关数据也不能与参保地进行互通，这也给医疗费用的结算带来了很多麻烦，客观上增加了异地报销的难度，不仅导致医疗费用报销周期的延长，影响患者及时获得治疗，同时也不利于对违规违法的医疗行为进行监督管理，造成医疗卫生资源的浪费。

问题的原因主要还在于：第一，缺乏统一、规范的医疗保险风险管理机制以及专业和科学的数据分析方法；第二，三地政府对基本医疗保险的自我经营和管理，缺乏统一的设计思想和长远规划，各统筹区域缺乏信息互通和协作能力，形成了我国流动人口实现公平和便利异地就医的技术壁垒。

在京津冀三地尚未实现跨省异地就医联网直接结算的情况下，医保经办机构的监管压力很大。异地就医直接结算的顺利实现，牵扯到就医地及参保地的经办机构、定点医疗机构，以及凌驾于各类机构之上的总调节机构等多个相关机构，一笔医疗费用的报销要在各个机构之间来回审查确认方可报销，在实现医保异地联网的情况下，整个流程可做到高效精确，但是，目前因为没有囊括京津冀三地医保经办机构、定点医院及医保目录信息的信息系统，地区间未实现联网，医保经办机构很难对异地就医情况进行及时有效监督，在复杂报销流程的任何一个环节上都可能出现道德风险，如很多异地就医人员很可能被就医地的定点医院当作自费病人处理，更有甚者，会利用异地就医地区间联网信息不及时、不准确的空子，伪造病历，套取医保基金。另外，由于京津冀三地医保目录及报销标准不同，跨省异地就医人员所提供的报销凭证及单据，需要经办人员手工核对，不仅难以做到高效迅速，还会加重经办人员的工作负担。

虽然河北已于2014年开始省内异地就医直接结算，但是由于其有176个统筹地区，很大一部分统筹区目前仍在实行手工结算的方式，更不用说建立医保信息系统，而即便那些使用医保信息系统的统筹地区，其所用的医保系统也不尽相同，涉及的软件开发商有十多家。虽然"异地系统"采用全省统一的医保异地结算软件，并不依赖各统筹地区原有的医保系统，但由于医保卡技术不一，医保目录也依然存在很大差别，河北省内异地医保即时结算依然存在很大阻力。

四、医疗保障立法滞后，缺乏相关法律法规的规范和协调

改革开放以来，医疗保障制度改革多是以部门行政规定、改革指导意见或地方性法规形式出台的。立法层次低极易导致实际工作中出现随意性，并缺乏强制力和权威性，不利于维护人们医疗保障的权利，制约了医疗保障制度的发展。由于缺乏相应的法律规定，在基本医疗保险费的征缴、支付、统

筹管理方面极不规范，拒缴、拖欠、挪用各种保险金的现象时有发生。由于缺乏法律的强制力和权威性，应参保而未参保、应缴费而未缴费的问题无法得到及时解决。一旦发生争议，仲裁机构和人民法院一定程度上处于无法可依的状态。

改革中的医疗保险制度多以地方性法规进行规范。京津冀三地间由于经济发展的差异，统筹层次不同，北京和天津为省级统筹，河北主要为市级统筹，且部分地区为县级统筹，这导致出现不同的实施规则，影响不同地区参保人员在京津冀间的自由流动，不利于形成统一劳动力市场，不符合地区之间、多种经济成分之间共同发展的要求，有碍京津冀基本医疗保险协同发展。

第四节 提高京津冀基本医疗保险统筹层次的路径

提高京津冀基本医疗保险统筹层次，最终实现京津冀基本医疗保险统筹层次一体化，有利于京津冀协同发展的实现。这是一个长期的过程，要循序渐进，分阶段有步骤、逐步推行。

一、加强顶层设计，为提高京津冀基本医疗保险统筹层次提供保障

放眼京津冀一体化的宏观背景，京津冀政府应跳出自身统筹区域的视野，考虑建立一种有效政府间协作模式，这是实现京津冀医保制度协同发展的前提。

首先，以欧盟经验为鉴，结合京津冀区域基本医疗保险发展的实际情况，可以考虑在京津冀政府间推广开放性的协作机制。这种机制首先需要由中央政府机构设立一个居于京津冀三地政府部门之上的开放性协调机制的专门领导小组，负责对三地政府的医疗保障政策推行情况进行监督和协调。中央政府可以确立京津冀医疗保险协同发展拟达成的目标，京津冀地方政府可结合自身发展情况就该目标提出意见，专门领导小组在听取当地政府意见的基础上，结合其下设医疗保障专家工作组的建议，提出趋同的政策文件，并交由中央政府审核，文件审核通过后，京津冀三地可根据自身经济、医疗卫生状况的发展情况，制订本地区的行动方案，专门领导小组可要求三地政府定期提交医疗保险发展报告，并对三地进展状况进行评估，同时组织各地区向最佳实践地区学习。如此既可给予三地政府充分操作弹性，又可达成一致的政策目标，达成共识。

其次，在设计统筹方案前，应该做好风险管理和评估工作，充分考虑京津冀三地各独立统筹区之间的政策差异。当然，在设计统筹方案、出台新的

政策时，原则上不应该降低原有的医疗待遇水平，不应该增加单位、个人的缴费负担。总体来说，或者说一般情况下，统筹层次越高，缴费应该越低，就医范围选择越广，待遇水平也会越高，不能把提高统筹层次作为提高基金征收费率的机会。提高统筹层次要坚持方案简单、高效的原则。要正确处理社会主义市场经济条件下效率与公平的关系，研究提高统筹层次的路径也要兼顾公平与效率的关系。

最后，坚持分险种、分区域、分步骤逐步实施的原则。医疗保险有着自身的特点，它的支付形式不是货币，而是医疗服务，包括药品、检查、诊疗和材料等几大项目，具有不可预知性、不可控制性和经常性等特点。可以先明确统筹标准，逐步调整使其相互靠近，然后统一政策，实现更高层次的统筹管理。

二、加强统筹规划，优化京津冀医疗资源配置

优化医疗资源配置，均衡京津冀基本医疗服务水平。一方面，可以站在疏解北京非首都功能的角度，分阶段、有重点、有步骤地将北京部分医院向外挪，避免统筹一体化后，三地就医集中涌向医疗资源较为丰富的北京和天津，加剧医疗资源紧张状况；另一方面，大力为医生多点执业创造便利条件，逐步推行医生跨省市多点执业。

推动京津冀医疗联合体建设，实现三地医疗资源无缝对接，大力加强医联合体内各合作医院双向转诊和单向转诊；消除政策壁垒，打破传统观念，坚定不移地推进三地基本医疗保险统筹一体化。将京津优质医疗资源与河北的医疗资源对接，增加京津在河北的定点医疗机构数，使符合异地就医报销标准的人员在对应定点机构就医时，可按照京津医保的报销标准报销医疗费用，使京津冀异地流动人员方便就医，在舒缓京津地区就医压力的同时，一定程度上可以促进河北地区医疗机构的发展。

加强统筹规划，在京津冀分别实现统筹区内医疗保险制度整合的基础上，逐步实现三地医疗保险制度省际一体化。在这一阶段，要加大对京津冀政府的财政支持，财政资金可由京津冀联合发展专门部门统一调度，完善基金监管机制，使医疗保险缴费标准和补偿水平在京津冀所有参保人员中实现统一。

三、加强监管，促进京津冀地区间基本医疗保险信息共享

探索建立京津冀一体化的跨区域信息共享平台，建立京津冀省际医疗费用即时结算系统。京津冀跨省医疗费用结算系统可参考河北省内异地就医即时结算系统，执行相同结算流程。建立京津冀省际医保中心，将其作为结算

系统的中枢，负责在就医地医保机构和参保地医保机构间进行调度和划拨报销费用。以服务对象的需求为核心，建立京津冀基本医疗保险信息平台，整合各类医疗服务信息，促进京津冀区域内信息共享与对接，探索建立京津冀信息互联、跨区域、跨机构的信息共享机制和公众满意的信息反馈机制，为提高基金统筹层次提供技术和工作的平台。解决好软件开发、网络衔接、数据迁移和接口对接等问题，为顺利实现京津冀基本医疗保险统筹层次的统一，提供有力的技术支持和稳定的工作平台，因为提高统筹层次不仅是政策的统一，还涉及原各独立统筹区各类参保人群的参保缴费资料互认，直接关系到参保人能否正常享受待遇，与参保人的利益息息相关。要提高京津冀医疗机构结算系统的信息化程度，可首先在京津冀异地定点医疗机构使用相同结算软件及结算标准，医院间药品报销目录及医疗费用清单应统一，并采用相同的发票格式，加速医保结算系统的趋同，为京津冀省际医疗费用即时结算系统的建立奠定基础。

同时，在京津冀一体化的跨区域信息共享平台的基础上，推行异地就医表格及京津冀医疗一卡通。京津冀应提高医疗信息的可携带性，对京津冀异地就医人群推行标准化异地就医表格，异地就医表格的对象不但涉及就医者，还包括京津冀三地的各级医保机构及定点医院。异地就医表格的作用涉及社保信息记录、异地就医申请、福利证明、通知及身份证明等方面，不同的对象可以根据需要填写不同的异地就医表格。除此之外，为了增强异地就医即时结算的便利性，缩减异地就医流程，京津冀应尽快推行京津冀医疗一卡通，将其作为就医者身份识别的凭证。定点医疗机构通过刷卡识别就医者的基本医保信息，刷卡后，就医者信息及可补偿的水平会由计算机信息中心的软件系统作出判断，根据就医者的医保类型和报销标准，直接扣除其可报销费用，就医者只需对医保补偿后的金额进行支付。对于由于特殊情况没有及时申请京津冀医疗一卡通的人员，在异地定点机构就医后，可以填写相应的异地就医补充性表格，参保地经办机构经过确认后，将就医者的相关信息反馈给计算机信息中心，由计算机系统自动进行医疗费用的核算。

四、健全法律体系，有序渐进地推动京津冀医保统筹层次一体化

提高京津冀医疗保险的统筹层次，需要政治、法律、行政法规和管理条例等多手段综合治理，需要人力资源和社会保障、财政、税务、卫生、科技信息化和物价等多部门的密切配合。因此，京津冀三地政府应根据中央的指导原则，制订提升医疗保险统筹层次的实施方案，并出台相关的规范性文件。第一，三地共同编制基本医疗保险相应的法律法规，如制定京津冀统一的

《基本医疗保险法》，在法治框架下解决各地之间医疗统筹差异的状况，有效保障各地民众均等地享有基本医疗保险的权益。第二，制定一系列基本医疗保险的法律细则或条例。在核心法律规范的统领下，制定一些涉及基本医疗保险制度、统筹层次、参保原则、异地就医、转移续接等可行性的法律细则或条例，做到有法可依、有章可循。

逐渐统一河北省各地区医疗保险筹资方式、制度框架及待遇水平，加强医保信息系统建设，由统一经办机构进行信息处理。在京津冀分别实现统筹区内医保制度整合的基础上，逐步实现三地医保制度省际一体化。在这一阶段，首先要加大京津冀政府的财政支持，完善基金监管机制，使医疗保险缴费标准和补偿水平在京津冀所有参保人员中实现统一；其次，为进一步优化医疗保险的保障水平，应使医疗保险的保障项目趋于多样化；最后，应不断提高京津冀基本公共卫生服务均等化水平，使三地居民在同一医保待遇水平下，能享受普惠、平等的医疗环境。

第七章 京津冀协同发展中的财政投融资

第一节 财政投融资在京津冀协同发展中的必要性

2015年4月30日，中央政治局会议审议通过的《京津冀协同发展规划纲要》指出，推动京津冀协同发展是一个重大国家战略，要在京津冀交通一体化、生态环境保护、产业升级转移等重点领域率先取得突破。2015年，据财政部估算，三地一体化在未来6年内需投入42万亿元，这也将为三地带来总量超过百万亿元的投资机会。满足京津冀协同发展目标需要的这些资金，不可能也不应该完全通过三省市财政手段来筹集。

首先，京津冀协同发展中绝大多数投资项目如基础设施等投资均属于准公共产品，按照公共产品理论，准公共产品应该由政府和市场共同提供。

其次，京津冀协同发展的实施需要大量的资金，财政可以通过专项支出、补贴、税收优惠等手段提供支持，但最重要的是需"四两拨千斤"式地拉动、引致社会资本跟进，这样才能适应客观需要和市场经济环境，形成京津冀协同发展的资金保障。而且，地方政府可供用于公共投资的资金是有限的，地方财力增长与庞大的公共支出相比捉襟见肘，引进社会资本不仅能够提高效率，也是客观需要。

最后，京津冀协同发展中的交通、环保、产业升级等投资项目需要政府的引导，不可能单独由市场去完成。因此，在政府与市场主体的互动方面，能够真正按照法治化和契约社会的精神，把民间市场主体拉动进来，鼓励实施政府和社会资本合作（PPP）机制，能够充分让市场之手发挥优化作用。

因此，在现有体制机制框架内，地方政府若要保持公共产品持续供给的力度，就需要通过财政投融资手段，充分发挥有限财政资金的引导作用，广泛吸引社会资金，为基础设施等公共服务的关键领域开辟稳定筹资渠道。实现京津冀协同发展目标所需要的大量资金，客观上有相当部分需要以与之相配套的财政投融资制度安排和不断深化改革与创新的投融资手段来进行筹集。

通过京津冀财政投融资的运作，不仅能直接满足投资对象对外部资金的部分需要，更为重要的是，能引导商业银行贷款和企业投资的方向，使其与政府产业政策方向相一致。由于财政投融资体现了政府的意志，反映了政府扶植的重点对象，凡能得到政府性贷款的企业或行业，都会受到商业银行的注意，并愿意承担项目的配套投资资金，从而使该企业或行业得到支持和成长。京津冀财政投融资的大力开展会带动企业和商业银行的资金投入到京津冀协调发展的建设中，大大促进京津冀一体化的实现。

第二节 京津冀协同发展中财政投融资的现状

财政投融资作为一种财政与金融结合的手段，主要应用于基础设施等领域。基础设施项目通常具有投资规模大、建设周期长的特点，需要长期资金。目前融资渠道主要包括：政府部门作为投资主体，通过财政专项资金预算拨款；商业银行与政府及其所控股企业间的"政治关系"，使其易于获取长期、低利率且金额更大的贷款额度；股票、债券、信托产品等金融工具，以不同的方式和期限为基础设施建设提供中长期资金。

一、地方政府投融资平台

地方政府投融资平台是指地方政府为了融资用于城市基础设施的投资建设，所组建的城市建设投资公司（通常简称"城投公司"）、城建开发公司、城建资产经营公司等各种不同类型的公司，这些公司通过地方政府所划拨的土地等资产组建一个资产和现金流大致可以达到融资标准的公司，必要时辅之以财政补贴等方式作为还款承诺，重点将融入的资金投入市政建设、公用事业等项目之中。京津冀协同发展过程中，地方政府投融资平台起着重要的作用，但由于近年来地方政府投融资平台引起的地方债问题受到广泛关注，国家加大了对地方政府投融资平台的整顿，保留下来的地方政府投融资平台主要通过发行债券、银行贷款等方式进行投融资支持京津冀协同发展。

二、政策性银行

以国家开发银行为例。国家开发银行与京津冀三地政府已经签署《开放性金融支持京津冀协同发展合作备忘录》，于2015—2017年安排2.1万亿元融资额，为京津冀协同发展提供金融信贷支持。作为我国政府的开发性金融机构，国家开发银行长期以来大力支持京津冀地区经济社会发展，配合国家资金、加强金融合作、引领社会资金，共同为京津冀协同发展提供大额、稳定、长期、可持续的资金支持。以交通、生态环保、产业等三大率先突破领域为重点，发挥"投贷债租证"综合金融服务优势，创新支持京津冀协同发展。同时探索财政投融资新模式，设立专项建设基金，以股权投资方式解决重大项目资本金不足的问题，通过投贷、债贷结合等方式在基础设施和公共服务设施建设领域，推广政府和社会资本合作（PPP）、政府采购，探索多种类型的PPP模式实现路径。

三、政府与商业银行签署产业基金

例如，平安银行与河北省政府签署了额度为2 000亿元的"平安兴冀"产业基金。而在未来几年，该产业基金将向河北投放不超过2 000亿元，重点用于河北综合交通体系建设、京津冀城市空间功能布局重构、产业承接与转型升级、生态环境保护等项目。另外，平安银行石家庄分行与石家庄国控投资集团有限公司签署合作协议，共同发起规模为300亿元的石家庄城市建设配套产业基金；与唐山金融发展集团有限公司签署合作协议，共同发起200亿元的平安唐山城市发展产业基金。京津冀一体化对金融服务存在着巨大的需求，同时也对金融机构的服务模式与质量提出了更高的要求。银行可以借鉴产业基金等创新金融模式为相关的企业和行业提供服务。

四、京津冀共同发展基金的建立

（一）设立"一司一金"

中关村协同发展投资有限公司和中关村协同创新投资基金（即"一司一金"）的设立，是推动区域协同发展又一创新举措，是集团服务京津冀协同发展、服务北京非首都核心功能疏解和"高精尖"经济结构构建的重要工作布局。基金通过政府资金引导，吸收社会资本参与的方式，放大政府资金使用效能，并依托中关村发展集团在投融资领域的丰富经验，实现市场化管理和运作，促进区域协同，打造创新生态，助推产业升级，实现共赢发展。

（二）设立PPP京津冀协同发展基金

PPP京津冀协同发展基金是全国第一个区域性基金。该基金总规模初步拟定为100亿元，在三年内分批落实到位。其中，河北省财政出资10亿元作为引导基金，银行机构、保险、信托资金以及其他社会资本出资90亿元，2016年河北省财政已出资3亿元。基金将用于支持河北区域内纳入省级PPP项目库且通过物有所值评价和财政承受能力论证的PPP项目，以及京津冀协同发展战略背景下的优质项目，助推京津冀协同发展战略实施。

建立PPP京津冀协同发展基金，有助于创新河北省重点基础设施和公共服务领域投融资管理机制，增加公共产品和服务供给。同时，可发挥引导示范效应，吸引更多的社会资金、民间资本进入河北省 PPP 领域。另外，发挥少量财政资金的"种子"作用，撬动金融和社会资本，达到基金 10 倍的放大效果，扩大基金对项目投入的规模和力度。

（三）设立京津冀产业结构调整引导基金

京津冀产业结构引导基金已在天津正式挂牌成立。该基金设立的初衷，就是为了让京津冀的产业和资源以金融作为纽带有效流动起来。天津市京津冀产业结构调整引导基金作为母基金，发挥财政资金的杠杆放大效应，撬动数百亿元的社会资本。基金将在高端装备制造、高技术产业、精密制造、互联网+、现代服务业等领域形成一批具有核心自主知识产权、创新创业示范效应明显的特色产业集群，推进供给侧结构性改革。京津冀产业结构调整引导基金由天津市和滨海新区两级财政共同出资，未来将对接到国家发改委牵头设立的京津冀协同发展基金和京津冀产业结构调整基金，成为"国字号"基金项目。

第三节 京津冀协同发展中财政投融资方面存在的问题

一、财政投融资体制有待进一步协调规范

京津冀三地的财政投融资前几年主要依赖三地各自的地方政府投融资平台，而且手段也主要是银行信贷。近一两年以来，尤其是随着 PPP 的大力发展，三地新上 PPP 项目日益增多。但有些项目存在一定的盲目性，尤其需要三地协调配合，进一步规范。其问题具体表现在以下几方面。

（一）跨界基础设施共建成本分摊机制尚不完善

基础设施本身存在的外部性与"搭便车"问题，再加上京津冀三地本身在财政投融资方面存在的差异性，使得跨界基础设施的共建成本分摊有一定的难度。基础设施建设对推动区域经济发展起着不可忽视的作用，以交通为例，京津冀系统发展首先把交通一体化作为先行领域，构建互联互通的综合交通网络需要财政投融资的支持，而其中必然会涉及成本分摊机制。

（二）投资总量不足与主体单一

随着京津冀协同发展的步伐加快，由资金短缺导致的城市公共产品的供求矛盾日益突出。相对于城市化快速发展的要求，城市公共产品的投资总量仍然不足，人均享用的设施水平仍然不高，特别是市政工程、城市道路及与生态环境相关的城市污水处理和垃圾处理设施不足，管网建设不配套，仅靠政府筹集建设资金难以满足实际需求。与此同时，由于管理体制和运行机制的不科学而导致低效率和低水平服务现象也十分突出。重复建设使本来就有限的资金又被大量浪费掉,这更加剧了资金短缺的矛盾。同时,投资主体单一。目前,城市基础设施,无论其经营状况如何,都是以政府投资为主的,政企不分、垄断经营的现象仍较为严重。由于政策环境或利益激励机制不完善等原因,社会资本进入仍然存在着一定的困难。

(三)京津冀三地投融资水平存在差异

首先,河北省在京津冀协同发展过程中基础设施建设的融资需求更大,但其融资能力弱,资金缺口大。其原因,一是河北省财政力量薄弱,对基础设施建设的财政支持力度有限;二是河北省资本市场与京津差距明显,而且企业利用资本市场发展意识不足。

其次,就融资成本而言,津冀地区融资成本明显高于北京。利用利率下浮贷款占总贷款的比重作为衡量标准,2013年北京地区利率下浮贷款占比为43.13%,天津为10.45%,河北为5.11%。北京利率下浮贷款占比明显高于天津和河北,较高的资金成本成为北京企业外迁的重要障碍,必然不利于北京非首都功能的疏解。

最后,就融资的市场化程度而言,津冀也有明显差距。

二、京津冀财政投融资发展载体不足

(1)京津冀协同发展战略对政策性银行手段存在惯性依赖。"投融资"这个词最早于1993出现在国务院文件中。1994年,国家成立了三家政策性银行,正式施行财政投融资政策。财政投融资是政府为实现一定的产业政策和其他政策目标,通过国家信用方式筹集资金,由财政统一掌握管理,并根据国民经济和社会发展规划,以出资(入股)或融资(贷款)方式,将资金投向急需发展的部门、企业或事业的一种资金融通活动。其典型做法是:按照统一规划,先由国家开发银行等政策性银行,通过财政投融资等渠道筹集资金,然后采取政府控股、参股和政策性优惠贷款等形式进行投资。政策性金融手段安排是国内政策性金融机构支持国家区域战略的"惯性"做法,这一做法一方面受制于中国政策性金融体系改革没有到位,原有的以国家开发银行、中国进出口银行和中国农业发展银行为主体的政策性金融体系已经远远不能够适应中国现状,另一方面受制于京津冀三地行政区域划分而形成的三地金融合作机制"惯性"缺失,其资金支持额度和方法无法满足京津冀协同发展目标所需求的巨大资金量。

(2)京津冀协同发展财政投融资的业态和环境载体发挥作用受限。政府资金与市场资本进行结合,必须找准结合点,依靠特定的业态和环境载体发挥作用。目前京津冀协同发展载体有两方面不足:

一是业态载体不足。虽然已同政策性银行开展特定合作，但至今还未设进出口银行分支机构，同"一带一路"建设、环渤海开发开放不太适应；虽然设有产业投资引导基金，但PPP基金等先进基金业态尚未建立；省级金融控股公司尚未建立。

二是环境载体不足。河北全省金融产业发展水平较低，财政金融联动缺乏区域性金融中心支撑，金融生态环境亟须改善。

(3) 财政投融资可以简单概括为财政和金融的合作。财政和金融工具分类组合，理论上可创新出更多工具。京津冀协同发展投融资多侧重于政策性基金、财政资金贷款贴息、银政保等传统融资方式，主要依靠商业银行贷款获得资本，虽然已采用了风险补偿金、政府购买服务、PPP等融资方式，但独创性较少，多为被动推行或借鉴外地经验，创新手段整体不足。建立规范化、市场化和多元化的地方政府融资渠道，应成为中国今后一段时期融资模式创新和发展的大趋势，京津冀协同发展也应该向这一方向努力。

三、京津冀三地不断攀升的高额债务对财政投融资构成一定的压力

近年来，京津冀地方政府性债务规模对三地构成较大的偿债压力，其原因之一就在于不断加大的对基础设施的投资。以交通为例，可收费和经营的交通基础设施项目（收费公路、铁路、港口、机场）基本上都是采用资本金加债务融资的方式建设，债务融资主要是银行贷款（占项目总投资的比例一般都为50%~60%）。其中"贷款修路，收费还贷"是最典型的模式。除了一些收益较好的项目如港口等以吸引社会资本为主，其他都主要以政府投资为主，导致政府性债务进一步加大。在京津冀协同发展过程中，此类基础设施势必会进一步加大投资规模，而各地政府在债台已经高筑的情形下，如何更大力度吸引社会资本、减轻财政负担，显得尤为重要。对于建设周期长、收益难以覆盖成本的基础设施项目，尤其是跨界的基础设施项目，如何处理政府与市场之间以及三地政府之间的关系，难度很大。

第四节 促进京津冀协同发展的财政投融资策略

一、制定促进京津冀协同发展的财政投融资的战略规划

制定促进京津冀协同发展的财政投融资的战略规划，充分调动三地财政投融资的积极性，是首要任务。由于地方政府之间存在强烈的利益博弈动机，中央层面的财政金融支持就显得尤为重要，这不仅能够降低地方政府间的协

商成本，加快产业结构调整进程，而且能够对信贷市场、资本市场和社会资本起到引导作用，进而拓宽京津冀产业结构调整的融资渠道。

推动相关部门建立京津冀三地客户信息查询及预警信息发布平台，方便金融机构进行风险管控。京津冀三地的协同必须正视地区发展差距，在差异化发展过程中发挥协同带动作用。京津冀三地政府应树立区域财政投融资一盘棋的理念，在支持京津冀协同发展过程中，要差异化定位，发挥各自优势，形成财政金融支持的合力。京津冀经济发展水平有明显层次性，产业互补性很强，在协同发展过程中必然形成多样化的投融资需求，需要三地根据自身资源要素和产业优势，形成错位竞争、优势互补、共赢发展的财政投融资体系。北京具有机构总部聚集的优势，可以与总部经济战略相结合。天津可以以融资租赁、产业投资基金等作为突破口，打造以天津滨海新区为核心的新型金融产业集群，打通京津冀资金流与物流通道。河北省的财政投融资发育程度相对北京、天津两地还有一定差距，可以在传统的财政投融资基础上逐步培育新型投融资手段。在定位达成共识后，重点是如何落实，三地政府应放下"一亩三分地"的思想，从如何有利于协同发展的层面，合理取舍，尽快拿出具体措施，落实到具体项目，使三地财政投融资在差异化的前提下实现紧密合作。

二、完善政策性银行的财政投融资机制

政策性银行支持基础设施的建设和发展是最传统的财政投融资手段。在促进京津冀协同发展的过程中，应该继续加强政策性金融机构的支持力度。目前，国家开发银行各地方分行的力量都较弱，不足以完全承担起对当地发展的政策性金融支持。国家开发银行总行可成立京津冀事业部，发行专用于京津冀地区的债券；中央和京津冀三省市可出资共同设立京津冀开发银行，以便共同更好地实现政府的投资意图。政策性银行可给予京津冀金融机构专门的资金支持，提供京津冀协同发展专项抵押补充贷款，还可以在正常的信贷规模分配上给予京津冀金融机构额外的支持，为支持京津冀协同发展提供低成本资金。将民间金融、互联网金融、私募股权基金、小额贷款公司、担保公司等进行改制，设定一定的标准后，允许将达到规定标准者纳入国家金融组织体系，鼓励其开展跨区域业务，参与京津冀协同发展各项目的建设，引导其投资方向，给予其宽松的政策环境，扩宽其融资渠道。再就是由统一协调机构统一安排，适当引入外资。

三、规范京津冀三地的政府投融资平台

地方政府投融资平台是中国在投融资领域的重大机制创新，它解决了中

国经济建设与民生发展的巨大资金缺口问题，弥补了地方政府财力的不足，加快推进了中国的城市化和工业化进程，但是因为对地方投融资平台的经营行为缺乏有效和系统的监管和规范，也暴露出了很多问题。近几年来，国家不断出台相关政策，清理整顿地方政府投融资平台。因此，建立规范化、市场化和多元化的地方政府融资渠道应成为中国今后一段时期融资模式创新和发展的大趋势，京津冀协同发展也应该向这一方向努力。对于京津冀三地符合规定的地方政府投融资平台，应该推进其市场化和多元化，主要思路是设法提高直接融资的比重。可以鼓励地方政府融资平台大力发行城投债，将融资的主要模式转为发行债券，进而减少对商业银行贷款的依赖。另一方面，通过建立包括偿债机制在内的一系列信息公开、监督机制，提高平台公司运作的透明度，接受社会的监督。地方政府的融资平台可以考虑逐步转型为市场化运作的市场主体，政府可以采用民间资本或法人资本参股的形式，一方面，可以减轻地方政府投融资的负担；另一方面，可以收回资金用于其他领域的投资。在准公共领域，如污水处理设施、城市公共交通等，可以考虑将融资平台转化为公私合作式伙伴关系。政府部门可以向非营利性机构举办的融资平台提供必要的财政补贴、贴息等财政支持，通过发挥社会力量的积极性和竞争优势，形成市场化融资加财政合作模式，这样可以在短期内减轻地方政府的投融资负担与风险。在纯公共领域，如公共卫生、义务教育等领域，政府部门负有不可推卸的责任。虽然有资金缺口，但地方政府应通过成立专门的融资平台，通过发行市政债券，土地使用权注入，国有资产转让和国有企业分红等途径满足资金需求，还可以进一步争取中央资金和配套政策的支持。

四、优化京津冀协同发展中财政投融资模式

鼓励和引导社会资本积极参与京津冀产业结构调整升级，对政策性金融、信贷市场和资本市场形成有益补充，形成多元化的财政投融资机制。

首先，继续通过设立各种基金的形式进行财政投融资。在国家层面，可设立京津冀协同发展基金、京津冀产业结构调整基金、科技成果转化创业基金等；在各省市层面，可设立基础设施、旅游、扶贫开发等基金。探索建立京津冀合作发展基金。对于推动京津冀协同发展，开展具体领域的合作，设立区域性基金尤为必要。区域性合作发展基金的设立，不但为开展长期合作、共建项目提供充裕的资金，而且以财政资金为引导，可以搭建一个新型融资平台，大力开辟多元化融资渠道，有利于实现合作进程中资金的稳定保障。由三地财政拿出一定比例的资金作为引导资金，根据经济实力确定三地财政资金的投入比例，使财政资金尽量达到基金规模的10%以上。然后确定三地每年财政出资的比例，可考虑拿出地方财政年收入1%~2%的资金，或者考虑利用政府投资、财政参股、财政补助、财政贴息等方式筹集资金，以启动建立合作发展基金的进程。对于基金的管理和使用，可在京津冀合作组织机构下成立专门的基金管理机构，或者成立专门的基金管理有限公司进行管理。对于基金运作的整个过程，要加强监管。合作基金的监管要规范化、市场化，形成制度化的监管体系，建立完善的基金发起、管理、使用和收益的监管流程。

其次，鼓励民间资本通过各种形式以PPP模式参与京津冀协同发展项目的建设，出台政策引导民间资本的投资方向，使之与京津冀协同发展所需相一致。基础设施建设与城镇化建设作为京津冀协同发展的基础和重中之重，能够创造优质的宜居环境和良好的投融资环境，促进人员和资金在区域加速流动。当前，基础设施建设与城镇化建设中所需要的大量资金已不能完全依赖传统的融资渠道，迫切需要体制机制创新和民间资本的参与。PPP模式将部分政府责任以特许经营权方式转移给社会主体（企业），政府与社会主体建立起"利益共享、风险共担、全程合作"的共同体关系，推动社会资本进入基础设施建设领域，在弥补地方政府资金不足的同时为民间资本打开新的投资渠道。

最后，充分利用快速发展的债券市场，支持京津冀协同发展项目利用短期融资券、中期票据、集合票据等方式在银行间债券市场融资，同时积极探索向社会公众公开发行公司债券融资，进一步扩大债券市场规模，完善债券市场交易机制，扩大企业的融资渠道。

五、建立全方位、全过程的财政投融资风险管理体系

首先，促进京津冀协同发展要树立可持续发展的目标，经济与社会的可持续发展以及财政的可持续性是财政投融资的前提条件。从可持续发展的角度出发，京津冀财政投融资领域应该选择重点领域，必须结合宏观经济形势，以及本地实际情况、产业发展状况和资源禀赋等多种条件和要素。

其次，根据京津冀协同发展需要、财政承受能力及债务对经济社会的影响，科学制定政府中长期投融资规划和年度计划，对投融资的规模、范围、原则等做出规定，控制债务总量、防止随意举借债务。建立政策风险协调机制，关注政策变动对京津冀协同发展投融资产生的影响，在科学评价政策变动对京津冀协同发展财政投融资影响的基础上，对投融资方案进行

调整。

  最后,建立政府财政投融资项目社会评价机制。借助互联网等手段,健全外部审计,减少和克服内部评估存在的片面性、局限性。加强外部监督的制度建设,促进外部评估工作规范化、专业化发展。

第八章 京津冀基础设施协同建设财政政策研究

第一节 京津冀三地基础设施与财政投入的现状比较

一、京津冀三地基础设施现状对比

我们根据狭义的基础设施的定义,选取了京津冀三地 2010—2015 年供水、供热、交通运输与通信四个领域的公共设施状况进行对比。由表 8-1 可见,北京市无论从行政区划面积还是人口密度方面都不是居于三地中的首位,但其年供水综合生产能力与供水总量都位于京津冀三地的首位。相比之下,天津市与河北省的供水综合生产能力与供水总量都不及北京市,特别是天津市,其供水综合能力仅相当于北京市的 1/5。

表 8-1 2010—2015 年京津冀三地供水状况对比

省市	供水综合生产能力（万立方米/日）					
	2010 年	2011 年	2012 年	2013 年	2014 年	2015 年
北京市	1 604.1	1 588.27	1 644.19	2 554.53	2 439.77	2 496.71
天津市	405.18	429.44	439.54	453.54	447.15	456.55
河北省	888.89	995.83	974.18	887.82	809.04	855.56
供水管道长度（千米）						
北京市	25 147	26 453	23 674	32 581	27 286	27 623
天津市	10 744	11 906	12 926	13 411	14 369	16 620
河北省	14 288	15 014	15 344	15 207	15 528	16 445
供水总量（亿吨）						
北京市	15.56	15.84	15.96	18.75	18.24	18.25
天津市	6.9	7.45	7.72	7.86	8.12	8.53
河北省	16.64	17.31	17.24	17.02	15.15	17.92

数据来源:国家统计局网站。

如表 8-2 所示,北京市在热水供热能力方面居于京津冀三地的首位,而天津市与河北省尽管在热水供热能力方面不及北京市,但二者可以通过蒸汽供热的方式进行补充。从供热面积来看,尽管河北省的行政区域面积是三地最大的,但其供热面积的覆盖区域仅与北京市相当,即使考虑到其行政区域的大部分面积用于居住之外,也可以判断出其在供热方面的基础设施建设还有很大的发展空间。

表 8-2　2010—2014 年京津冀三地供热状况对比

省市	蒸汽供热能力(吨/小时)				
	2010 年	2011 年	2012 年	2013 年	2014 年
北京市	450	450	450	300	300
天津市	3 167	3 025	3 463	3 717	3 769
河北省	11 570	10 357	9 244	6 975	7 142
	热水供热能力(兆瓦)				
北京市	35 684	36 805	38 298	38 585	40 445
天津市	18 055	19 325	21 063	21 572	22 596
河北省	23 177	24 535	26 129	27 441	29 554
	蒸汽管道长度(千米)				
北京市	48	41	44	44	44
天津市	622	563	564	566	362
河北省	1 386	1 314	1 199	1 052	1 094
	热水管道长度(千米)				
北京市	12 224	11 734	11 031	11 192	12 038
天津市	14 073	14 715	16 190	17 423	17 352
河北省	8 305	8 818	9 092	10 002	10 040
	供热面积(亿平方米)				
北京市	4.67	5.08	5.26	5.46	5.68
天津市	2.4	2.72	3	3.29	3.42
河北省	3.87	4.2	4.47	5.02	5.23

数据来源:国家统计局网站。

就污水处理能力来看(见表 8-3),北京市的实际能力与天津市接近,而河北省则处于末位。当然,污水处理能力还需要结合实际区域功能的规划来进一步分析。

表8-3 2010—2014年京津冀三地排水基本状况对比

省市	城市排水管道长度（万千米）				
	2010年	2011年	2012年	2013年	2014年
北京市	1.02	1.11	1.27	1.35	1.43
天津市	1.51	1.66	1.78	1.86	1.87
河北省	1.46	1.54	1.58	1.59	1.59
	城市污水日处理能力（万立方米）				
北京市	376.9	381.6	400.5	401	442
天津市	224.2	232.2	257.2	261.6	262.6
河北省	501.6	526.8	522.8	516.8	523.2

如表8-4所示，从道路长度与面积绝对数值来看，河北省在京津冀三地中拥有最长的道路和最广的道路面积，北京市与天津市两地的道路长度和面积与其自身实际的行政区域面积比率相当。但由于河北省的实际面积相当于北京市与天津市两地之和的6倍以上，河北省在道路建设方面还需要继续投入。

表8-4 2010—2014年京津冀三地道路基本状况对比

省市	道路长度（万千米）				
	2010年	2011年	2012年	2013年	2014年
北京市	0.64	0.63	0.79	0.79	0.81
天津市	0.54	0.6	0.65	0.69	0.73
河北省	1.16	1.23	1.24	1.26	1.29
	道路面积（万平方米）				
北京市	9 395	9 164	13 509	13 884	13 834
天津市	9 159	10 492	11 611	12 440	13 144
河北省	26 639	27 935	28 433	29 304	30 113

数据来源：国家统计局网站。

从表8-5可见，由于河北省实际行政区域面积与北京市和天津市相比具有明显的面积优势，其公路里程与铁路营业里程都居于京津冀三地之首。但如果考虑分布情况，则河北省在道路与铁路方面还需要继续投入。

表 8-5 2010—2014 年京津冀三地铁路与公路基本状况对比

省市	铁路营业里程（万千米）				
	2010 年	2011 年	2012 年	2013 年	2014 年
北京市	0.12	0.12	0.13	0.13	0.13
天津市	0.08	0.09	0.09	0.1	0.1
河北省	0.49	0.52	0.56	0.63	0.63
公路里程（万千米）					
北京市	2.11	2.13	2.15	2.17	2.18
天津市	1.48	1.52	1.54	1.57	1.61
河北省	15.43	15.7	16.3	17.45	17.92

数据来源：国家统计局网站。

如表 8-6 所示，2014 年末，北京市的移动电话交换机容量约为天津市的 2 倍，年末三地实际人口分别为北京市 2 152 万人、天津市 1 517 万人、河北省 7 384 万人。也就是说，北京市人均移动电话拥有量高于天津市与河北省。在对比光缆线路长度时，从绝对量上看显然是河北省位于首位，但如果考虑具体分布，也就是将光缆线路平均分布到各个有效生活需求区域，河北省的与京津两地的差距就很明显。

表 8-6 2010—2014 年京津冀三地通信基础设施基本状况对比

省市	移动电话交换机容量（万户）				
	2010 年	2011 年	2012 年	2013 年	2014 年
北京市	4 134	4 474	4 734	4 820	4 910
天津市	1 910	2 080	2 045	2 355	2 355
河北省	8 080	9 435	11 205.22	11 258.8	11 550.66
光缆线路长度（千米）					
北京市	—	147 375.5	187 714.3	219 960.6	241 643.5
天津市	—	76 990.5	108 955.5	130 251.5	148 838.9
河北省	—	524 775.5	647 544.2	808 204.9	878 407.2
长途光缆线路长度（万千米）					
北京市	0.41	0.41	0.41	0.41	0.4
天津市	0.31	0.31	0.31	0.35	0.35
河北省	3.05	3.19	3.43	3.53	3.57

数据来源：国家统计局网站。

通过对比京津冀三地在上述四个具体基础设施领域的现状，可以发现北京市由于其作为首都的特殊地位，基础设施建设状况明显好于天津市与河北省。这种明显优势不是一开始就固定的，而是经历了多年的发展以及多种倾向性政策调整带来的结果。而京津冀三地要协同发展，需要调整这种倾向性的分布，将三地作为一个整体进行政策引导，其中的首要问题是疏解北京市的非首都功能，将北京市未来定位需要调整的优势领域辐射到周边的天津市和河北省，带动两地建立起未来定位的基础。

二、京津冀三地基础设施财政投入分析

如表 8-7 所示，京津冀三地在与基础设施相关的财政支出方面呈现出不同的情况。财政支出总量方面，三地在 2010—2014 年，地方财政一般预算支出的总量均呈现上升趋势，而且北京市的预算支出总量与同年河北省的支出总量相当，可见北京虽与天津同为直辖市，但其首都的特殊地位带来的预算支出数额相当于行政区域面积超过其 10 倍的河北省。相比之下，天津市的预算支出总量仅相当于北京的 50%~70%。在与基础设施相关的具体支出项目金额总量方面，三地在"地方财政农林水事务支出"方面均呈现稳步递增的趋势；而在"地方财政交通运输支出"方面，除河北省基本处于稳步增长的趋势以外，北京市和天津市的支出总量无规律，这应当与当年两地地方政府的发展方向规划调整有关。北京市的基础设施支出金额占当年总财政支出比例，并不是逐年持续增加，而是呈现出上下浮动态势，但总体支出比例在 2012 年之后趋于平稳。天津市的基础设施支出比例在京津冀三地中最小，且在 2010 年到 2014 年间呈总体下降趋势。河北省由于其自身相比京津两地行政区域广阔，基础设施分布和建设水平不均匀，因此在 2010 年到 2014 年 5 年间投入到基础设施建设方面的财政支出比例接近当年财政支出总额的 1/5，特别是在"地方财政农林水事务支出"方面支出比例总体持续增加，这也反映出河北省基础设施建设水平以及投入方向与两直辖市明显不同。

表 8-7　2010—2014 年京津冀三地基础设施支出基本情况

省市	地方财政一般预算支出（亿元）				
	2010 年	2011 年	2012 年	2013 年	2014 年
北京市	2 717.32	3 245.23	3 685.31	4 173.66	4 524.67
天津市	1 376.84	1 796.33	2 143.21	2 549.21	2 884.7
河北省	2 820.24	3 537.39	4 079.44	4 409.58	4 677.3

续表

省市	地方财政农林水事务支出（亿元）				
	2010年	2011年	2012年	2013年	2014年
北京市	158.64	187.34	222.69	297.62	343.67
天津市	67.14	91.78	100.98	123.03	134.91
河北省	312.66	366.1	443.62	511.11	583.52
地方财政农林水事务支出占一般预算支出比重（%）					
北京市	5.84	5.77	6.04	7.13	7.60
天津市	4.88	5.11	4.71	4.83	4.68
河北省	11.09	10.35	10.87	11.59	12.48
地方财政交通运输支出（亿元）					
北京市	154.99	199.12	243.76	231.79	214.55
天津市	46.95	97.37	87.21	90.02	94.95
河北省	155.72	261.36	287.04	286.57	310.23
地方财政交通运输支出占一般预算支出比重（%）					
北京市	5.70	6.14	6.61	5.55	4.74
天津市	3.41	5.42	4.07	3.53	3.29
河北省	5.52	7.39	7.04	6.50	6.63

数据来源：国家统计局网站。

第二节 京津冀地区基础设施协同建设的必要性

从地理层面看，京津冀地区基础设施协同建设十分必要。北京市和天津市在地理位置上都处于河北省的行政区域范围之内，而基础设施中的一些领域如交通运输中的铁路、公路，其作用是连接各个区域，加速各区域间各种资源的快速交换转移，因此，京津冀三地之间不应仅孤立地进行规划和建设，而应尽可能进行协同。至于供水与供电方面，北京市和天津市由于自身区域面积和资源分布的原因，无法独立保障自身的需求，必须通过周边如河北省甚至其他省份予以供给保障，因此，保障基本生活需要也要求京津冀地区在基础设施建设方面进行协同发展。

从京津冀三地未来各自的定位来看，三地的基础设施建设也必须进行协同发展。京津冀协同发展的基本出发点是疏解北京的非首都功能，北京市当前的基础设施中的一部分会随着未来城市定位的变化而进行迁移，而迁移出的部分会转向重新定位后的天津市和河北省。而对于天津市或河北省来说，基础设施建设的方向是立足自身定位及当地区域优势，结合其他两地迁入的资源进行再规划投入，避免重复建设带来资源浪费；而其自身优势的部分可以对其他两地进行支持，减少其他两地在相同方面的重复投入。

综上所述，京津冀三地基础设施建设不应单独从各地自身进行考虑，需要且必须从协同发展的角度进行规划与实施。

第三节　促进京津冀三地基础设施协同建设的财政政策建议

一、京津冀三地基础设施协同建设的指导思想

基础设施的建设是推动经济发展的重要基础。在京津冀协同发展的过程中，基础设施建设的协同发展至关重要。基础设施建设需要围绕疏解非首都功能这一基本出发点以及京津冀三地各自的未来发展定位来进行前瞻性的规划。京津冀三地的地方政府要在中央颁布的《京津冀协同发展规划纲要》的指导下，相互协作，从全局层面充分考虑三省市的实际基础设施的发展水平，有针对性地、有先后顺序地将有限的财政资金和民间资本投入到各地区最有影响和带动作用的方面，放大当前京津冀三地各自基础设施的优势，缩短三地之间各自的短板，将各地独立的基础设施连接成网络，消除京津冀三地在基础设施建设方面对经济发展的"瓶颈"效果，进而实现三省市自身的错位发展。同时，京津冀三地的基础设施建设布局不应再明显受到地区行政区域的限制，而要以促进京津冀地区区域协同发展为引导，以京津冀地区各自的目标定位为方向，以市场机制为推动，最终实现京津冀地区大区域经济体，超越单一首都圈的辐射作用，领跑中国经济和亚洲经济。

根据中央颁布的《京津冀协同发展规划纲要》的内容，京津冀三地协同发展的指导思想是：以有序疏解北京非首都功能、解决北京"大城市病"为基本出发点，执行问题导向、重点突破、改革创新的处理思路，遵守各自比较优势、现代产业分工要求、区域优势互补原则和合作共赢理念的原则，以资源环境承载能力为基础、以京津冀城市群建设为载体、以优化区域分工和产业布局为重点、以资源要素空间统筹规划利用为主线、以构建长效体制机制为抓手，通过调整优化经济结构和空间结构、构建现代化交通网络系统、扩大环境容量生态空间、推进产业升级转移、推动公共服务共建共享、加快市场一体化进程等一系列重大举措，加快打造现代化新型首都圈，努力形成京津冀目标同向、措施一体、优势互补、互利共赢的协同发展新格局。

二、京津冀三地基础设施投资政策与方向

（一）京津冀三地未来整体基础设施投资政策

由于基础设施的基本特征所限，基础设施通常属于不可移动或不易移动的固定资产，且前期投入巨大，现时的维护也已经投入了大量的资金，因而凡是涉及基础设施的相关政策必须慎重，防止出现财政资源浪费的局面。从三地未来定位分析，三地都存在不符合未来发展方向的产业，也同时存在与这些产业相关的现存基础设施。这些基础设施通常是为了支持当地产业而建设的，在特定产业移出过程中，现存基础设施如何处理是一个需要谨慎考虑的问题。

在处理遗留基础设施的政策方面，如果当前存在基础设施可以部分再利用，则可以通过拆迁的方式将其投入到未来定位的区域，这样可以减少财政资金的重复投入；如果当前的基础设施无法拆除再利用，但距离未来定位区域的地理位置接近，可以考虑跨省市对行政区域进行重新规划，将此基础设施所在区域划入未来规划的区域以实现基础设施的再利用。当然第二种情况已经不是京津冀三地地方政府自身可以办到的，需要中央针对实际情况统一出台必要的政策来解决。由于京津冀三地不再是单独的发展个体而是需要协同发展的整体，中央从协调与推动三地共同发展的角度出台重新规划京津冀三地行政区划的全局政策是有可行性的。

在新建基础设施的政策方面，首先可以根据三地设定好的自身定位，根据计划目标区域的实际地理与经济发展状况，对当地可以投资新建的基础设施的内容和目标进行分析与考察。之后，由中央政府出台指导性的整体框架政策，在统一的框架下将具体建设资金的落实交由区域所在省、直辖市地方政府进行。由于京津冀三地共下"一盘棋"，基础设施的实际投资不仅限于区域所在地政府，同时也可以联合其他省、直辖市的地方政府共同投资，将投入资金分摊以减轻当地政府的财政支出压力，同时可以筹集更多的资金加快当地基础设施的建设速度。

（二）京津冀三地自身基础设施投资方向分析

1. 北京市基础设施投资方向的具体分析。北京市作为国家的首都，其基础设施水平在京津冀三地乃至全国都是相当领先的，因此，在未来的发展中，需要首先考虑改善与调整其基础设施的分布。为实现北京市未来的定位，其首要目的是疏解非首都功能。北京市当前不仅是全国的政治中心，也是我国北方的重要经济中心、全国重要的经济中心之一，聚集了过多的人口，给自然资源和社会资源带来了巨大的压力。因此，将经济中心的职能移出北京市，

是疏解北京非首都功能的重要举措。北京市的地理特征非常明显，由天安门为中心，按照环状向外辐射，并由长安街及其沿线贯通东西方向。在筹办2008年北京奥运会期间，随着有重大污染的企业迁出北京市，相应的基础设施也在污染企业迁出后逐步重新进行了调整和完善，特别是在五环以内，其基础设施整体布局和建设已经基本完成，不需要再投入大量的资金用于新建，而只需要根据不同基础设施的建设时间与有效使用年限进行维护和改造即可。按京津冀协同发展规划，未来北京市的定位是"全国政治中心、文化中心、国际交往中心"，且应具备的基础设施条件已经基本具备。而经济中心职能的移出，意味着一部分不符合未来北京市定位的功能的移出，具体包括：一般性产业，如部分第三产业中的高消耗产业、区域性物流基地、区域性专业市场等；部分社会公共服务功能，如医疗、教育、培训机构等；部分行政性、事业性服务机构和企业总部等。这四类非首都功能的迁出，会逐步带动人口向迁移后的新功能聚集区域迁移。

未来北京市主要作为国内的政治中心以及国际往来的窗口，其支撑性产业将是金融与咨询服务业、文化发展与创新推动的产业以及科技创新技术产业。这些产业通常对基础设施建设的特殊性要求较少，除部分科技创新技术产业需要有相对独立的发展空间外，大多数金融与咨询服务业、文化发展相关产业，对基础设施如供水、供电、供热、交通运输方面并没有额外要求，甚至可以与一般生活用基础设施共用。未来北京市除在维护和升级现有基础设施方面需要部分支出外，还需要重点投入的方向是快速交通设施以及基础通信设施的建设与升级。北京作为国内外交流的窗口，对外需要频繁的空中往来，对内需要便捷快速的城市公路与铁路（包括地上与地下的铁路运输线路的建设）。而基础通信设施的投入，对保障国内外交流的高效与顺畅、确保北京市作为交流中心地位方面，具有重要的基础作用。便捷的交通与完善的通信，会进一步提高北京在国际社会中的重要地位。

2. 天津市基础设施投资方向的具体分析。天津市与北京市接壤，由于京津冀三地协同发展的首要任务是疏解北京非首都功能，北京的部分迁出功能会迁移到天津市，与当地功能区合并后重新定位发展。对比京津冀三地的基础设施基本现状，天津市的基础设施整体状况相比北京市要差一些，如在供水方面有明显的差距。但天津市在交通设施建设方面有比较优势，公路与铁路建设水平与北京市没有明显差距，同时天津市还可以通过海运方式与外部进行交流，这是其未来定位为"北方国际航运核心区"的重要基础。北京市未来定位包括"科技创新中心"，但科技创新的主要目的是推动社会经济的发展，其重要的体现就是需要将科技创新的成果转化为经济收益，显然，在未来科技创新的应用方面，天津市由于与北京市的地理位置相连、基础设施建设水平相当、对外交流渠道多样，作为示范区的必要条件都具备。因此天津市在未来基础设施建设方面首先要强化其连接作用，要在交通运输基础设施上进一步细化投资方向，优先建设海运方面的基础设施，在最短的时间内实现核心区的运营，同时与北京市及河北省协调建设高速高效的陆路设施，特别是高速公路与铁路的连接层面的建设。而天津市在基础设施建设偏弱的方面，比如供水问题，可以考虑与北京市进行协调，将北京市撤出部分产生的基础设施能力再利用起来，这也是京津冀三地协同发展中很重要的协同发展政策，即功能互补、错位发展、相辅相成。

3. 河北省基础设施投资方向的具体分析。相比京津两地而言，河北省行政区域面积十分广大，但发展却不平衡。其早期主要以农业和手工业为主，近年来逐步引入工业和制造业，发展比较迅速。从2010年至2014年的基础设施具体状况来看，河北省综合基础设施的水平明显落后于京津两直辖市。鉴于河北省大部分土地还以农业生产为主，未来发展新型城镇化过程中需要在各项基础设施的投入方面以新建为主，这对财政支出是一个极大的压力，因而必须优先发展带动效应强的基础设施，避免全面投入而产生巨大的财政赤字。河北省未来的定位是"全国现代商贸物流重要基地"，而物流的重要基础是发达的交通运输网络与可靠的通信网络。因此，河北省在未来基础设施上的投入应集中在交通运输网络建设方面。由于河北省的行政区域大部分处于内陆，而且区域面积广大，发展铁路运输特别是高速铁路运输十分必要。在连接行政区域间的各个关键地、市以及京津两地的连接点方面，除了高速铁路的建设之外，还应加强高速公路建设，通过最短的时间建立起关键区域的连接路网，以点的发展带动整体区域的提高。另外，由于北京市与天津市都在地理层面处于河北省的包围之中，京津两地的生态环境与河北省的环境保护投入息息相关，因此在基础设施建设过程中必须综合考量，在提高经济水平的同时兼顾环境保护。

(三) 京津冀三地基础设施现阶段需要重点突破的领域

综合京津冀三地各自的未来基础设施投入方向可以发现，在三地未来的发展过程中，交通运输设施建设是三地在前期需要重点投入的一个方向。由于京津冀三地不再是单独的个体，需要彼此之间进行协调，因此交通运输设施的发展对于京津冀三地交通一体化发展更为迫切。从中央颁布的《京津冀协同发展规划纲要》的内容也可以看到，在未来三地协同发展过程中，交通一体化发展的任务是：按照网络化布局、智能化管理和一体化服务的要求，建立以轨道交通为骨干的"多节点、网格状、全覆盖"的交通网络,从组织和服务方面提升交通运输的现代化水平,建立统一开放的区域运输市场格局。其中的工作重点为:建设高效密集轨道交通网,完善便捷通畅公路交通网,连通不同区域的国家高速公路,全面消除跨区域国家、省级干线中的"瓶颈路段",加速津冀港口群的现代化进程,打造国际一流的航空枢纽,加快北京新机场建设,大力发展公交优先的城市交通,提升交通智能化管理水平,提升区域一体化运输服务水平,发展安全绿色可持续交通。

三、拓宽基础设施投资的资金来源

由于基础设施投资的投入资金数额巨大、资源投入周期较长、已存在设施需要长期维护等特点,有必要对于京津冀三地在基础设施前期投入过程以及可持续发展过程中存在的财政收支问题进行研究。

由于基础设施是推动经济发展的基础公共物品,其使用者通常可以免费或支付少量费用即可使用,也就是说基础设施通常本身并不能直接带来经济效益,而是作为社会发展的重要基础而必须存在。通常的投资来源基本可以分为两种:政府投资和市场投资。其中政府投资的主要资金来源是税收,而市场投资的来源可以是集团、企业或是组织、个人通过生产经营活动积累所取得的财富。下面将分别讨论两种资金来源在京津冀三地基础设施初始投资中的分配。

(一)京津冀三地通过政府投资进行初始基础设施建设分析

首先,根据表8-8中京津冀三地自2010年到2014年的基本财政收入的来源情况可以看出:北京市的财政收入主要依靠税收收入,其比重占到每年财政收入的95%左右,而天津市与河北省的财政收入中税收收入的比例约为60%和75%。而从总量上也可以看出,北京市的地方财政税收收入金额比当年天津市与河北省两地之和还多。随着京津冀三地协同工作进展,三地会根据自身的未来定位逐步调整各自的产业结构,而产业结构的调整会影响财政税收来源的分布和数量。

表8-8 2010—2014年京津冀三地基本财政收入来源情况

省市	地方财政一般预算收入(亿元)				
	2010年	2011年	2012年	2013年	2014年
北京市	2 353.93	3 006.28	3 314.93	3 661.37	4 027.16
天津市	1 068.81	1 455.13	1 760.02	2 079.07	2 390.35
河北省	1 331.85	1 737.77	2 084.28	2 295.62	2 446.62

续表

省市	地方财政税收收入（亿元）				
	2010年	2011年	2012年	2013年	2014年
北京市	2 251.59	2 854.63	3 124.75	3 514.52	3 861.29
天津市	776.65	1 004.51	1 105.56	1 310.66	1 486.88
河北省	1 074.04	1 348.51	1 560.59	1 724.87	1 866.06
地方财政非税收入（亿元）					
北京市	102.34	151.65	190.18	146.59	165.87
天津市	292.16	450.62	654.46	768.41	903.47
河北省	257.81	389.26	523.69	570.75	580.56
税收收入占财政收入比重（%）					
北京市	95.65	94.96	94.26	96.00	95.88
天津市	72.66	69.03	62.82	63.04	62.20
河北省	80.64	77.60	74.87	75.14	76.27

数据来源：国家统计局网站。

从表8-9中看出：北京市的地区生产总值主要分布在第二产业和第三产业，在其未来的发展过程中，由于职能定位的转变，第二产业增加值的比重会逐步下降，第三产业增加值占比会相应地逐步增加，因而可以预见，在转变的初期会对地方生产总值产生影响，但预计影响幅度不会很大，而且北京自身第三产业增加值已经占到地区总产值的3/4以上，故对税收总额会有影响但不会十分明显。

天津市的地区生产总值也主要分布在第二产业和第三产业，其未来发展定位中，第二产业和第三产业增加值占比会不同程度地有所提高，预计未来一段时间，天津市的地区生产总值会有进一步增加，而且第二产业与第三产业增加值占比的提高，也会对税收收入产生正向的影响，在可预计的未来天津市税收收入会逐步提高。

河北省的地区生产总值同样也主要分布在第二产业和第三产业，尽管其第一产业增加值约占到了地区生产总值的1/10，但其数值相对稳定，对未来的地区生产总值不会存在决定作用，因此，重点还需要分析第二产业和第三产业的未来发展趋势。首先看第二产业的变化方向，虽然河北省未来的定位中，第二产业将进一步发展，但由于河北省还肩负"京津冀生态环境支撑区"的职能，对于高能耗、高污染的产业，如某些制造业的发展，必然会受到限制，因此，总体上第二产业会在一定时间内波动或稳步大幅向上，对地区生产总值的影响不会太大。而第三产业则会随着三地协同发展的进一步深化，在可预见的未来呈现长足发展的趋势。因而，河北省在协同发展的过程中其税收收入会随着地区生产总值的增加而增加。

表8-9 2010—2014年京津冀三地地区生产产值的产业构成

省市	地区生产总值（亿元）				
	2010年	2011年	2012年	2013年	2014年
北京市	14 113.58	16 251.93	17 879.4	19 800.81	21 330.83
天津市	9 224.46	11 307.28	12 893.88	14 442.01	15 726.93
河北省	20 394.26	24 515.76	26 575.01	28 442.95	29 421.15
第一产业增加值（亿元）					
北京市	124.36	136.27	150.2	159.64	158.99
天津市	145.58	159.72	171.6	186.96	199.9
河北省	2 562.81	2 905.73	3 186.66	3 381.98	3 447.46
第一产业增加值占比（%）					
北京市	0.88	0.84	0.84	0.81	0.75
天津市	1.58	1.41	1.33	1.29	1.27
河北省	12.57	11.85	11.99	11.89	11.72
第二产业增加值（亿元）					
北京市	3 388.38	3 752.48	4 059.27	4 292.56	4 544.8
天津市	4 840.23	5 928.32	6 663.82	7 275.45	7 731.85
河北省	10 707.68	13 126.86	14 003.57	14 781.85	15 012.85
第二产业增加值占比（%）					
北京市	24.01	23.09	22.70	21.68	21.31
天津市	52.47	52.43	51.68	50.38	49.16
河北省	52.50	53.54	52.69	51.97	51.03
第三产业增加值（亿元）					
北京市	10 600.84	12 363.18	13 669.93	15 348.61	16 627.04
天津市	4 238.65	5 219.24	6 058.46	6 979.6	7 795.18
河北省	7 123.77	8 483.17	9 384.78	10 279.12	10 960.84
第三产业增加值占比（%）					
北京市	75.11	76.07	76.46	77.52	77.95
天津市	45.95	46.16	46.99	48.33	49.57
河北省	34.93	34.60	35.31	36.14	37.25

数据来源：国家统计局网站。

最后分析一下当前京津冀三地的地区债务情况。如表8-10所示，京津冀三地的财政赤字情况为：北京市财政赤字基本可以控制在每年财政收入的15%以内，天津市约为25%以内，而河北省的地方赤字水平非常高，基本为每年财政收入的90%以上。

表8-10　2010—2014年京津冀三地主要财政支出及赤字情况

省市	地方财政一般预算支出（亿元）				
	2010年	2011年	2012年	2013年	2014年
北京市	2 717.32	3 245.23	3 685.31	4 173.66	4 524.67
天津市	1 376.84	1 796.33	2 143.21	2 549.21	2 884.7
河北省	2 820.24	3 537.39	4 079.44	4 409.58	4 677.3
支出较前一年增长幅度（%）					
北京市	—	19.43	13.56	13.25	8.41
天津市	—	30.47	19.31	18.94	13.16
河北省	—	25.43	15.32	8.09	6.07
地方财政一般预算收入（亿元）					
北京市	2 353.93	3 006.28	3 314.93	3 661.11	4 027.16
天津市	1 068.81	1 455.13	1 760.02	2 079.07	2 390.35
河北省	1 331.85	1 737.77	2 084.28	2 295.62	2 446.62
收入较前一年增长幅度（%）					
北京市	—	27.71	10.27	10.44	10.00
天津市	—	36.14	20.95	18.13	14.97
河北省	—	30.48	19.94	10.14	6.58
基本赤字金额（亿元）					
北京市	363.39	238.95	370.38	512.55	497.51
天津市	308.03	341.2	383.19	470.14	494.35
河北省	1 488.39	1 799.62	1 995.16	2 113.96	2 230.68
赤字占当年收入比例（%）					
北京市	15.44	7.95	11.17	14.00	12.35
天津市	28.82	23.45	21.77	22.61	20.68
河北省	111.75	103.56	95.72	92.09	91.17

数据来源：国家统计局网站。

基础设施投资初期，基本上需要连续投入数年，且投入期间基本不会产生实际收益。从京津冀三地政府的财政收入主要来源、收入的未来变化趋势以及当前的地方赤字状况的综合分析看,在不考虑转移支付与政府性基金来源的情况下,可以得出初步结论:北京市若以政府自身收入独立承担未来基础设施投资是可行的,其可预见的风险处在可控范围之内;天津市若以政府自身收入独立承担未来基础设施的投资总体来讲也是可行的,但存在赤字压力进一步提升的可能性;而河北省若以自身收入承担未来基础设施的投资,则存在巨大的风险,其地方财政赤字本身已经与其财政收入接近,若长期增加基础设施投资,可能会出现诸多不稳定的发展隐患,因此应从整体上避免完全独立进行基础设施的投资。

(二) 京津冀三地通过市场投资进行基础设施建设分析

随着基础设施建设支出对财政压力的加大,基础设施成本和需求的增长快于用于投资的财政资金增长速度,急需寻找新方法以快速提供和维护重要基础设施所需资金,为此,需要拓宽资金来源渠道。同时,随着私人资本力量的壮大,政府与市场部门在基础设施领域的合作也成为可能。20世纪90年代,在基础设施建设领域开始兴起 PPP (Public-Private Partnership,公私合作) 新型融资方式。通过这种"合作"形式,政府与市场双方可以达到与预期单独行动相比更为有利的结果。在 PPP 框架下,由公共部门与私人部门发挥各自的优势来提供公共服务,共同分担风险、分享收益。PPP 没有标准的运作模式,这种模式可以包含介于完全由政府供给与完全由企业自身供给之间的全部形式,包括特许经营、设立合资企业、合同承包、管理者收购、管理合同、国有企业的股权转让或者对企业开发项目提供政府补贴等,不同形式下企业的参与程度与承担的风险程度各不相同。PPP 融资模式在发达国家基础设施建设领域得以广泛应用。在美国交通基础设施建设方面,公私合作(PPPs) 是创新性融资项目最常用类型,是指政府通过订立合同协议,给予私人企业在设计、建设、运营或拥有交通基础设施方面更积极的作用。在美国,交通相关的 PPP 主要有两个目的:

第一个目的是私人部门给交通部门支付预付款,以获取长期经营公路项目的特许权。为这一目的使用 PPP 协议的公路项目通常是现有成熟的交通设施,有能产生未来通行费收入的稳定的客流,给私人部门提供了便利条件。在这种情况下,政府授予私人收费道路运营商行使经营和维护职能的许可权。许可权的预付款可被用于多种目的,如赎回项目债务、为长期储备金账户提供资金和为各种州和地方项目提供资金。

第二个目的是为现有项目再融资和帮助所有者填补项目融资上的空白。项目所有者可以用 PPP 作为债务重组和转移风险的补救办法。

在地方财政资金紧张的情况下，京津冀三地政府可以利用PPP模式，有效缓解地方财政压力并发挥市场机制的积极作用。在PPP模式的应用中，政府最终有责任决定私人企业需要何种类型的合同。在地方财政能力很弱的情况下，可以出让给承包商更多的经营权和所有权。在其他情况下，可仅付费给承包商完成那些政府无法有效提供的服务。由于市场投资的主体是集团企业、组织以及个人，而市场投资的资金来源主要是投资主体通过经营而获得的累积收入，因此市场投资的主要目的是获得回报或收益。如果希望市场中的资金进入基础设施建设特别是初期巨额持续投资，则必须让市场投资的主体得到未来可预测的收益。另外，由于初期基础设施投资的金额数目巨大，基本上无法仅由市场投资的资金独立承担，因此在进行初始基础设施投资时，市场投资的部分主要是作为政府投资的补充，以及作为未来基础设施投入使用后一种可以平滑过渡的支持政策。通过有效利用PPP模式，可以在基础设施成本和改进经营质量之间取得平衡。

（三）加强基础设施建设的政府间合作

京津冀协同发展是一项重大的国家战略，同时基础设施又是有着重大正外部效应的公共品，中央政府应该通过一般性和专项转移支付等形式予以一定支持。在此方面可以借鉴国际经验。

例如，美国联邦政府传统上依据公式向州政府分配用于交通目的的资金。公式按各州人口、公路里程的份额和其他人口特征在各州之间分配资金。美国的公路信托基金就是根据州各自的国家公路里程份额、人口和汽油税以及其他因素，把收取的全部收入分配给各州。为了更好地将资金提供给最值得的项目，联邦政府建立了竞争性的援助项目，根据项目特点对不同的资金需求进行评估。例如，"交通投资促进经济复苏"（TIGER）项目，是依据2009年《美国复苏与再投资法案》（ARRA）建立的一个15亿美元的拨款项目，项目要求地方和州政府寻找资金完成申请，并基于优点评估进行甄选。从公式转向基于优点或绩效的交通投资选择机制，源于担心公式项目倾向于使决策和项目选择分散到获取公式分配的政府机构。提供资金的政府层级较少对促进广泛社会目标的项目选择和优化进行控制，更不用说满足地区、州或国家的交通需要。

日本中央政府在基础设施建设领域也承担重要角色。日本基础设施的实施主体按照层级可以划分为四个部门：中央政府、地方政府、受益者团体和社会公团等，而基础设施建设的费用负担方式有6种：中央政府单独负担、地方政府单独负担、中央和地方政府共同负担、中央、地方政府和受益者团体共同负担、地方和收益者团体共同负担以及国家和公团等公营企业共同负担。中央政府通过财政预算为基础设施建设提供财源，主要方式有两种：一种是一般会计预算，另一种是特别会计预算。其中一般会计预算主要来源是税收和发行公债的收入且财政投向不明确，而特别会计预算的资金来源和流向都是特定的。多样化的负担体系有利于平衡中央、地方、受益群体之间的利益关系，也有利于调动各方的积极性，为基础设施建设开拓更多的资金来源。

四、注重基础设施投资的可持续性

在确定初始的基础设施投资资金来源后，还需要分析基础设施的收益以及后期维护方面的问题。

基础设施根据未来的目的和用途，可以分为两种类型，一种是不需要追加投入或少量追加投入即可免费使用的，另一种是需要按照一定标准收费才能使用的。对于可以免费使用的基础设施，如不需付费使用的一般道路，其投入使用后主要面对的是后期管理与维护两方面的问题；而对于收费使用型的基础设施，如按照里程收费的高速公路，则存在如何确定收费标准、收入的分配方式，以及同样的在投入使用后的管理与维护方面的问题。

（一）免费使用型基础设施的可持续性问题

由于基础设施投入使用后对使用者免费或收费金额可以基本忽略，因此在管理与维护方面需要稳定持续的资金投入以维持基础设施正常运行。免费的基础设施绝大部分是由政府直接投资进行建设的，社会资金通常是不愿或不参与这类基础设施的投资的。因此，在该类基础设施建成后，其管理与维护方面的费用通常或是只能由政府通过财政拨款来提供。此处存在一个问题：财政拨款后是由政府直接管理并维护，还是政府只制定管理标准及负责监督，具体的维护工作交由专业公司进行执行。此处所指的基础设施通常是指用于保障日常企业与个人的生产与生活方面的民用级基础设施，涉及国家安全层面的基础设施不在讨论范围之内。通过前面的分析，我们发现，京津冀三地未来基础设施投资重点方向就是交通运输领域，而交通运输这一领域中重要就是道路的建设。因此下面就以京津冀三地在交通领域中优先建设的道路为例，分析道路这一基础设施在三地可持续发展过程中存在的潜在问题。

对于京津冀三地各自行政区域内补付费使用的一般道路，在维护方案的选择上可以因地制宜。如果当地可以找到专业的公司对道路进行维护作业，则当地的政府只要出台有针对性的管理政策和监督政策，保障道路可以正常使用即可，不需要将市场可以解决的问题全部包揽下来，完全可以将维护方面的支出交由市场进行选择，在提高执行效率的同时也可以节省部分财政资金。还存在一种情况，就是京津冀中两地或三地交汇处的一般道路，这种道路当然也可以采用各地自行负责的方式进行管理维护，但京津冀三地的发展已不再是各地自身的问题了，而是三地共同发展的整体规划中的一个问题，因此更有效地体现这种整体规划方式的效率的方式是，三地进行联合制定符合整体利益的管理政策和监督政策，统一管理和监督标准，同时以京津冀三地整体进行对外招标，选择有能力的跨省专业公司对京津冀三地交汇路段进行统一维护，这样，在未来实际操作过程中才能做到标准统一、结果一致，才能体现出京津冀三地协同发展的重要战略优势。

（二）收费使用型基础设施的可持续性问题

这里以高速公路为例，对高速公路收费标准的制定以及投入使用后收入分配的选择进行分析。至于其对应的使用期间的管理和维护，因其情况与免费使用型基础设施相同，故这里不再赘述。

首先是收费标准的制定问题，同样可以考虑几种情况：

第一种情况就是高速公路位于京津冀三地中自身行政区域内，这种情况下标准的制定相对简单，在遵循国家相关部委的指导定价标准的前提下，参照省市地区的基本收入与物价水平，由各省市相关主管部门制定符合高速公路所在区域可以接受的整体平均收费标准即可。

第二种情况是高速公路所在路段存在跨省市的情形，此时标准的制定不能仅按省市各自的标准而分路段制定，而是需要京津冀三地相关部门在一起，根据高速公路的建设投入成本、位于京津冀三地各自辖区内的实际长度等实际投入情况，共同拟定收费标准，收费标准在遵循国家相关部委的指导定价标准的大前提下，全盘考虑未来各省市自身建设成本的回收和利息的支出，管理和维护的必要成本，以及高速公路存在所带来的未来的收益等，最终确定三地统一的收费标准，这是京津冀三地协同发展中需要共同遵守的基本原则。

在收费标准制定之后，需要同时考虑如何分配基础设施投入使用所带来的收入。如果高速公路位于京津冀三地自身管辖的行政区域中，则收入主要用于负担财政投入的基本成本和负债产生的利息、管理和维护需要投入的成本。当然如果高速公路分布在京津冀三地，则需要首先按照之前三地的约定，将收入分配到各省市后，再进行自身辖区内的再次分配。如果维护的工作外包给了跨省市的专业公司，则需要在初次分配时将维护的收入部分统一核算后，划拨给外包的公司，由其内部自身进行再分配。但无论是省市自身分配收入还是三地分摊收入，其中关键的一点就是：高速公路作为基础设施而存在，其存在的目的不是盈利，而是推动经济发展。高速公路本身的建设成本和负债产生的利息是存在真实数据的，在经历若干年之后，当高速公路建设时所欠的债务全部还清后，高速公路的收费标准必须进行调整，但调整的幅度可以根据实际管理和维护的费用成本进行设定，可以全部免费或是降低收费标准，当然这需要在国家层面出台相关的法律进行约束才能实现。

第九章　京津冀协同发展中的税收协调机制研究

第一节　研究背景与现状

一、研究背景

推动京津冀协同发展已成为当前我国重大的国家战略，创新京津冀协同发展与合作的体制机制无疑是实现这一目标的重要保证，而地方政府间税收协调机制的构建是其中的重要内容。自 2014 年 2 月至今，在国家层面和地方层面，京津冀税收协同发展都有了一些进展（详见表 9-1）。

第一，2014 年 7 月，国家税务总局成立了京津冀税收工作领导小组。小组领导及协调京津冀三地在税收基本政策及争端解决等方面的重大事项，并常设办公室对相关专题开展调查研究，检查督促相关的政策落实情况，以及总结推广各地的试点经验等。

第二，三地政府形成了税收利益协调的基本框架。2014 年 10 月，京津冀三地在廊坊市签署了《京津冀协同发展税收合作框架协议》，根据协议三地将建立税收利益协调机制。协议提出，要统一执行口径和管理标准，建立三地互认的政策管理制度，统筹税收政策措施等。另外，财政部和国家税务总局联合印发《京津冀协同发展产业转移对接企业税收收入分享办法》，明确了一定条件下的京津冀三地税收分享制度。

第三，京津冀之间产业转移的实例提供了可参考的经验。2014 年 5 月 11 日，中关村科技园区海淀园成立全国首个分园——秦皇岛分园。海淀区政府和秦皇岛市政府决定，从中关村科技园区转移的企业将实行税收共享，中关村企业在秦皇岛产生的税收进行分成，一部分作为秦皇岛园区企业的扶持资金，一部分由中关村海淀园和秦皇岛工业园区共享。2015 年 1 月，北京市有 22 家医药企业集中转移至沧州渤海新区，北京市有关部门明确表示，在产业转移中产生的税收和收益向河北倾斜。

表 9-1　京津冀协同发展中与税收相关的文件及重要会议

时间	文件或重要会议	主要内容
2014年7月	国家税务总局召开京津冀协同发展税收工作会议，成立京津冀协同发展税收工作领导小组	该会议明确，京津冀协同发展税收工作领导小组领导及协调京津冀三地在税收基本政策及争端解决等方面的重大事项，并常设办公室对相关专题开展调查研究，检查督促相关的政策落实情况，以及总结推广各地的试点经验等
2014年10月	《京津冀协同发展税收合作框架协议》	该协议提出，京津冀的税收协同要从网上办税平台着手，完善电话办税咨询服务，采取资质互认、征管互助、信息互通的"一统三互"措施，为京津冀协同提供配套的税收政策
2015年6月	《京津冀协同发展产业转移对接企业税收收入分享办法》	该办法提出，由迁出地区政府主导、符合迁入地区产业布局条件且迁出前三年内年均缴纳"三税"大于或等于2 000万元的企业，纳入分享范围。以迁出地区分享"三税"达到企业迁移前三年缴纳的"三税"总和为上限，达到分享上限后，迁出地区不再分享。具体办法是：迁出企业完成工商和税务登记变更并达产后三年内缴纳的"三税"，由迁入地区和迁出地区按50%∶50%的比例分享；若三年仍未达到分享上限，分享期限再延长两年，此后迁出地区不再分享，由中央财政一次性给予迁出地区适当补助
2015年12月	《深化国税、地税征管体制改革方案》	该方案提出，坚持法治引领、改革创新，发挥国税、地税各自优势，推动服务深度融合、执法适度整合、信息高度聚合，着力解决现行征管体制中存在的突出和深层次问题，不断推进税收征管体制和征管能力现代化，进一步增强税收在国家治理中的基础性、支柱性、保障性作用
2015年12月	《国家税务总局关于京津冀范围内纳税人办理跨省（市）迁移有关问题的通知》	该通知对使用范围、时限要求、业务衔接和迁出迁入地税务机关具体业务操作进行了详细说明，简化了纳税人办税手续

这些政策措施的出台无疑会对京津冀协同发展产生积极的促进作用。但是，与当前的经济社会发展需要相比，这些政策还不够完备，急需进一步的细化和完善。

二、研究现状

地方政府间税收协调的必要性在一定程度上来自税收竞争的负面影响，许多相关文献说明了地方政府间过度的税收竞争会导致公共服务提供或经济运行的无效率。20世纪80年代后期，西方有关学者（如Zodrow et al，1986；Wildasin，1989）构建了标准税收竞争模型，其基本结论是：各地区会通过降低资本税率展开税收竞争，导致公共物品供给不足。西方学者主要是通过空间税收竞争反应函数来对地方政府间税收竞争进行实证检验。绝大部分文献（如Brett & Pinkese，2000；Eugster & Parchet，2011）都发现税收竞争反应系数为正，也有少数学者得出不同的结果，如洛克（Rork，2003）发现税收竞争反应系数存在负值。近年来，国内学者基于西方学者提出的税收反应函数方法，采用空间计量模型对我国地区间税收竞争的存在性及其程度进行了检验，研究结果不尽相同：①税收竞争反应系数为正（如龙小宁等，2014；杨龙见，尹恒，2014）。②税收竞争反应系数为负（如沈坤荣、付文林，2006）。③不同情况下的税收竞争反应系数不同：一是对不同的税种而言（如郭杰、李涛，2009），二是对不同模型设定而言（如陆军、李玉萍，2010）。与基于宏观数据的研究不同，也有学者基于企业层面的微观数据，验证了税收竞争的相关结论，如范子英、田彬彬（2013）发现地方政府间会在税收执法力度方面展开竞次竞争。

西方学者对地方政府间的合作机制进行了多方面的研究，如乔纳斯（Tsionas，2000）认为应根据不同的合作问题和合作目标采用差异化的合作方式，阿格拉诺夫和麦克圭尔（Agranoff & Mc Guire，2004）则以网络理论为基础，认为地方政府可以通过联合政策制定、付费服务协定或联合服务协定、融资项目等方式开展合作。西方学者大都从交易成本视角解释地方政府间合作的动机，如克鲁格（Krueger，2005）发现当面对高交易成本和高强度竞争时，城市参与合作的可能性就越小，什雷斯塔（Shrestha，2008）指出为降低交易成本地方政府会选择网络化的合作方式。国内对地方政府间合作的早期研究主要是对地方政府间合作的可能性进行论述，多数研究认为利益诉求是政府间合作的主要动力（陈剩勇等，2004；汪伟全，2011）。随着区域一体化的推进，有关学者在区域一体化视角下研究了地方政府间合作问题，如谢思全等（2008）分析了地方政府间合作博弈的均衡条件，建议建立合作动力机制。许多学者强调区域合作在京津冀一体化中的重要作用，如文魁（2010）认为京津冀一体化的关键是首都经济圈的区域合作，孙久文等（2014）认为应构建一体化要素市场和长效化合作机制。

地方政府间税收协调与合作是区域经济一体化发展的必然要求，随着我国区域经济一体化的推进，一些学者探讨了我国地方政府间税收协调与合作问题。

一是税收协调与合作的必要性。吴蕾（2007）论证了地方政府合作策略的必要性和稳定性，认为政府间可以通过合作实现税收收益的最大化。罗春梅（2010）认为受地方政府利益最大化的驱使，区域内税收利益竞争所产生的冲突已影响到一体化的实施效果。段铸、王雪祺（2014）则从理论上分析了京津冀政府间财政合作的必要性及现实约束，认为应该在鼓励政府间开展有序财政竞争的同时促进有序化的财政合作。

二是税收合作与协调的路径选择。广西地税局课题组（2006）分析了我国跨区域税收合作的现状与问题，认为应当建立跨区域税收合作的平台，建立税收利益分配协调机制。薛菁（2010），文魁、祝尔娟（2014）等同样强调实现地方政府间税收协调与合作，需要建立区域税收利益分配协调机制，以及形成产业导向的税收激励制度体系（罗春梅，2010）。

三是横向税收分配问题。地方政府间的税收协调不可避免地要涉及横向税收分配问题。由于企业汇总纳税、跨区域经营等原因，我国地区间税源与税收发生背离，许多学者以此为出发点对横向税收分配问题进行了研究。这些学者普遍认为，税收背离问题的解决需要建立地区间横向税收分配协调机制（白彦锋，2009；解宏等，2011；刘馨颖，2014）。

还有学者对国外地方政府间税收协调制度进行了介绍，提出了对我国的借鉴意义。如胡秋红等（2010）分析了巴西洲际税收协调制度的经验，罗增庆、赵雪（2013）介绍了美国州及州之间税收协调的情况。

以上研究构成了本章的理论基础，本章将分析京津冀税收收入的基本态势，包括税收收入规模、税收收入增长、税收收入结构和税收负担等方面，阐述京津冀协同发展中存在的税收问题，最后提出京津冀税收协调机制的实现路径。

第二节　京津冀税收收入的基本态势

一、税收收入规模情况

京津冀三地税收收入规模不均衡特征明显。从税收总收入、中央级税收收入和地税局税收收入来看，北京地区的财力最强，天津地区的财力居中，河北地区的财力最弱。如表9-2所示，从税收总收入来看，2015年北京地区为12 277.92亿元，占京津冀的61.41%；天津地区为3 956.39亿元，占京津冀的19.79%；河北地区为3 758.57亿元，占京津冀的18.80%。从中央级税收收入来看，2015年北京地区为8 046.38亿元，占京津冀的65.60%，天津地区为2 383.19亿元，占京津冀的19.43%；河北地区为1 835.86亿元，占京津冀的14.97%。从国税局税收收入来看，2015年北京地区为8 655.23亿元，占京津冀的64.70%；天津地区为2 644.04亿元，占京津冀的19.77%；河北地区为2 078.05亿元，占京津冀的15.53%。

从三地地方级税收收入和地税局税收收入来看，北京地区的财力仍然最雄厚，河北地区的财力居中，天津地区的财力最弱。如表9-2所示，从地方级税收收入来看，2015年北京地区为4 231.54亿元，占京津冀的54.76%；天津地区为1 573.20亿元，占京津冀的20.36%；河北地区为1 922.71亿元，占京津冀的24.88%。从地税局税收收入来看，2015年北京地区为3 622.69亿元，占京津冀的54.76%；天津地区为1 312.35亿元，占京津冀的19.84%；河北地区为1 680.52亿元，占京津冀的25.40%。

表9-2　2015年京津冀税收收入情况

地区	税收总收入		中央级税收收入		地方级税收收入		国税局税收收入		地税局税收收入	
	金额（亿元）	占比（%）	金额（亿元）	占比（%）	金额（亿元）	占比（%）	金额（亿元）	占比（%）	金额（亿元）	占比（%）
北京	12 277.92	61.41	8 046.38	65.60	4 231.54	54.76	8 655.23	64.70	3 622.69	54.76
天津	3 956.39	19.79	2 383.19	19.43	1 573.20	20.36	2 644.04	19.77	1 312.35	19.84
河北	3 758.57	18.80	1 835.86	14.97	1 922.71	24.88	2 078.05	15.53	1 680.52	25.40
京津冀	19 992.88	100.00	12 265.43	100.00	7 727.45	100.00	13 377.32	100.00	6 615.56	100.00

资料来源：根据《中国税务年鉴2016》相关数据整理。

从人均地方级税收收入来看，京津冀三地差距更为悬殊。2015年北京地区为19 491元，天津地区为10 169元，河北地区为2 590元，京津冀为6 935元。可见，北京地区人均地方级税收收入最多，高于京津冀平均水平，为河北地区的7.5倍；天津地区人均地方级税收收入居中，同样高于京津冀平均水平，为河北地区的3.9倍；河北地区人均税收收入最少，远低于京津冀平均水平。

二、税收收入增长情况

京津冀三地税收收入增长情况存在一定差异。近年来，京津冀三地税收收入增速都呈下降趋势,但增长水平不尽相同。如图 9-1 所示,从地方级税收收入增速来看,北京地区 2010 年为 24.24%,2011 年提高至 27.17%,之后逐年下降至 2014 年的 8.4%,2015 年则提高至 10.61%;天津地区 2010 年为 36.66%,之后逐年下降至 2015 年的 3.86%;河北地区 2010 年为 39.14%,之后逐年下降至 2014 年的 6.03%。2010 至 2015 年间,除 2012 年外,河北地区地方级税收收入增长均高于北京地区和天津地区,京津冀三地间的差异有减少的趋势。

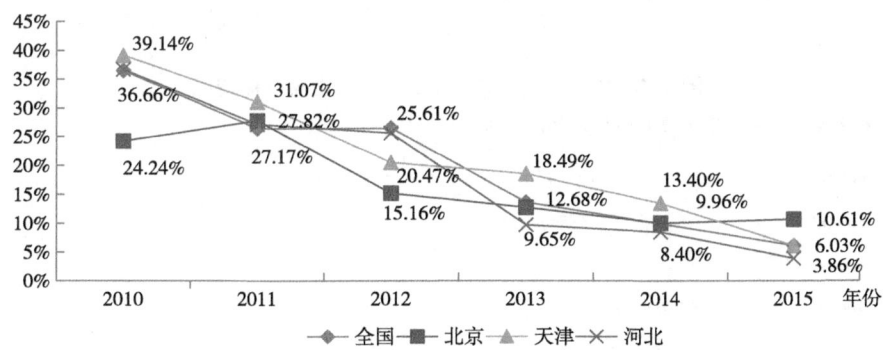

图 9-1　京津冀地方级税收收入增长情况

资料来源:根据《中国税务年鉴》历年数据整理。

三、税收收入结构情况

京津冀三地税收收入结构差别比较明显,无论是税种结构还是来源的行业结构,都有各自的特点。2015 年地方级税收收入中,北京地区前五大税种分别为营业税 1 186.13 亿元,占比 28.03%;企业所得税 980.86 亿元,占比 23.18%;增值税 719.20 亿元,占比 17.00%;个人所得税 478.12 亿元,占比 11.30%;契税 210.23 亿元,占比 4.97%(见图 9-2)。天津地区前五大税种分别为营业税 501.41 亿元,占比 31.87%;增值税 253.65 亿元,占比 16.12%;企业所得税 248.53 亿元,占比 15.80%;土地增值税 139.99 亿元,占比 8.90%;城市维护建设税 101.17 亿元,占比 6.43%(见图 9-3)。河北地区前五大税种分别为营业税 651.54 亿元,占比 33.89%;增值税 312.55 亿元,占比 16.26%;企业所得税 252.62 亿元,占比 13.14%;土地增值税 118.57 亿元,占比 6.17%;城市维护建设税 117.47 亿元,占比 6.11%(见图 9-4)。

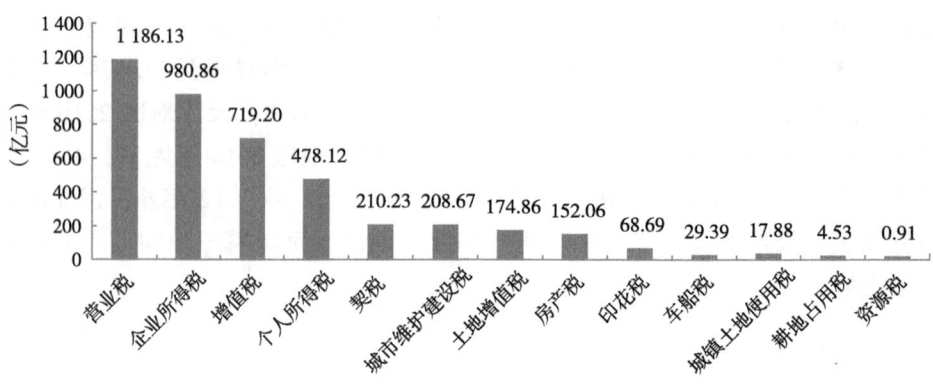

图 9-2　2015 年北京市地方级税收收入税种情况

资料来源：根据《中国税务年鉴 2016》相关数据整理。

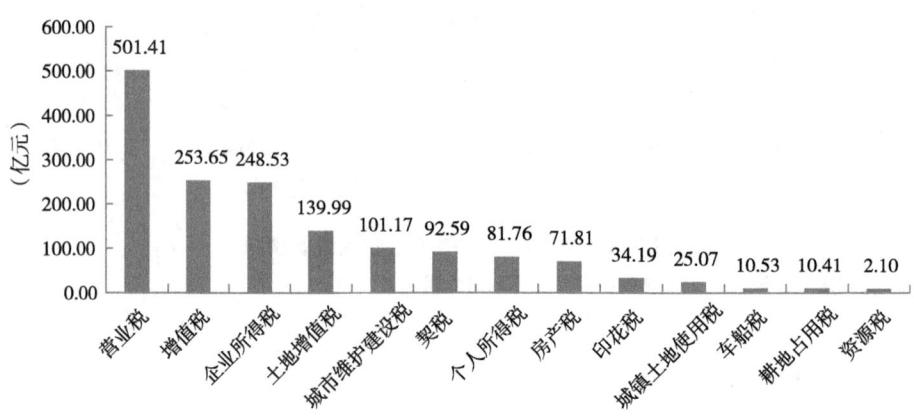

图 9-3　2015 年天津市地方级税收收入税种情况

资料来源：根据《中国税务年鉴 2016》相关数据整理。

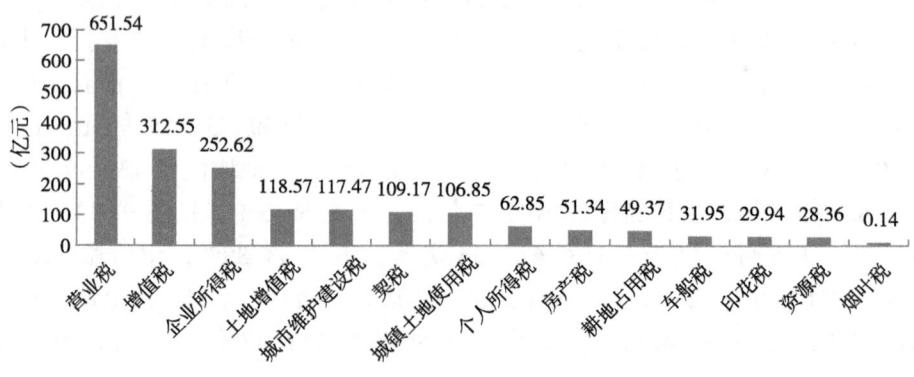

图 9-4　2015 年河北省地方级税收收入税种情况

资料来源：根据《中国税务年鉴 2016》相关数据整理。

从三次产业结构来看,如图9-5所示,2015年地方税务局税收收入中①,北京地区来源于第一产业的税收为8.08亿元,占比0.23%,高于京津冀平均水平;来源于第二产业的税收为374.00亿元,占比10.32%,低于京津冀平均水平;来源于第三产业的税收为3 240.61亿元,占比89.45%,高于京津冀平均水平。天津地区来源于第一产业的税收为1.80亿元,占比0.14%,低于京津冀平均水平;来源于第二产业的税收为375.93亿元,占比28.65%,高于京津冀平均水平;来源于第三产业的税收为934.61亿元,占比71.22%,低于京津冀平均水平。河北地区来源于第一产业的税收为0.67亿元,占比0.04%,低于京津冀平均水平;来源于第二产业的税收为585.11亿元,占比34.82%,高于京津冀平均水平;来源于第三产业的税收为1 094.74亿元,占比65.14%,低于京津冀平均水平。

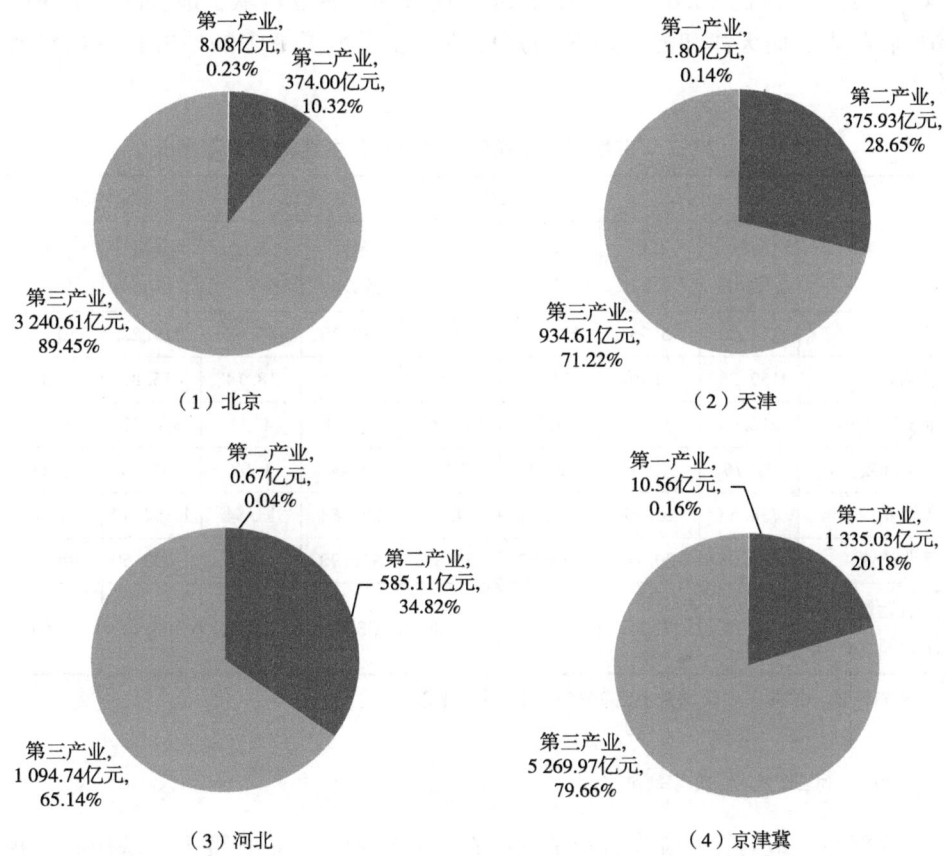

图9-5 2015年京津冀地方税务局税收收入三次产业来源情况

资料来源:根据《中国税务年鉴2016》相关数据整理。

---

① 由于缺少地方级税收收入来源行业数据,此处用地方税务局税收收入分析来源行业结构。

京津冀三地税收来源的行业分布①的差别比较明显。如表9-3所示，2015年地方税务局税收收入中，北京地区税收来源排名前三的行业是金融业、房地产业和工业。其中，来源于金融业的税收为738.55亿元，占比20.39%；来源于房地产业的税收为731.03亿元，占比20.18%；来源于工业的税收为214.72亿元，占比5.93%。天津地区税收来源排名前三的行业是房地产业、工业和金融业。其中，源于房地产业的税收为335.57亿元，占比25.57%；来源于工业的税收为224.20亿元，占比17.08%；来源于金融业的税收为186.31亿元，占比14.20%。河北地区税收来源排名前三的行业是房地产业、建筑业和工业。其中，来源于房地产业的税收为536.90亿元，占比31.95%；来源于建筑业的税收为304.81亿元，占比18.14%；来源于工业的税收为280.29亿元，占比16.68%。可见，北京地区的金融业贡献了最多的地方税务局税收收入，而天津和河北地区则是房地产业贡献了最多的地方税务局税收收入。

表9-3　2015年京津冀地方税务局税收收入主要行业来源情况

行业	北京 金额（亿元）	北京 占比（%）	天津 金额（亿元）	天津 占比（%）	河北 金额（亿元）	河北 占比（%）	京津冀 金额（亿元）	京津冀 占比（%）
工业	214.72	5.93	224.20	17.08	280.29	16.68	719.22	10.87
建筑业	159.28	4.40	151.73	11.56	304.81	18.14	615.82	9.31
批发和零售业	212.99	5.88	84.54	6.44	72.54	4.32	370.07	5.59
住宿和餐饮业	71.76	1.98	12.09	0.92	18.00	1.07	101.85	1.54
金融业	738.55	20.39	186.31	14.20	227.53	13.54	1 152.40	17.42
房地产业	731.03	20.18	335.57	25.57	536.90	31.95	1 603.50	24.24
交通运输、仓储和邮政业	42.18	1.16	32.32	2.46	33.62	2.00	108.12	1.63

资料来源：根据《中国税务年鉴2016》相关数据整理。

四、行业税收负担情况

京津冀三地的行业税收负担情况存在一定差距，一定程度上反映出各地税收政策的差异。从整体税负来看，如图9-6所示，北京地区最高，达到15.74%，天津地区次之，达到7.94%，河北地区最低，为5.64%。从三次产业

---

① 由于缺少地方级税收收入来源行业数据，此处用地方税务局税收收入分析来源行业结构。

税负来看，各产业税负北京地区最高，均高于全国平均水平，天津地区其次，河北地区最低，其中京津冀三地第一产业和第三产业的税收负担①差距较大。

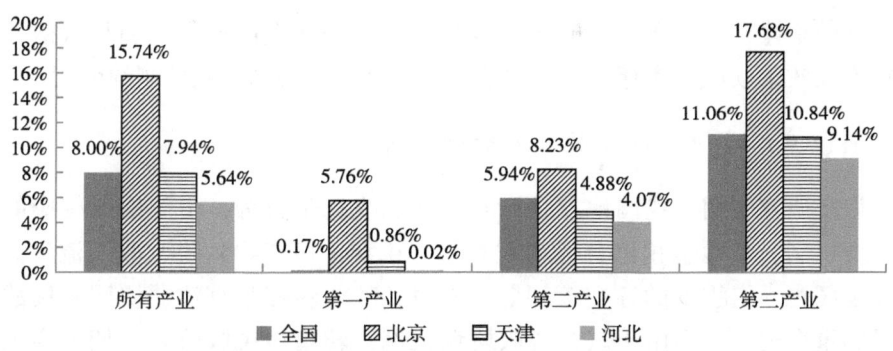

图 9-6　2015 年京津冀三次产业税收负担情况

资料来源：根据《中国税务年鉴 2016》相关数据整理。

从具体行业来看，如图 9-7 所示，在工业、批发和零售业、住宿和餐饮业，北京地区税负最高，天津地区次之，河北地区最低；在建筑业，天津地区税负最高，河北地区次之，北京地区税负最低；在交通运输、仓储和邮政业、房地产业，天津地区税负最高，北京地区次之，河北地区税负最低；在金融业，北京地区税负最高，河北地区税负次之，天津地区税负最低。

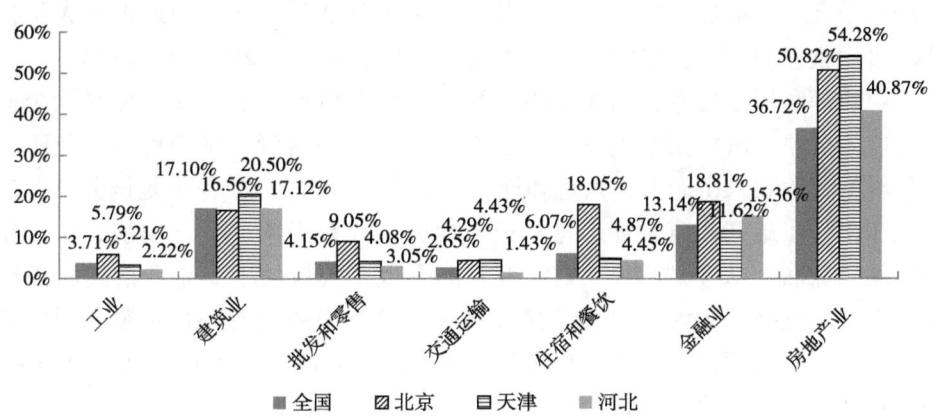

图 9-7　2015 年京津冀主要行业税收负担情况

资料来源：根据《中国税务年鉴 2016》相关数据整理。

---

① 行业（产业）税收负担计算方法为：某行业（产业）税收负担＝来源于该行业（产业）的税收收入/该行业（产业）生产总值，此处的税收收入为地方税务局税收收入。

第三节 京津冀协同发展中存在的税收问题

当前京津冀协同发展战略正稳步推进,在许多方面取得了明显成效,但是在税收政策领域仍然存在一些问题,成为京津冀协同发展的制约因素。

一、京津冀政府间税收收入分配不合理

许多研究表明,我国地方政府间存在税收竞争行为,由于缺乏相应的税收协调机制,各地争相出台优惠政策吸引税源,最终导致税收收入流失。京津冀地区也一定程度的存在该问题。同时,产业转移是京津冀协同发展战略推进的重要内容,而由于缺少税收协调机制,转出地税收收入短期内会大幅下滑,对当地财政造成较大影响。由于产业转移会给转出地带来税收收入损失,一定程度上影响了产业转出地政府的积极性,进而阻碍京津冀协同发展战略的推进。

2017年12月,京津冀三省市发布了《关于加强京津冀产业转移承接重点平台建设的意见》,三地初步明确了"2+4+46"个产业承接平台,包括北京城市副中心和河北雄安新区两个集中承载地,曹妃甸协同发展示范区、北京新机场临空经济区、天津滨海新区、张承生态功能区四大战略合作功能区及46个专业化、特色化承接平台。可见,随着京津冀协同发展的推进,产业转移的规模会日益增加。各类企业在落户天津和河北后,在为当地带来大量投资、带动就业的同时,也引发了京津冀三地地方政府对税收收入的关注。

财政部和国家税务总局联合印发的《京津冀协同发展产业转移对接企业税收收入分享办法》虽然明确了迁移企业的企业所得税、增值税、营业税三个税种的税收收入由企业迁入地和迁出地政府"五五分成",但是该分享办法仅限于由迁出地区政府主导、符合迁入地区产业布局条件且迁出前三年内年均缴纳"三税"大于或等于2 000万元的企业,大量的中小企业的转移不适用该办法。此外,天津、河北承接迁移企业后带来的生态环境污染、税收征收成本上升等问题仍然存在。京津冀协同发展,需要完善横向税收分配制度,缩小京津冀的税收收入差距。

二、总部经济政策导致税收和税源背离

总部经济是指某地区由于特有的优势资源吸引企业总部聚集布局,形成总部集聚效应,带动生产制造基地所在地区发展。在总部经济体系内,企业的生产基地和企业总部的异地经营,使得总部经济企业的税收流动不均衡,

税收往往从边缘地区流向中心城市，出现了税收与税源不一致的现象。这扭曲了市场经济活动的激励机制，导致了地区间财力的不平衡。京津冀三地中，北京由于本身的经济、技术、人才和区位优势，总部机构数量较多，分享了天津与河北的税收收入。据统计，北京有48家世界500强公司总部，数量居世界第一，而天津仅有2家，河北仅有3家。相比北京的公司总部众多，河北和天津聚集了众多的分支机构。在企业所得税方面，公司总部最多的北京税收收益多，而分公司所在的津冀地区收益较少。按照《中华人民共和国企业所得税法》规定，一个企业从一个地区转移到另一个地区，企业分公司的税收要汇总到总部进行缴纳，总部地区政府再依据分公司缴税比例给予当地适当返还，但总部所在地获得的税收收入比生产基地所在地要高出不少。

总部经济政策导致的京津冀税收与税源背离情况较为严重。2005—2014年，河北的税收与税源背离度一直呈现负值，且绝对值一直高于1%，属于绝对的税收流出地，并且近年来无明显好转；而同期北京的税收与税源背离度一直呈现正值，虽然近年来有下降趋势，但却一直高于3%，2008年达到最高值3.97%，属于绝对的税收流入地；天津市的税收与税源背离度这十年来基本属于正值，属于税收流入地，虽然2012年和2013年出现了负值，但是背离幅度却仅有-0.09%和-0.04%。从总体来看，与河北省相比，天津的税收与税源背离情况要乐观得多，而北京却处于绝对优势。[①] 京津冀产业重新布局带来的企业总分机构变化无疑会加剧税收与税源背离的程度。比如，北京的企业转移到河北，如果设立的只是分公司，主要税收还得留在北京。

三、京津冀三地税收政策差异明显

现行税法授权省级政府和税务机关可以在规定幅度内自行调整税收政策，导致京津冀三地税收政策存在一定的差异。

首先，京津冀三地在资源税、车船税、城镇土地使用税等地方税种方面，存在较大差异。如前文所述，京津冀三地的行业税收负担不尽相同，以房地产业为例，2015年北京地区房地产业税收负担为50.82%，天津地区为54.28%，河北地区为40.87%，差别比较明显，一定程度上反映出税收政策的不同。

其次，国家给予京津冀三地的特殊税收待遇也不一致。北京的中关村国家自主创新示范区、天津的滨海新区都有国家层面给予的专门税收优惠政策，

[①] 参见：刘海云等. 京津冀三地税收与税源背离问题研究 [J]. 经济与管理，2017，31（3）。税收与税源背离度表示为：$S_i = T_i / \sum T_i - G_i / \sum G_i$，$S_i$ 为地区 i 的税收与税源背离度，T_i 为地区 i 的地方级税收，G_i 为地区域 i 的地区生产总值（不含第一产业增加值）。

而河北并没有享受到类似的税收优惠政策。以高新技术企业为例，在北京的中关村创新示范区，经认证的高新技术企业对单独进行核算，单独设置辅助核算账目归集计入当期损益和形成无形资产的研发费用，实行加计扣除。在天津的滨海新区高新开发区，符合认定资格的，可减按15%缴纳企业所得税，而且区内企业可按相关规定和自身发展情况，调整折旧年限。河北虽也有特定的经济区，如曹妃甸工业区、沧州渤海新区和秦皇岛经济技术开发区等，但税收优惠政策远不如北京和天津多。

最后，京津冀三地征管制度和业务流程等也不尽统一。例如，京津冀三地在税收的优惠备案、损失税收扣除管理、高新技术企业和非营利组织的认定及管理，以及企业核定征收管理等方面存在不协调、不一致的地方；同时，京津冀三地的涉税信息共享度也比较低，共享信息时效性不强，协同征管面临信息困境。随着企业规模的不断扩大，越来越多的企业选择异地设厂投资，从而形成"总部经济"发展模式。如果信息共享度不够，京津冀三地税务机关对同一纳税人或者同一纳税事项的税务信息掌握得不够全面，这不仅给纳税人申报纳税带来不便，也影响了税务机关对征收的全面监控，面临税收流失的风险。

四、财税体制制约京津冀协同发展

目前京津冀区域在发展产业和提供公共服务过程中的多数矛盾，是由现行财税体制造成的。京津冀需要通过区域合作，优化产业结构和经济布局，实现经济社会协同发展，而现行"分灶吃饭"财税体制导致各地区着重增加当地财政收入，控制财政利益流出，限制了省际产业转移、要素流动和产业的优化组合，产业布局和转移受到行政力量的干预，各方政府都不愿意放弃已有的产业利益。这使得北京不愿意将产业项目转移到具备资源要素优势的河北地区，而是将这些产业转移到发展成本高、发展条件相对较差的郊区县。从自身利益考虑，这是理性的选择，但这无疑会对京津冀协同发展产生不利影响。

第四节 京津冀税收协调机制的实现路径

当前，为了解决前面所述的税收问题，建立京津冀税收协调机制是根本途径，而协调机制的建立可以从如下几个方面进行。

一、建立健全京津冀税收协调机制与协调机构

京津冀税收协调机制包括税收利益分享机制、涉税信息共享机制、涉税

争议处理机制、税收政策配合机制等，京津冀三地税务部门应积极落实并不断完善《京津冀协同发展税收合作框架协议》，让各项协调机制充分发挥应有的作用。

鉴于地方税务部门的税收自由裁量权有限，京津冀税收协调机制的建立需要比较完善的税收协调机构作为保障。该机构应由京津冀协同发展领导小组组长领导，北京市、天津市、河北省的行政负责人、国税总局负责人，以及京津冀三地国税负责人为成员，并设立京津冀税收协调办公室负责日常事务。京津冀税收协调机构的职责为：制定京津冀三地税收分享基本政策和京津冀三地税收竞争基本规范，推进京津冀三地税收协同政策的试点和推广，监督京津冀三地税收协同政策落实，协调京津冀三地重大税收争议事项，推进京津冀税收协调立法等。

二、构建京津冀产业转移 GDP 分成与税收利益分享机制

北京需要疏解非核心功能产业，但产业转移涉及地方利益，地方经济指标考核成为产业转移面临的行政壁垒。要破除现行体制对产业转移的阻碍，就应该建立双方对搬迁企业经济利益共同分享的机制，搬迁企业税收利益由两地分成，也要留意迁出地政府的积极性，以促进产业转移意向达成一致。具体分成比例可由双方协商确定，达到一定年限后再整体划归迁入地。例如，可以采取分成逐年递减的方式，第一年将迁出企业 80% GDP 记入迁出地政府考核指标，之后逐年递减，用 5 年左右时间实现经济考核指标的完全转移。通过建立区域内各地区经济利益分享机制，刺激各地协同发展意愿，促进整个区域协同发展。

目前，京津冀之间还没有形成横向税收分成制度，产业转移的税收分成往往是由两地政府协商达成的。河北由于政治地位不及京津两地，在协商过程中话语权较弱。因此，建立产业转移税收分享机制就变得尤为重要。为了保护原产业所在地政府既得财力不受大幅影响，可以采取迁出地政府获取的税收收入逐年递减的方式。对迁出企业的税收，第一年迁出地分享 80% 的税收，之后逐年递减，用 5 年时间过渡到税收完全由迁入地征收，实现财权与事权的统一，缩小京津冀地区间发展差距。当然，具体税收分享的额度应该由转入地政府和转出地政府根据实际情况商议。

三、制定京津冀总部经济税收分享与园区合作税收分享政策

在京津冀协同发展背景下，为了更好地分享总部与分部及机构的税收，应制定总部经济税收分享政策，减少没有经营收入的总部在企业所得税分享

中的比例,将财权与事权统一,提升分支机构所在地区政府的积极性。税收分享政策可以按以下原则确定:注册在北京的企业,如果在天津、河北有分公司,则相应的税收按税收贡献进行分配,比如在天津、河北的分公司向总部上缴的企业所得税,就由总部按贡献分配,总部所在地政府分享小部分税收,各个分机构所在地政府分享大部分税收。考虑到在实施阶段遇到各地税务部门税收征管的协调困难,就需要科学设计相应的权数,既要考虑公平原则,又要适度顾及京津冀三地税收征管部门的积极性。另外,鼓励在京企业的天津、河北分支机构变更为独立法人,这样能为分支机构所在地带来更多税收。但在市场经济条件下,企业是市场的主体,分支机构如何设立应由企业自主决策。

为了鼓励产业转移,中关村企业外迁到河北,北京市原给予的优惠政策应该继续有效,企业税收地方留成部分可由河北省与北京市中关村园区进行分成。针对重大总部经济合作项目,由北京和合作城市进行"一企一策"协商,对企业生产基地外迁后的土地供给、利益分配、政策落实等问题进行统筹协调。对转移企业可以实施2∶4∶4的税收分享政策,即对企业产生税收的地方留成部分进行切分,20%作为园区产业扶持资金,80%由转出地园区和转入地园区对半分成。这种税收共享模式不仅让两地政府实现了共赢,调动了两地政府的积极性,也让企业受益。

四、统一京津冀三地税收政策并提高征管与纳税服务水平

京津冀三地地方税种相关规定的差异,以及税收优惠力度和范围的不同,使得京津冀区域内的资本、科技、人才等要素流动受到不同程度的影响。因此,要立足京津冀整体,统一地方税税收政策。一方面,应全面梳理京津冀三地现有地方税税收政策,分析比较相关规定和实际执行中的差别,逐步统一京津冀三地在资源税、车船税、城镇土地使用税等税种方面的政策;另一方面,结合京津冀征管实际,规范产业园区税收优惠政策,对于在北京和天津实施的促进科技创新的税收优惠政策,可以结合京津冀三地的产业发展布局,以园区的方式在河北逐步推广实施。通过税收优惠政策促进高新技术在京津冀地区的落地,促进京津冀区域创新驱动发展战略的落实。

提高征管与纳税服务水平,不仅可以提高纳税遵从度,也可以消除征管因素造成的地区间税负不公。京津冀要建立统一高效的征管制度,提高征管与纳税服务水平可以有以下思路:

一是统一税收政策执行标准和处罚裁量权基准,统一办税流程,规范纳税申报表,建立京津冀三地资质互认的管理制度。

二是优化发票管理,简化发票申领程序,积极推行电子发票,统一发票查询系统,方便纳税人办理发票业务。

三是积极探索税务登记业务便利化,申报纳税渠道多样化和手续简便化,方便纳税人在京津冀区域自由从事生产经营活动。

四是强化联合执法监控,及时公开非正常、欠税、处罚、减免税等各种事项,共同打击逃税等各类税务违法行为。

五是通过干部交流或经验交流的形式,京津冀三地税务部门共同探讨京津冀协同发展中的税务管理问题,共同提高业务管理水平。

五、完善京津冀涉税信息共享机制并强化税务机关协作

完善涉税信息共享机制,有利于强化京津冀税务机关的协作,降低三地税收征管成本。凭借涉税信息大数据库,京津冀三地税务机关能够进行分析、预测税收收入发展趋势,监管重点税源的波动情况;能够查验纳税人信用、纳税申报、欠税欠费等信息;能够定期开展税务稽查和纳税评估,以及深入分析地区税负差异等。

首先,应顺应"互联网+"的浪潮,建立京津冀涉税信息共享平台。涉税信息共享平台的建立可以金税三期工程为基础,在纳税服务与管理、税款征收与监控、税务稽查与评估、税收政策与执行标准等信息方面实现共享。

其次,建立定期信息交换机制,加强相关信息的互联互通。定期通报非正常纳税人与"黑名单"情况,定期交换税务稽查工作信息,定期交流风险应对经验。

最后,完善涉税风险预警机制,共同防范相关的涉税风险。为了及时管控税收风险,促进税收征管质量的提高,有必要在京津冀三地间建立风险防控预警系统,及时防范和化解重大涉税风险,确保三地的税收收入安全。

第十章 疏解非首都功能背景下北京市税源建设研究

随着经济的增长,北京作为我国的首都,不断地吸引劳动力、资本的流入,是我国北方最重要的经济中心之一。各种生产要素的集聚,已经导致北京的"大城市病"越来越严重,严重制约了北京作为国家首都的核心功能发挥,疏解非首都功能刻不容缓。2015年2月,在中央财经领导小组第九次会议上,中央领导同志指出,要通过疏解北京非首都功能,调整经济结构和空间结构,探索人口经济密集地区优化开发和内涵集约发展的新思路,以此促进区域经济协调发展,形成新的增长极。在2016年底的中央经济工作会议上,中央领导同志再次强调了疏解非首都功能的重要性,指出疏解非首都功能是京津冀协同发展战略的关键一步。为疏解"非首都功能",落实北京"四个中心"建设,北京市政府制定了新增产业禁限名录,北京市发改委协同综合处相关负责人表示,截至2019年11月底,全市不予办理的工商营业登记业务累计达到2.28万余件,动物园地区12家批发市场、天意、万通、永外城等批发市场完成疏解和升级为金融创新中心。北京市非首都功能疏解已取得阶段性的成效。然而,疏解非首都功能带来的产业外移,势必会对北京市的税源产生一定的影响,如何在疏解北京非首都功能背景下推进北京市产业结构调整升级?如何培育新形势下北京的高质量税源以实现税收的可持续增长?这是北京市面临的巨大挑战,也是事关京津冀协同发展能否顺利实施的关键之一。

第一节 相关研究文献及理论分析

一、相关文献综述

关于税源建设的影响因素研究,我国学者主要从经济结构、产业结构影响税收的可持续性等方面进行研究,认为影响地方税收收入可持续性的因素主要有经济结构和税源的丰度,因此保持经济的可持续性、培植税源是保证地方税收收入可持续性的根本方向。安体富（2002）指出，税收收入的增长主要有三方面原因，即经济因素、政策性因素以及管理因素，其中经济因素主要包括经济结构的调整、经济效益的提高以及物价提高三方面。王道树（2008）实证分析的结论是，经济因素是税收增长的主要因素，物价、税收征管及税收政策也是重要因素。大多数学者认同税收制度、税收征管对税收收入增长的促进作用，但都强调经济性因素是影响税收收入增长的主要因素。

由于产业结构的优化在促进经济增长中的作用突出，很多学者高度重视产业结构优化、调整与税收的关系。白景明（2015）指出，经济增长的过程就是产业的不断细化和价值链的延伸，进而影响税收的增长与结构。张伦俊（2005）认为，经济结构的调整对税收收入的变动产生重大的影响，而产业结构和内部行业的调整是经济结构调整的主要部分，引用产业税收弹性系数、产业税负、税收协调系数等指标分析了我国税收与经济结构调整的互动关系。

在研究地区税源建设问题时，学者们也经常从经济结构、产业结构角度出发：郭庆旺、吕冰洋（2004），周艳（2011），李艳艳（2013），黄小平（2009），林颖（2001），杨林、于小玭（2014）都在各自的研究中得出产业结构的优化升级对巩固现有税源，培植新的税源具有重要作用。冯瑜（2011），吴婵丹、甘德林（2018）等更进一步得出第三产业具有更高的税收产出弹性等结论，肯定了通过第三产业发展促进税收收入的思路。

张可云、蔡之兵（2015），杨开忠（2015）主要阐述了首都的功能定位与疏解非首都功能的重要意义，李华（2019），谷彦芳、王坤、李克桥（2018），高玉（2015），牛丽、刘群、王传成（2015），徐妍（2018）等研究了京津冀协同发展过程中产业转移税收分享机制等。

二、相关理论基础

税收是国家为满足公共需要，按照税法的规定，凭借政治权力强制征收的财政收入的一种形式，对经济运行以及社会发展都发挥着重要的作用。税收收入增长的影响因素主要分为三类：一是经济性因素，二是政策性因素，三是管理性因素。经济性因素是指经济发展所带来的税收收入的增加。经济增长是影响税收收入增长的决定性因素，在税收产生环节影响税收的增长，是税收的根本来源。经济增长对税收收入的影响主要体现在两个方面：一是经济总量的增长。经济是税收的来源，一般而言，随着经济总量的不断增长，税收收入也必然相应扩大。国内生产总值不断提高，税基才会越来越宽广，税收收入才会增加。二是经济结构的优化调整对优化税源结构和质量存在一定的推动作用，由于各个产业的行业特征不同，各产业的税收负担及对税收的贡献度也有所不同,产业结构决定了税源结构,产业结构的不断优化为培植后续税源蓄力。本章主要研究经济因素中经济结构调整对税收收入的影响,也就是研究在经济发展过程中的潜在税源。

产业结构调整是经济结构调整的最主要组成部分,产业结构调整主要包括两个方面,一是产业结构的合理化,二是产业结构的高级化。产业结构的合理化是指,随着经济的发展,三次产业结构间相互协调转换,具体表现为三次产业间的比重关系及三次产业经济技术的联系等关系,它们使得产业结构与经济发展相适应,带来最大经济效益的产业结构。产业高级化又称为产业结构升级,是指产业结构由低级形态向高级形态转变的过程,这种转变主要是由技术进步所造成的。产业高级化不单单表现为随着国民经济的发展产业结构由以第一产业为主向第二产业为主再向第三产业为主进行转换,也表现为产业结构中以劳动密集型产业为重点向以资金密集型、技术密集型、知识密集型产业为重点逐步转移,产业具有更高的附加值和更高的技术,形成更高级的产业结构。

产业结构是指在一个国家或地区产业间资源配置的状态,包括各产业的发展水平及其所占整个国民经济的比重,以及各产业间的经济技术联系等。产业结构理论在20世纪中叶得到了较大的发展和完善,对国家及地区产业结构调整的基本方向及经济的高质量发展具有指导意义。本章运用的理论主要有配第-克拉克定律、库兹涅茨法则及罗斯托主导产业理论和经济成长阶段论。

(一)配第-克拉克定律

配第-克拉克定律是产业结构理论的基础理论,它描述了在不同收入水平下劳动力在产业结构间变化的趋势。配第-克拉克定律表明,产业间存在较大的收入差异,随着经济的不断发展,第一产业国民收入和劳动力的相对比重逐渐下降,第二产业国民收入和劳动力的相对比重上升,并随着经济进一步发展,第三产业国民收入和劳动力的相对比重也开始上升。

配第-克拉克定律最早由英国经济学家威廉·配第提出,他结合当时英国的实际情况指出,服务业产生的利润要远远大于工业产生的利润,工业产生的利润要远远大于农业产生的利润,因此劳动力必然会依据各产业的收益由低向高流动。但是威廉·配第仅仅发现了产业结构变化的基本方向,并未将产业结构变动与经济发展水平及国民收入水平联系起来。英国经济学家科林·克拉克在威廉·配第研究的基础上,对不同时期不同经济发展水平下40多个国家和地区的三次产业的劳动投入及产出情况进行了归纳和总结,认为一个国家的经济发展水平及人均收入水平与该国劳动力在三次产业间的分布有很大的关系，得出了随着经济的发展和人均收入水平的提高，劳动力首先由第一产业向第二产业转移，又随着经济的进一步发展由第二产业向第三产业转移的结论。由于克拉克得出的结论验证了威廉·配第的发现，配第-克拉克定律由此产生。

（二）库兹涅茨法则

美国著名经济学家西蒙·库兹涅茨在威廉·配第和科林·克拉克等人的研究基础上，对世界各国的经济数据和历史资料进行统计分析，从劳动力及国民生产总值两个方面研究经济结构变动的趋势，并于1941年出版的著作《国民收入及其构成》一书中，系统性地阐述了国民生产总值与产业结构间的关系。西蒙·库兹涅茨发现，随着经济的发展和时间的推移，第一产业的国民收入占整个国民收入的比重及其劳动力占全部劳动力的比重均呈现不断下降的趋势。而第二、第三产业的国民生产总值及劳动力比重则都处于上升的态势，虽然第二、第三产业的上升幅度略有不同，但劳动力会加快向第三产业流动。西蒙·库兹涅茨还发现，随着经济的不断发展，不仅产业间结构发生了较大的变动，三大产业内部也发生了较大的结构变动，第二产业中制造业的上升幅度最大，而与现代技术密切相关的新兴部门则创造了制造业内部的经济增长点，传统产业的国民生产总值及劳动力比重反而有所下降。在第三产业内部，教育、科学研究及政府公共支出所占比重逐渐上升。

（三）主导产业扩散效应理论和经济成长阶段论

20世纪60年代，美国经济史学家罗斯托提出，在经济发展过程中，应重视主导产业发挥的作用，在经济发展的任何一个时期，一个国家或地区的经济快速发展往往是由少数产业的迅速扩张带来的，这些产业即主导产业能够有效吸收新技术，自身具有高增长率，并且具有扩散效应，即主导产业的不断发展和扩张对整个经济的发展起到了后向联系效应、旁侧效应和前向联系效应，使得主导产业不仅带动了所属产业的发展，也使得各产业间的联系更加密切。通过主导产业对经济的扩散效应将主导产业的产业优势辐射到各产业链中，使各产业联合在一起，带动整个产业结构的升级，促进经济的发展。

罗斯托认为，在经济发展的不同阶段，主导产业也会发生相应的变化。他在《经济成长的阶段》《政治与增长阶段》中，按现代科学技术标准，提出世界各国经济发展要经历六个阶段，这就是他的经济成长阶段理论。他认为，每个阶段的主导产业随着现代科学技术的发展、社会价值取向和人们的需求的变化而发生变化，主导产业从农业向工业再向服务业和环境改造事业转变，在产业结构的调整过程中，政府起到了关键的作用，税收收入结构也发生了较大的变化。罗斯托的主导产业理论，对一个国家经济发展过程中所遇到的产业结构问题有重要的战略启发意义。

产业结构调整是经济结构调整的重要组成部分，经济结构的优化升级是经济高质量发展的前提。产业结构不断地优化升级促进了经济高质量可持续性的发展。产业结构趋向于向第三产业倾斜，并带动一二产业的发展，为经济的发展提供新的税源。税收来源于经济，经济结构影响着税收收入的规模、结构和质量，三次产业结构对税源的贡献也存在一定的差别。三次产业结构的不断优化，使得经济结构也不断地优化调整。三次产业对税收的贡献度也不断调整，使得税源结构也随产业结构不断地优化升级。产业内部的结构优化也会使得产业结构向产业内部具有高附加值的行业倾斜，带动整个产业的发展，也会促进经济的发展，产生新的税源。因而，产业结构的调整决定着经济发展质量，决定着经济结构的发展方向，也决定着可培植税源的方向和质量。因此，一个国家的产业结构对经济发展、税收收入有很大的影响。本书认为，通过调整产业结构，提高第二、第三产业增加值占 GDP 的比重，可以增加税收收入。

同时，第二、第三产业内部的结构优化，也会使得产业结构逐步向高级化发展。即传统行业向高技术行业、高附加值行业发展，从而带动整个经济的发展，增加税收收入。前面提到，产业高级化不仅包括产业间结构的演变，即随着国民经济的发展，产业结构由以第一产业为主向第二产业为主再向第三产业为主进行转换，也包括产业结构内的演变，即从以劳动密集型产业为主导向以资金密集型、技术密集型、知识密集型产业为主导逐步转移，产业具有更高的附加值和更高的技术含量，形成更高级的产业结构。随着经济全球化的不断发展，产业价值链分工体系也得到了重视和发展，最终产品的生产要经过前期调研、产品研发、加工制造、市场营销、售后服务等环节。根据微笑曲线理论，产业链可以简单分为研发、制造、流通三个环节，各环节创造的价值也随要素密集度的变化而有所不同。例如，在加工制造环节，虽然投入的土地、机器设备、厂房、水、电以及劳动力等成本也很大，但这些要素由于在地区间的可替代性，常常被压低价格，因此在制造环节创造的价值比较低。相反，在产品研发以及流通环节，技术、品牌以及人才等知识密集要素由于具有不可替代性，创造的价值要远远大于制造环节。图10-1所示的微笑曲线显示，产业链中各环节的附加值可以简单看作一条向下凸的曲线，两端高中间低，像微笑的形状。两端附加值高，分别代表研发环节附加值和营销环节附加值高；中间环节附加值低，代表制造环节附加值低。微笑曲线揭示了生产最终产品各环节利润的分布情况。

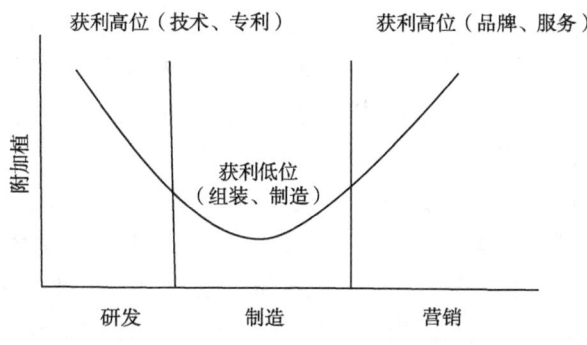

图 10-1　微笑曲线

随着一个国家及地区经济发展水平的不断提高，低附加值行业（如一般的组装、制造行业）由于缺乏进入门槛和竞争力，会逐渐被淘汰；企业为追求高利润，向产业价值链中高附加值环节产业转移；随着产业链的不断整合和发展，整个产业内的效率及附加值都得到了提升，形成了整个国家的地区整体的产业调整趋势。换句话说，从各产业内部结构调整的趋势来看，在各产业内部，低附加值行业向高附加值行业转移，劳动密集型产业逐渐向资本密集型、技术知识密集型产业转移。

可见，随着经济的不断发展，在产业内低附加值行业为主导向高附加值为主导的转移过程中，整个产业资源配置不断优化，产业总体附加值及生产效率也得到了提升。产业增加值是 GDP 构成的指标，产业内结构的高端化促进了整个产业增加值的提高，也促进了区域内整体经济的发展。税收来源于经济，来源于各个产业的增加值，产业内结构的不断高端化对税收收入也起着一定的促进作用。

北京的城市功能定位为全国政治中心、文化中心、国际交往中心、科技创新中心。《北京城市总体规划（2016 年—2035 年）》提出，北京的发展建设要正确把握首都与城市的关系。作为首都，北京要紧紧围绕首都功能，坚持四个中心的城市功能定位，建设国际一流的和谐宜居之都。统筹考虑疏解与发展、疏解与提升之间的关系，是北京谋求高质量可持续发展的关键。北京城市总体规划提出要坚持生产空间集约高效，构建高精尖经济结构。《北京城市总体规划（2016 年—2035 年）》提出，到 2020 年，初步建成具有全球影响力的科技创新中心；到 2035 年，成为全球创新网络的中坚力量和引领世界创新的新引擎；到 2050 年，成为世界主要科学中心和科技创新高地。可见，北京将根据首都功能定位大力发展高科技、高精尖行业，以创新为驱动力，为建设科技创新中心加大马力。

从产业结构调整方向来看，北京将围绕首都功能定位，继续根据 2019 年产业禁限名录严控增量与疏解存量，积极调整产业结构，疏解一般性制造业、区域性物流基地和区域性批发市场、部分教育医疗机构、部分行政性事业性服务机构，并结合《北京城市总体规划（2016年—2035年）》中各阶段的目标，围绕建设科技创新中心大力发展高精尖行业。

为了打造北京"科技创新中心"这个城市功能定位，北京建立中关村科学城、怀柔科学城、未来科学城、北京亦庄经济技术开发区，即"三城一区"，将以"三城一区"为平台，形成区域创新动力增长极，优化北京产业结构，以创新驱动带动区域经济发展，发挥产业集群的竞争优势。

因此，结合理论分析，本书认为，在疏解非首都功能背景下，产业结构调整可以为北京培育一定的税源。其中通过发展科学技术，加快传统行业科学技术的更新换代，大力发展战略新兴行业，实现产业结构的高级化，创造高附加值产品，为经济的高质量发展培育更多的税源。

第二节 北京市产业发展与税源现状分析

一、北京非首都功能疏解情况

（一）近年来的产业疏解

北京的城市功能定位为政治中心、文化中心、国际交往中心、科技创新中心。为了结合首都功能定位，严控非首都功能增量，2014年7月北京市政府印发实施《北京新增产业禁限目录》，以解决大城市病，谋求北京经济高质量发展，构建高精尖经济结构为目标。新增产业禁限名录主要针对一般性制造业、高耗能行业以及物流中心等，中心城区内教育、卫生、社会团体等领域，都加大了禁限力度。

北京新增产业禁限目录至今已经执行五年，根据北京市发展和改革委员会发布的工作动态，北京市积极落实北京新增产业禁限"疏解整治促提升"专项行动，2019年1—11月，全市共疏退一般制造业企业399家，疏解提升计划内市场49个，疏解关停物流中心16个，累计分别达到3 047家、630个、122个。退出的企业主要集中在一般性制造业、高耗能行业、批发零售业以及物流中心等。截至2019年11月底全市不予办理的工商营业登记业务累计达到2.28万余件。从严调控使采矿业、制造业、批发零售业等新增市场主体数量比禁限目录实施前的2013年减少近一半。相反，高端服务业新增市场主体持续活跃，截至2018年底科技、文化、金融三大高端服务业新增7.18万户，增速均高于市场新增主体平均增速。高精尖产业新增的市场主体占比，则由

2014年不到40%，增长至目前50%。

从2018年市场主体迁入迁出情况（见表10-1）来看，迁入企业141户，迁出企业780户，虽然迁入企业的数量远低于迁出企业的数量，但是迁入企业户均注册资本3.44亿元，大于迁出企业户均注册资本1.15亿元。因此从市场主体情况来看，北京市企业结构正在逐步优化。

表10-1　2018年北京市迁入迁出企业情况

项目	数量（户）	共计注册资本（亿元）	户均注册资本（亿元）
迁入企业	141	484.42	3.44
迁出企业	780	894.90	1.15

资料来源：北京市市场监督管理局《2018年北京市市场主体发展分析报告》。

从2018年迁出企业所属行业情况看，迁出企业所属行业的前三名依次为批发和零售业、科学研究和技术服务业、租赁和商务服务业，其合计数为全市迁出企业总量的84.0%（见表10-2）。

表10-2　2018年北京迁出企业所属行业情况

迁出企业所属行业	迁移企业数量	占全部迁出企业比例（%）
批发和零售业	271	34.7
科学研究和技术服务业	270	34.6
租赁和商务服务业	115	14.7

资料来源：北京市市场监督管理局《2018年北京市市场主体发展分析报告》。

从上述数据可以发现，批发和零售业受非首都功能疏解作用的影响最大，其外迁数量最多。从迁出企业所选择的迁入地看，在京津冀协同发展的背景下，非首都功能的疏解导致本市迁入河北、天津的企业总数占全部迁出企业的27.3%，超过全部外迁企业数量的1/4。科学研究和技术服务业在北京迁出企业中所占的比例也很大，与批发和零售业基本持平。从北京市非首都功能疏解政策及北京城市总体规划来看，北京致力于打造全国科技中心，拥有科技创新要素和人才优势，但是全市科学研究和技术服务企业实际数量众多，且科技推广和应用服务业企业数量占所有科学研究和技术服务业企业数量的91.4%，可见行业内部业务同质化现象严重，这加剧了行业内部竞争。大量科学研究和技术服务业迁往市外，也表明了北京市科学研究和技术服务业行业内的结构开始趋于合理。

（二）新增市场主体情况

从2018年北京市市场主体发展情况看，虽然北京进行非首都功能疏解后严格按照产业禁限名录控增量疏存量，但是新增市场主体数量仍保持稳步增长。截至2018年底，北京市实有市场主体（含分支机构）215.11万户，较上年同期增加5.57万户，同比增长2.7%。各类主体中，企业增长速度最快，高于市场主体平均增速3.8个百分点。实有个体工商户48.90万户，同比下降8.4%。企业的快速增长以及个体工商户的下降，显示市场主体结构的优化。

从新增市场主体的产业结构情况看，2018年新登记企业中，第三产业（服务业）企业数量占比94.4%，注册资本占比90.3%，服务业对企业数量增长的贡献突出。截至2018年底，全市实有服务业企业数量和注册资本分别为154.42万户、32.33万亿元，同比分别增长6.5%、10.6%，占全部企业的比重分别为93.3%、84.2%。从行业发展来看，北京市2018年新登记企业中，信息传输、软件和信息技术服务业（同比增长6.2%）、租赁和商务服务业（同比增长4.8%）等新兴服务业快速发展。此外，居民服务、修理和其他服务业（同比增长11.1%）、卫生和社会工作（同比增长2.6%）等公共服务领域企业数量也保持高速增长的态势。可见第三产业是新增市场主体的主要选择方向，新兴服务业正在加快发展速度。

从北京市实有企业的所属行业情况来看，科技型企业占比25.73%，文化及相关产业企业占比15.24%，金融业企业数量较少，不足一万户，但企业数量同比均不同程度增长，同比增速均高于总体平均增速。其中，科技型企业增长较快，增速高于全市实有企业总体增速3.2个百分点，带动科技型企业在全市实有企业中比重提高1.0个百分点，占比达到33.4%。文化及相关产业企业注册资本规模较大，户均资本规模为4 263.20万元，是全市实有企业平均规模的2.02倍。金融业企业户均注册资本规模高达4.63亿元，是全市实有企业平均规模的21.91倍。2018年新登记金融业企业中，注册资本规模亿元以上的大企业有40户，占到实有亿元以上金融业企业总量的4.0%，其中新登记金融业企业中，国家融资担保基金有限责任公司注册资本最大，为661亿元。2022年冬奥会即将举办，全市体育产业迎来重大发展机遇。截至2018年底，全市实有体育业企业数量同比增长9.7%。可见科技型企业、文化及相关企业、金融服务业将成为北京市实有企业中的重点行业。

为了谋求北京高质量发展的新路径，以创新驱动为导向推动北京科技创新中心的建设，北京2017年12月出台了10个"高精尖"产业指导意见，选取智力密集型、环境友好型、资源集约型产业为高精尖产业，调整产业结构，为创新发展提供动力。实现北京经济高质量发展，意味着北京将更加注重创新驱动,通过优化产业结构、供给侧改革,加快构建高精尖经济结构。截至2018年底,全市实有"高精尖"产业企业59.55万户,占到全市实有企业总量的38.3%,占比较上年同期提高4.9个百分点。从日均新登记企业来看,2018年全市日均新登记"高精尖"产业企业292.77户。

由此可见,北京将继续根据相关疏解政策及北京城市总体规划,综合统筹疏解与发展之间的关系,继续推进"四个中心"的建设。北京市未来的发展思路是:一方面,严格进行非首都功能的疏解,积极调整北京经济结构;另一方面,加快首都功能的实现,加快构建高精尖经济结构,加快高技术产业和现代服务业的发展,这样北京的产业结构逐渐实现优化,经济向高质量发展转变。

(三)重点疏解行业

为解决北京"大城市病",构建北京"高精尖"经济结构,北京市政府严格控制不符合首都功能定位的产业,并于2014年7月25日发布实施《北京市新增产业的禁止和限制目录(2014年版)》(以下简称《目录》),并随北京市规划要求每年进行《目录》更新,将禁限区域按照全市和四类功能区域实施差异化管理。总体而言,主要限制高耗能、高耗水以及高污染的产业。从行业上来看,主要包括采矿业、制药业(研发、设计、采购、营销、技术服务、财务等非生产制造环节除外)、批发零售业、交通运输业(未列入相关规划的区域性物流中心)、不符合环保要求和规划要求的餐饮业以及居民服务业。

从北京市税收收入增长情况(见表10-3和图10-2)看,2014年是疏解非首都功能战略开始实施的分界点:2014年以前,北京税收收入基本上保持在10%以上的税收增长率,且北京税收收入增长率大于全国税收收入增长率;2014年以后,北京市税收收入增长率明显下降,逐渐小于10%,到了2017年,税收收入增长率为0.03%,而全国税收增长率为10.84%。由此可见北京市税收收入增长受阻情况。

表10-3 北京市税收收入环比增长情况

年份	2010	2011	2012	2013	2014	2015	2016
全国税收收入增长率(%)	22.65	23.69	15.71	8.30	7.99	5.00	3.30
北京税收收入增长率(%)	1.25	24.21	16.86	14.64	11.27	6.45	5.61

资料来源:根据《中国税务年鉴》历年数据整理。

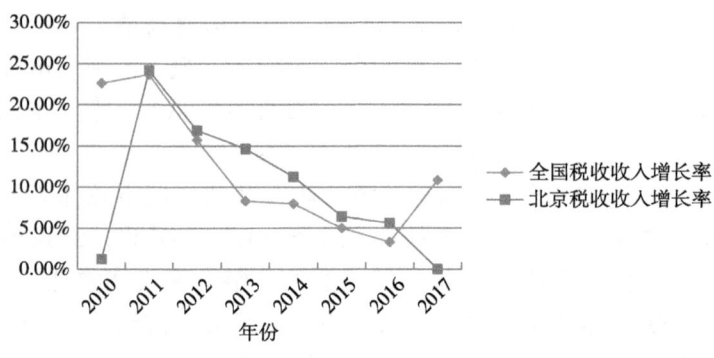

图 10-2　北京市税收收入环比增长情况

资料来源：根据《中国税务年鉴》历年数据整理。

从《北京产业禁限目录》以及北京市存量疏解情况看，为构建北京"高精尖"经济结构，北京市疏解高耗能、高耗水以及高污染产业。从行业分布上来看，主要涉及一般制造业、批发零售业以及其他低端产业。结合表10-4北京市主要疏解行业税收收入增长情况，制造业税收收入增长受影响最大：2016年税收收入增长率为0.89%，2017年税收收入增长率为2.82%。批发零售业2015年税收收入增长率为-0.97%，税收收入减少，但随着北京市每年对重点疏解产业的调整，后续税收收入又开始增加。可见在疏解非首都功能战略背景下，重点疏解行业的税收收入增长会受到影响，但随着北京产业结构的进一步调整，税收收入还会随产业结构的调整转为增长。

表 10-4　北京市主要疏解行业税收收入环比增长率

年份	制造业（%）	电力、热力的生产和供应业（%）	批发和零售业（%）	住宿和餐饮业（%）	居民服务、修理和其他服务业（%）
2010	11.24	22.08	31.38	13.98	13.67
2011	16.08	3.55	31.37	21.70	28.08
2012	7.03	33.02	-5.95	9.25	19.59
2013	8.34	85.35	10.31	-4.14	14.41
2014	7.70	-25.87	2.50	-2.51	4.34
2015	9.95	0.84	-0.97	0.28	8.88
2016	0.89	-1.67	3.57	-5.68	40.03
2017	2.82	14.44	11.75	-9.61	-22.56

资料来源：根据《中国税务年鉴》历年数据整理。

二、北京市税源现状

(一) 北京分税种税收现状

从北京市历年税收收入情况看（见图10-3），随着经济的不断增长以及税收制度的不断完善，北京市税收收入也不断增加，增值税、企业所得税及个人所得税在税收收入中的占比最高。2018年增值税占比36.11%，企业所得税占比25.81%，个人所得税占比14.61%；增值税、企业所得税、个人所得税三税合计占比达76.53%，是北京市税收收入的主体税种。增值税、企业所得税是企业缴纳的国民因在企业就业获得劳动报酬而缴纳的个人所得税，个体工商户缴纳的个人所得税也是税收收入的重要组成部分，因此，重视税源开发就要重视实体经济的发展。

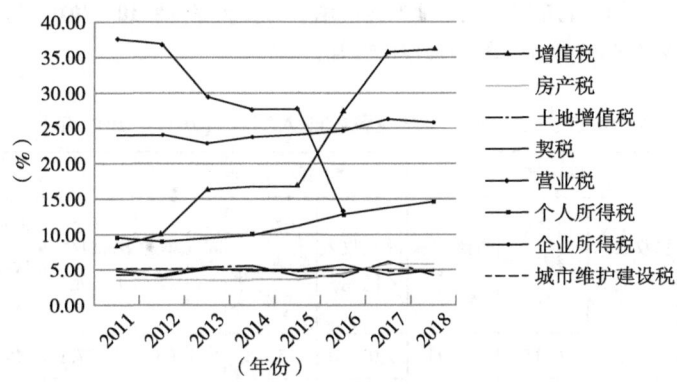

图10-3 北京市历年税收收入分税种增长情况

资料来源：根据《北京市统计年鉴2019》数据整理。

(二) 北京分行业税收情况

从北京市三次产业对经济增长的贡献率情况看，第三产业贡献率要远远高于第二产业和第一产业。如图10-4所示，从2010年以来的产业贡献率变动趋势看，第三产业贡献率已由2010年的67%上升至2018年的87.9%，第二产业贡献率由2010年的33.2%下降至2018年的12.3%，而第一产业的贡献率从2010年以来一直在0左右浮动。可见，第三产业是北京市经济增长的主导力量，要特别重视第三产业对北京市经济发展做出的贡献。

从北京市三次产业税收收入情况（见表10-5）来看，第三产业对税收的贡献也远远高于第一产业和第二产业，占整体税收收入的80%以上，而第一产业税收收入占比不到1%，第二产业税收收入占比在12%左右浮动，可以看出，第三产业税收收入占比近年来一直在85%上下浮动，是北京市税收收入最主要的来源。

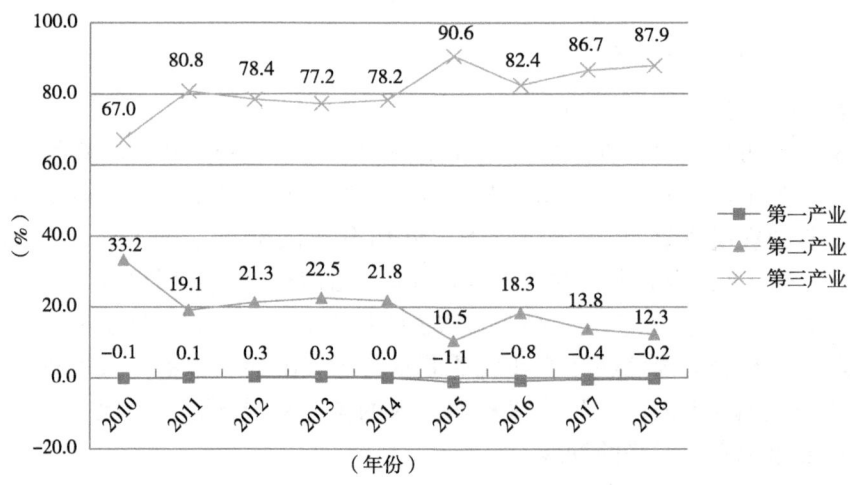

图 10-4 北京市三次产业对经济增长的贡献率（2010—2018 年）

资料来源：根据《北京市统计年鉴 2019》数据整理。

表 10-5 北京市三次产业税收收入情况（2010—2017 年）

项目	税收收入总额（亿元）	第一产业			第二产业			第三产业		
		税收收入（亿元）	占税收总额比重（%）	同比增速（%）	税收收入（亿元）	占税收总额比重（%）	同比增速（%）	税收收入（亿元）	占税收总额比重（%）	同比增速（%）
2010	6 451.7	9.5	0.15	43.94	1 014.3	15.72	21.08	5 427.9	84.13	-1.11
2011	7 999.1	4.7	0.06	-50.53	1 184.2	14.80	16.75	6 810.3	85.14	25.47
2012	9 204.7	5.2	0.06	10.64	1 170	12.71	-1.20	8 029.4	87.23	17.90
2013	10 532.5	7.6	0.07	46.15	1 417.8	13.46	21.18	9 107.1	86.47	13.42
2014	11 713	8.6	0.07	13.16	1 547.8	13.22	9.18	10 156.4	86.71	11.52
2015	12 523.4	10.4	0.08	20.93	1 590.9	12.70	2.78	10 922.1	87.21	7.54
2016	12 640.3	11.7	0.09	12.50	1 543.5	12.21	-2.98	11 085.0	87.70	1.49
2017	13 288.8	12.3	0.09	5.13	1 726.1	12.99	11.83	11 550.4	86.92	4.20

资料来源：《北京市统计年鉴》2019 年国税地税税收（费）收入合计项目。

（三）北京市第二产业内部税收情况

第二产业主要包括采矿业、制造业、电力、热力、燃气及水的生产和供应业、建筑业这四大类，这四大类行业又可再进行细分。如表 10-6 所示，从北京市近五年第二产业内部税收情况看，首先，制造业一直是第二产业中税收收入占比最大的行业，一直维持在 70% 左右，2013 年制造业占第二产业税收收入总量的比重是69.90%，2017年占比为70.93%。其次，第二产业中，税收占比第二大的行业是建筑业，从2013年占比14.90%上升到2017年占比21.30%，总体上保持上升趋势。再次，第三产业中税收收入占比第三的是电力、热力、燃气及水的生产和供应业，从2013年占比20.53%到2017年占比14.19%，呈下降趋势。最后，采矿业在第二产业内部税收收入中占比最低。

表10-6 近五年第二产业内部四大行业税收占比情况　　　　　（%）

项　目	2013年	2014年	2015年	2016年	2017年
采矿业	-5.33	2.19	-0.52	-6.14	-6.21
制造业	69.90	68.93	73.03	73.35	70.93
电力、热力、燃气及水的生产和供应业	20.53	14.50	13.15	13.09	14.19
建筑业	14.90	14.38	14.34	19.70	21.30

资料来源：根据《中国税务年鉴》历年数据整理。

制造业是第二产业税收收入的主要部分，近年来基本保持在第二产业税收收入的70%左右。从制造业内部产业税收情况看（见表10-7），近五年平均税收收入排名前五的产业依次为：汽车制造业，石油加工、炼焦和核燃料加工业，医药制造业，专用设备制造业，计算机、通信和其他电子设备制造业。

表10-7 制造业各行业占第二产业税收比重　　　　　（%）

项　目	2013年	2014年	2015年	2016年	2017年
（二）制造业	69.90	68.93	73.03	73.35	70.93
1.农副食品加工业	0.27	0.27	0.25	0.35	0.31
2.食品制造业	3.20	3.17	3.58	3.65	3.66
3.酒、饮料和精制茶制造业	2.06	1.99	1.87	1.86	1.94
①酒的制造	1.41	1.40	1.23	1.30	1.23
②饮料制造	0.62	0.54	0.60	0.54	0.69
③精制茶制造	0.02	0.05	0.03	0.02	0.02
4.烟草制品业	2.03	2.13	2.02	2.01	1.82
5.纺织业	0.17	0.14	0.15	0.11	0.11
6.纺织服装、服饰业	1.19	1.12	1.04	1.00	1.00
7.皮革、毛皮、羽毛及其制品和制鞋业	0.05	0.05	0.04	0.06	0.05

续表

项　目	2013年	2014年	2015年	2016年	2017年
8. 木材加工和木、竹、藤、棕、草制品业	0.05	0.05	0.06	0.09	0.11
9. 家具制造业	0.37	0.37	0.34	0.39	0.36
10. 造纸和纸制品业	0.47	0.41	0.41	0.36	0.36
11. 印刷和记录媒介复制业	2.22	1.90	1.84	1.89	2.36
12. 文教、工美、体育和娱乐用品制造业	0.47	0.41	0.41	0.36	0.39
13. 石油加工、炼焦和核燃料加工业	5.97	7.01	8.12	6.23	6.26
14. 化学原料和化学制品制造业	1.87	1.78	1.82	1.82	1.78
15. 医药制造业	5.81	5.56	5.82	5.95	6.46
16. 化学纤维制造业	0.03	0.03	0.02	0.02	0.02
17. 橡胶和塑料制品业	0.59	0.56	0.49	0.48	0.41
18. 非金属矿物制品业	0.98	0.98	1.05	1.19	1.15
19. 黑色金属冶炼和压延加工业	0.33	0.31	0.33	0.24	0.20
20. 有色金属冶炼和压延加工业	0.33	0.28	0.26	0.21	0.17
21. 金属制品业	1.32	1.23	1.25	1.58	1.46
22. 通用设备制造业	1.51	1.94	1.95	1.65	1.77
23. 专用设备制造业	5.49	5.29	5.08	5.17	5.17
24. 汽车制造业	20.69	19.34	20.95	24.00	21.40
25. 铁路、船舶、航空航天和其他运输设备制造业	1.34	1.59	2.35	2.47	1.87
铁路运输设备制造	0.65	0.82	0.95	0.98	0.88
船舶及相关装置制造	0.04	0.07	0.57	0.47	0.00
航空、航天及设备制造	0.38	0.41	0.54	0.56	0.53
摩托车制造	0.00	0.00	0.00	0.00	0.00
26. 电气机械和器材制造业	2.77	2.47	2.26	2.35	2.45
27. 计算机、通信和其他电子设备制造业	5.25	5.40	6.01	4.29	4.32
28. 仪表仪器制造业	1.46	1.51	1.56	1.55	1.46
29. 其他制造业	1.59	1.66	1.71	1.97	1.85
30. 废弃资源综合利用业				0.06	0.08
31. 金属制品、机械和设备修理业					0.16

资料来源：根据《中国税务年鉴》历年数据整理。

首先，从北京市工业发展情况看，一般制造业是北京市疏解的重点，2014年至2018年，北京市疏解清退一般制造业2 600多家。在疏解非首都功能的背景下，疏解清理一般制造业是北京产业升级的重要一环，疏解清理"散乱污"企业，实现北京经济由高速发展向高质量发展转变。

其次，有舍才有得，疏退一般制造业，为北京市未来发展腾出更多的资源和空间，有助于将产业发展聚焦在重点领域。

在疏解非首都功能背景下，为加快北京经济结构调整步伐，实现北京经济的高质量发展，北京市经济和信息化局、北京市科学技术委员会、北京市市场监督管理局印发《北京市十大高精尖产业登记指导目录（2018年版）》，将新一代信息技术、集成电路、医药健康、智能装备、节能环保、新能源汽车、新材料、人工智能、软件和信息服务、科技服务十大类行业认定为"高精尖"产业，共涵盖210个小类行业，其中制造业重点也向高端环节及新兴领域转变，例如通信系统制造、通信终端设备制造、集成电路制造、药品制造、智能装备制造、环保设备制造、新能源汽车制造等高端制造业。

（四）北京市第三产业内部税收情况

第三产业主要包括十五类，分别为：批发和零售业，交通运输、仓储和邮政业，住宿和餐饮业，信息传输、软件和信息技术服务业，金融业，房地产业，租赁和商务服务业，科学研究和技术服务业，水利、环境和公共设施管理业，居民服务、修理和其他服务业，教育，卫生和社会工作，文化、体育和娱乐业，公共管理、社会保障和社会组织，其他行业。从北京市近五年第三产业内部税收情况（见表10-8）来看，金融业一直是第三产业中税收占比最大的行业，2013—2017年金融业税收收入占第三产业税收收入总量的比重平均为45.35%，从2013年第三产业税收总量占比44.11%上升到2016年占比47.45%；2017年受供给侧改革和金融业去杠杆防风险的影响，金融业税收收入占比有所下降。占比第二大的是批发和零售业，从2013年的17.91%到2017年的16.74%，占比有所下降。北京疏解非首都功能战略实施过程中，首先批发零售业，占第三产业税收收入占比由2014年的16.45%降至2016年的14.85%，下降明显，2017年受供给侧改革影响，我国国内贸易经济势头良好，批发零售业占比又有所上升。除了金融业、批发和零售业，2013—2017年平均税收收入占比由高到低依次为房地产业（9.34%），租赁和商务服务业（8.13%），信息传输、软件和信息技术服务业（4.53%），科学研究和技术服务业（4.23%），居民服务、修理和其他服务业（4.14%）。

表 10-8　2013—2017 年第三产业内部各行业税收占比情况　　　（%）

项　目	2013 年	2014 年	2015 年	2016 年	2017 年
（一）批发和零售业	17.91	16.45	15.25	14.85	16.74
（二）交通运输、仓储和邮政业	3.12	2.79	2.66	2.05	2.53
（三）住宿和餐饮业	0.93	0.81	0.76	0.68	0.62
（四）信息传输、软件和信息技术服务业	5.45	4.29	3.95	4.10	4.87
（五）金融业	44.11	47.21	47.99	47.45	39.97
（六）房地产业	8.93	8.76	7.80	9.67	11.53
（七）租赁和商务服务业	6.72	7.32	8.74	7.77	10.10
（八）科学研究和技术服务业	3.37	3.65	3.94	4.59	5.60
（九）水利、环境和公共设施管理业				0.13	0.15
（十）居民服务、修理和其他服务业	4.04	3.78	3.85	5.07	3.96
（十一）教育	0.40	0.45	0.52	0.58	0.75
（十二）卫生和社会工作	0.21	0.27	0.30	0.34	0.45
（十三）文化、体育和娱乐业	1.21	1.20	1.16	1.20	1.30
（十四）公共管理、社会保障和社会组织	1.94	1.40	1.87	0.84	0.44
（十五）其他行业	1.67	1.62	1.21	0.68	0.96

资料来源：根据《中国税务年鉴》历年数据整理。

近年来第三产业税收收入占北京市税收收入总量的 85% 左右，第三产业是北京市税收收入的主要来源。尽管在第三产业中有些产业税收占比不大，但是与第二产业中的其他行业相比，税收收入绝对额却很大。因此，对第三产业中的各个行业都要更加重视。《北京市十大高精尖产业登记指导目录（2018 年版）》中提到的新一代信息技术、集成电路、医药健康、智能装备、节能环保、新能源汽车、新材料、人工智能、软件和信息服务、科技服务等十大类高精尖产业，不仅涵盖制造业的转型升级，也涉及高精尖的服务，例如信息技术咨询服务、信息系统集成服务、互联网数据服务、物联网技术服务等新一代信息技术服务业，节能技术推广服务、环保技术推广服务等节能环保业，以及软件和信息服务业等行业，可见第三产业重点也应逐步向高端化转移。

三、北京的产业升级态势

从 2018 年北京市新增市场主体及迁入迁出市场主体的情况看，虽然迁入企业的平均注册资本大于迁出企业的平均注册资本，但是迁出企业与迁入企业的比例达到 5.53∶1。迁出企业数量远远大于迁入企业；并且，受疏解非首都功能政策的持续影响，未来迁出市场主体数量会继续维持。这样，北京的税收收入已经并会继续受到一定的影响，未来需要通过发展诸如高端制造业、高端服务业等产业，形成北京的产业优势，带动北京经济的发展，扩大北京的税源基础。

从《北京市新增产业的禁止和限制目录》实施情况看，新设市场主体逐步从在城六区聚集转向在城市发展新区聚集。各区产业投资与功能定位更趋于匹配。总体来看，第三产业投资趋向海淀、朝阳、东城、西城区，第二产业投资趋向昌平、大兴、顺义区。空间布局逐步优化，2018 年全年，"三城一区"新登记企业占新设市场主体总量的 30.28%，其中科技型企业占"三城一区"新登记企业总量的 51.6%。通州区信息服务、租赁和商务服务、金融、文化体育和娱乐业新设市场主体数量同比分别增长 76%、48%、33%、21%。

2018 年，全市第三产业增加值同比增长 7.3%，高于全市 GDP 增速 0.7 个百分点，对经济增长的贡献率达到 87.9%。其中，金融、软件和信息服务业、科技服务业等增加值同比分别增长 7.2%、19%、10.4%。北京规模以上工业企业中，高技术制造业、战略性新兴产业增加值分别增长 13.9% 和 7.8%。在非首都功能疏解的关键时刻，北京市更加注重经济结构调整，如表 10-9 所示，现代制造业、现代服务业、高技术产业及信息产业为北京经济做出的贡献越来越突出。

表 10-9 2018 年部分新兴产业增加值

项目	产业增加值（亿元）	占地区生产总值比重（%）
地区生产总值	30 320.0	
#战略性新兴产业	4 893.4	16.14
#高技术产业	6 976.8	23.01
#现代制造业	2 149.7	7.09
#现代服务业	18 601.3	61.35
#信息产业	4 940.7	16.30

资料来源：根据《北京统计年鉴 2019》数据整理。

为形成产业优势，北京市正以中关村科学城、怀柔科学城、未来科学城、北京亦庄经济技术开发区，即"三城一区"为平台，集聚产业优势、利用高端创新资源，打造我国自主创新的重要源头和原始创新的主要策源地。从目前的情况看，北京对"三城一区"主平台的建设情况十分关注，并对战略新兴产业进行相关政策支持，例如，在中关村科学城发布会上，正式发布了对人工智能、智能网联汽车等科技新兴产业的支持政策，从人才引进放宽限制、人才保障范围扩大、政府资金支持提升、土地成本降低等方面全方位保障中关村科学城产业体系的构筑。在产业升级过程中，北京应更加注重借助"三城一区"等平台的建设，推动高精尖产业、战略新兴产业的发展。

第三节 北京产业升级促进税源建设的实证分析

一、北京市加快产业升级的重要意义

在疏解非首都功能背景下，北京的发展要坚决围绕"四个中心"的城市功能定位，北京对高耗能、高耗水、高污染产业进行限制及疏解，并严格执行产业禁限目录，积极调整北京产业结构。在京津冀一体化战略背景下，北京要立足于自身的优势，构建高精尖经济结构，以经济高质量发展带动京津冀协同发展；北京城市总体规划也提出要坚持生产空间集约高效，以高精尖经济结构促进北京经济发展。从北京市疏解情况来看，一些大型低端市场通过升级改造，成为高端服务中心，并对"三城一区"加大政策扶持，吸引高端产业入驻。

从本章第二节所叙述的相关内容可知，产业结构调整对税收收入存在一定的影响。北京近年来不断优先发展第三产业，并积极发展高技术产业，调整产业内部结构，将现代科学技术与服务业、制造业相融合，逐渐形成北京新的产业格局。北京的产业发展方向是：疏解淘汰一般制造业及低端产业，大力发展第三产业；对制造业内部结构进行调整，以创新为动力，通过发展科学技术，将制造业内部结构由一般制造业为重点转向以高端制造业为重点，提升价值链；疏解大型批发市场，集约空间资源以发展现代信息技术，并将现代信息技术与服务业相融合，构建服务业的新模式。由此来看，北京经济结构仍以第三产业为重点，并积极调整第二产业及第三产业内部结构，促使产业逐渐高端化。北京应牢牢把握"全国科技创新中心"这一定位，以科学技术为发展重点，为产业发展提供新路径，提升高端产业比重。

在我国经济由高速发展向高质量发展的重要时期，疏解非首都功能不仅是北京转型发展的关键一步，也是在京津冀协同发展战略下，北京要作为核心城市，发展成为国家创新驱动和高质量发展的新引擎。

二、变量选取及模型构建

前面论述了产业升级对税收收入的影响，并对北京市产业结构情况及北

京市税收收入情况进行了简要的分析。在此基础上以北京市数据为例，构建计量模型，进行实证分析，阐释北京市产业升级对税收收入的影响。

实证数据选取北京市2010—2018年16个区县的税收收入、三次产业增加值等数据，通过构建面板数据模型，分析产业升级与税收收入之间的关系。自变量为产业升级，因变量为税收收入。产业升级借鉴郭庆旺、吕冰洋（2004）提出的将第三产业增加值与第二产业增加值的比例作为衡量产业结构升级的衡量指标，刻画北京市近年来产业结构调整的趋势，第三与第二产业之比数值越大，则说明产业结构越趋于优化。税收收入选取2010—2018年北京市16个区县的税收收入数值。

在数据处理方面，因为原始数据较大，为减缓数据波动幅度，本书对税收收入取自然对数，记为 lntax；由于产业升级衡量指标为第三产业增加值占第二产业增加值之比，我们先将第三产业增加值与第二产业增加值之比百分化，然后取自然对数，记为 lnupg。鉴于样本数据为北京市2010—2018年16个区县的经济数据，同时具有截面数据和时间序列数据的双重特征，即 $n=16$，$t=9$ 的短面板数据。产业升级对税收收入的影响存在一定的差异性，常规OLS估计会导致回归结果误差较大，因此，选取面板数据模型更为贴切。设模型为

$$\ln tax(i,t) = \beta_1 \ln upg(i,t) + u(i) + \varepsilon(i,t)$$

该公式表示产业结构调整对税收收入的影响，其中，lntax 表示税收收入，lnupg 表示第三产业与第二产业增加值之比，下标 i 表示北京市16个区县中的第 i 个，下标 t 表示年份，β_1 为待估计系数，表示产业结构调整变量的回归系数，即产业升级对税收收入的边际影响。扰动项由 $u(i)$ 和 $\varepsilon(i,t)$ 组成，$u(i)$ 表示不同市间的不可观测成分，是变化的截距；$\varepsilon(i,t)$ 表示个体与时间随机扰动项，并假定 $\varepsilon(i,t)$ 的均值为0，方差为 δ_i^2，且 $\varepsilon(i,t)$ 与 $u(i)$ 不相关。当不可观测成分 $u(i)$ 与解释变量相关时采用固定效应模型，当不可观测成分 $u(i)$ 与解释变量不相关时采用随机效应模型，当不可观测成分 $u(i)$ 不存在个体效应既不采用固定效应模型又不采用随机效应模型时则应采用混合回归模型，此时 $u(i)=0$。因此面板数据在回归前，需要对面板数据选择的模型进行检验，下面将对面板数据进行F检验和Hausman检验。

三、数据检验

若对非平稳的面板数据进行回归，则可能出现伪回归的问题。因此，本书首先对模型数据进行单位根检验，以确保数据的平稳性。此处采用LLC检验，结果如表10-10所示。

表 10-10　平稳性检验结果

变量	LLC 检验统计值	P 值	结论
lntax	-4.788 4	0.000 0	数据平稳
lnupg	-4.171 7	0.000 0	数据平稳

表 10-10 显示的结果表明，变量 Lntax 的 LLC 检验统计值为-4.788 4，其 P 值为 0.000 0；变量 lnupg 的 LLC 检验统计值为-4.171 7，其 P 值为 0.000 0。即对于变量 lntax 和变量 lnupg，其 P 值在5%的显著性水平下显著，拒绝存在单位根的原假设。因此，变量 lntax 和变量 lnupg 为平稳序列，该面板数据平稳，模型合理。

对面板数据进行 wooldridge 一阶自相关检验，其原假设为不存在一阶自相关，结果见表 10-11。

表 10-11　自相关检验结果

$F(1, 15)$	P 值	结论
43.882	0.000 0	存在自相关

该检验的 P 值为 0.000 0，拒绝原假设，即在5%的显著性水平上存在面板自相关。但本数据为只有 9 期的短面板（$N=16$，$T=9$）数据，可以不考虑面板自相关问题。

四、面板效应检验

根据本书设定的公式，将进行 F 检验和 Huasman 检验，确定面板数据所适用的模型。

首先进行 F 检验，F 检验的原假设为"H0：all $u(i) = 0$"，即认为混合回归是可以接受的。表 10-12 显示，F 统计量的值为 45.23，相应的 P 值为 0.000 0，强烈拒绝原假设，即认为固定效应模型 FE 明显优于混合回归，每位个体应拥有自己的截距项。

表 10-12　面板数据模型 F 检验结果

F 检验统计值	自由度	P 值	结论
45.23	(15, 191)	0.000 0	拒绝原假设

但是 F 检验中未使用聚类稳健标准误，所以进一步通过 LSDV 法来考察，在 LSDV 法的测试结果中，16 个区县中绝大部分区县的变量都很显著（P 值

为 0.000），只有三个区县的变量不显著，所以可以拒绝所有个体虚拟变量都为 0 的原假设，即认为存在个体效应，不应使用混合回归。

接下来进行 Huasman 检验，以确定使用固定效应模型还是随机效应模型。Huasman 检验的原假设为随机效应 RE 优于固定效应 FE。Huasman 检验结果见表 10-13。

表 10-13　面板数据模型 Huasman 检验结果

卡方统计量	P 值	结论
7.37	0.0251	拒绝原假设，选择固定效应

由表 10-13 中的 huasman 检验结果可知，卡方统计量为 7.37，其相应的 P 值为 0.025 1，在 5% 的显著性水平上拒绝接受原假设，即认为固定效应模型 FE 优于随机效应模型 RE，因此，本书面板数据使用固定效应模型 FE。

五、面板数据模型回归分析

根据上述结论，进行聚类标准误修正后，进行固定效应模型广义二乘法估计，回归结果如表 10-14 和表 10-15 所示。

表 10-14　面板数据固定效应模型回归结果 1

lntax	Coef.	Robust Std. Err.	t	$P>\|t\|$	[95%Conf. Interval]
lnupg	1.394 804	0.242 652 1	5.75	0.000	0.877 603 3 1.912 005
_cons	-3.721 894	1.292 649	-2.88	0.011	-6.477 11 -0.966 678 2
sigma_u	1.005 153 3				
sigma_e	0.411 429 24				
rho	0.856 499 66（fraction of variance due to u_i）				

表 10-15　面板数据固定效应模型回归结果 2

F 值	F (1, 15) = 33.04
P 值	Prob>F = 0.000 0
拟合优度	R-sq: within = 0.397 2 between = 0.543 7 overall = 0.503 5
个体效应与解释变量的相关系数	corr (u_i, xb) = -0.645 8

从表 10-14 及表 10-15 列出的固定效应模型回归结果可知，模型的组内拟合优度为 0.397 2，组间拟合优度为 0.543 7，总体拟合优度为 0.503 5，模型的拟合效果很好，总体 P 值显著，该模型合理。产业升级 lnupg 系数为 1.394 804，其相应的 P 值为 0.000 0，在 5% 显著性水平下显著，表明产业升级对税收收入存在正向显著关系。因此从北京 16 个城区的产业升级对税收收入影响的实证分析来看，其经济含义为第三产业增加值与第二产业增加值之比每增加 1%，税收收入增加 1.39%。这表明，从北京十六个城区的经验来看，产业结构的优化升级对税收收入有明显的正向促进作用。

第四节　国外疏解非核心城市功能的税源建设相关经验借鉴

关于国外特大城市疏解非核心城市功能的经验，可以参考英国、法国、日本、韩国等国家的经验。这些国家在经济高速发展、首都承载能力受限时对其非首部功能进行了疏解，共同的特征是都以首都为核心向外构建层级式区域结构，分别对应不同的功能定位，并不断调整发展规划，进行产业结构优化，在首都形成总部经济、服务经济、知识经济、园区经济等经济结构形态。

从经济结构调整的过程来看，这些国家的首都在疏解相应功能时，形成了"三二一"的产业结构，主导产业逐渐向现代服务业转变，驱动要素由劳动密集型、资本密集型、技术密集型向创新驱动型经济转变。对比欧美城市疏解经验，从城市发展机理、经济发展水平、历史制度文化、居民行为心理等方面来看，日本和韩国的经验更能为我国所借鉴。因此，本节主要介绍日本东京以及韩国首尔疏解非首都功能的经验。

一、韩国首尔的疏解经验

韩国在 20 世纪 50 年代后进入快速城市化阶段，人口不断涌入首尔。在经济越来越发达的同时，城市病也越来越严重。20 世纪 60 年代至 20 世纪 90 年代，首尔的人口持续增长，直到 1990 年后，首尔人口才开始出现下降的趋势。20 世纪 60 年代，首尔就开始实施疏解政策。1964 年韩国政府出台《首尔都市区限制人口增长的特别措施》，指导部分行政机构和高等教育机构外迁。首尔在疏解过程中，也是严格执行"狠疏"及"严堵"政策，细化各城区的功能，并根据功能定位进行区域内的产业结构调整。2004 年韩国宣布世宗市成为新的行政首都，2012 年韩国的行政机构开始进行转移，并为新都做出了详细的规划。

首尔在 1982 年颁布了《第一次首都圈整备规划法》，以 1982—1996 年为规划期间，强调首尔的产业布局，要求首尔以国家中枢管理职能为核心，限制与作为首都的国际职能及其他首都职能不匹配的其他职能。首尔在疏解过程中，不断进行产业优化升级，主导产业由轻工业向重工业转移，到 20 世纪 80 年代末则提出"科技立国"战略，大力发展知识密集型产业和绿色服务业，1985 年首尔首都圈的第三产业增加值占比已经达到 62.4%。韩国政府根据首尔经济发展状况，不断对首都规划进行调整。例如，发布了规划期间为 1997—2011 年的《第二次首都圈整备规划法》及规划期间为 2006—2020 年的《第三次首都圈整备规划法》。此外，韩国政府还通过四次《国土综合开发计划》，以最大限度发挥各区域潜力、促进区域均衡发展为目的，合理进行产业布局，提升首尔的竞争力。在各项首尔规划法案中，也提及了为有效疏解产业而提供的税收支持，不过大多都是为从首尔转移出去的企业提供税收减免优惠，以税收杠杆促进产业的合理布局。

在首尔都市圈发展过程中，虽然为解决首尔的城市病，首尔产业在向外转移，但是并没有抑制首尔的发展，相反，从首尔的发展来看，首尔重视"产城融合"，认为产业发展是城市发展的重要表现，需要不断调整首尔的产业结构，并将产业化与城市化相融合，提升城市的竞争力。在产业发展方面，首尔也改变经济发展方式，以经济结构调整为导向，不断优化产业结构，提升首尔的长远竞争力。首尔将高新技术、园区经济、招商引资作为其未来发展的核心竞争力并着力培育、大力发展知识密集型产业、高端服务业，完成由工业主导向服务业主导的转型。在经济结构不断优化的基础上，首尔也重视产业集聚的作用，认为产业集群是产业优化升级的重要依托，产业集聚能够提升产业专业度。从产业集聚情况来看，首尔作为韩国经济中心，2019 年财富世界 500 强排行榜中韩国拥有 16 家世界 500 强企业总部，其中首尔就拥有 15 家，入驻首尔的总部创造了绝大多数利润，并且带动了首尔高端人才的就业，也带动了周边区域服务业的发展和就业。首尔数字媒体城以产业升级为导向，致力于打造世界一流的文化创意产业集群，于 2002 年 5 月全面开发，历时 8 年，总建筑面积为 56 万平方米，创造了 27 万个就业岗位，现入驻大型企业超过 25 家，包括研发机构、广播传媒机构、孵化机构以及信息企业等四大类，以数字内容产业和 ICT 产业为核心，积极打造数字媒体对接，并引入高校等科研机构，培育产业氛围，成功整合区域资源，逐渐成为韩国数字媒体产业的核心载体，推动了韩国"文化立国"战略。

从 20 世纪 60 年代起，韩国政府就对首尔不断进行疏解，并基于疏解的实际情况不断作出规划和调整，形成了以首尔为中心的都市圈，带动了都市圈的发展。在疏解过程中,首尔也不断进行产业优化,形成了以科技、文化产业为核心的主导产业,提高了整个都市圈的竞争力。从数据来看,2018年首尔地方税税收收入占以首尔为核心的都市圈总税收收入的43.14%,占全国地方税税收收入的24.5%。近年来首尔与京畿道税收收入水平位列韩国各省市税收收入的前两名,占据韩国税收收入的半壁江山。2019年全球城市竞争力排名,首尔位列16名,首尔的经济发展并没有受到首尔近年来不断进行疏解的影响。

早在《首都圈整备计划法》中,首尔就提出将区域进行划分,因地制宜,例如对拥塞抑制区、增长管理区、自然保护区等实施限制政策和发展规划。首尔市2013年发布的"2030首尔规划",以此来实现首尔市未来发展的各项目标,其中提到了五个核心主题,十七个目标,除了保障基本民生需求外,主要提到了三个方面:一是以创新和革新的国际化经济城市为目标持续发展,二是保持首尔源远流长的文化历史,三是实现高能效资源循环利用。并对首尔市以生活圈为规划,分别划分了城中圈、东北圈、西北圈、西南圈、东南圈,并分别规划出发展方向。例如城中圈以铅华历史文化特色为核心、西北圈要将创新文化产业化、西南圈要培育新兴产业等。《2030首尔规划》还提出要将首尔建造为全球气候友好城市,发展低碳经济,通过加大科研投入力度,计划到2030年投资20亿美元(年均1亿美元,每项技术2亿美元)用于重点发展氢燃料电池、太阳能电池、IT电力、绿色建筑、LED(发光二极管)照明、绿色IT、绿色汽车、城市环境整治恢复、废物回收利用和气候变化适应技术等十大绿色技术,将绿色科技与产业发展相结合,将时尚与设计、国际会展、金融、旅游等产业绿色化,建设绿色、环保和气候友好型城市。首尔近年来在不断进行疏解,不断根据首尔的经济发展状况调整发展规划,并始终重视新兴科技产业和文化产业的发展。

二、日本东京疏解经验

日本在经历1923年的大地震和第二次世界大战后,经济一度萎靡不振,随着灾后重振方案以及战后复兴方案的实施,经济不断发展,人口和生产要素重新向东京聚集,东京也面临着特大城市发展的后续问题。日本政府通过多次立法确定疏解规划,为东京及首都圈发展寻求出路。《东京都长期规划》提出以多中心布局分担东京的核心功能、《工业控制法》规定要严格控制东京企业和学校规模,部分产业要向周边地区进行转移。日本也建设了"七大副中心""三大新都心"等疏解规划,并从2002年开始将行政机构及部分产业向新都心进行搬迁。

1958年，日本制定《第一次首都圈建设规划》，开始注重城市的可持续发展和城市空间功能布局，对东京的产业结构，也不断进行优化升级。东京产业结构升级大致分为以下几个阶段：

1950—1960年，东京以食品工业、纺织工业等劳动密集型轻工业为核心的产业转变为以资本技术密集型制造业为核心的产业服务主导型经济。

1970年开始，东京以资本密集型为核心的主导产业的产业结构向电子工业、汽车工业等机器制造业等知识密集型产业转移，经济发展方式也由传统的注重原材料和产品的上游产业向注重服务的下游产业转移，三次产业结构逐渐优化，第三产业成为经济增长点，以服务业为主导的产业成为支柱产业。

1980年开始，越来越多的金融机构向东京聚集，东京离岸金融市场的形成推动了东京国际金融中心的形成，服务业进一步向东京聚集，此时，第三产业成为东京的主导产业，东京完成了由制造业中心向经济中心的转变，引导东京都市圈的形成与发展，并且避免了在首都圈建设规划中由于工业产业向外转移可能带来的城市经济萧条。

东京在人口和产业向外疏解的过程中，通过大力发展服务业，提高容积率，将腾退出的空间进行集约利用，最大限度地利用土地。例如，东京站在疏解过程中由原来的交通枢纽转变为商业中心，促进了城市的发展。在产业疏解过程中日本政府也通过多种方式加快产业向东京周边地区迁移。例如，对迁入地政府增加转移支付，引导产业的顺利转移；对迁出企业提供特殊贷款和财政补贴以及税收优惠等，促进产业转移。可见，在东京疏解以及产业升级的过程中，政府承担着极其重要的角色，政府积极作为，不断根据东京的经济发展状况对东京的产业布局及城市规划进行调整，使得东京成长为世界级城市。2019年全球城市竞争力排名，东京位列第2名，东京的经济发展并没有受产业疏解及产业结构调整的影响。

在东京以首都圈共同发展的过程中，以传统服务业为主要产业的都市圈经济体制受到限制。东京把发展高技术产业、新兴产业、现代服务业作为城市功能定位，为首都圈经济发展提供高端性生产服务和知识技术性服务，带动首都圈内其他城市的发展，推进首都圈经济发展。东京以建立信息技术服务中心和生产性服务中心为目的，建立各个产业集聚区，以带动周围地区经济服务的需要。例如，在八王子市建成以信息技术和制造服务为核心的首都圈信息产业特区；在中央区建设以现代印刷技术及服务为核心的市中心再生特区；在千代田区创建以知识服务业为主的信息技术相关产业集聚及新事业创业特区；在墨田区建立为企业人才派遣服务的产业活力创新特区；在东京都三鹰市建立产业振兴、创业支援服务特区；在千代田区的丸之内创建国际医疗服务特区；在文京区和足立区分别创建健康服务特区和生活创造服务特区，打造教育、科技、文化中心，成为首都经济圈技术支持中心，带动其他区域向高科技、知识密集型区域发展。

东京不仅是日本政治、经济、文化中心，还是世界五大金融中心之一，世界最重要的经济中心之一。作为世界五大国际金融中心之一和以高科技信息化为特点的金融服务中心，东京聚集了日本银行总部，全球百强银行总部。东京中央区作为总部集聚区，聚集了全日本 30% 以上的银行总部、50% 销售额超过 100 亿日元的大公司总部。2019 年东京所拥有的世界 500 强企业占全国的 73%，在东京中央区形成的这种总部集聚，有利于提升金融等高附加值产业的集聚程度和提升东京作为中心城市的核心地位。

东京都市圈在教育上强调"产学研"结合，重视大学研究机构，并将部分大学与高技术产业转移到同一区域形成科学城，推动了高技术产业的研发，建立了企业与科研机构的关系，促进了科研创新活动，发挥了科技对生产力的促进作用，提升了东京的全球竞争力。例如，东京在三鹰市设立教育改革、知识创新服务特区。

1995 年，日本确立了 21 世纪文化立国方略，开始重视文化产业的发展。日本的文化产业在亚洲乃至世界范围内都享有盛誉，尤其是动漫、游戏等产业。东京作为文化创意产业中心，产品输出成为日本动漫产业的战略定位，为日本带来了利润。日本规模最大的动画制作公司东映动画总部位于东京，负责动漫产品的开发制作，其利润非常可观。东京杉并动画产业，聚集了日本 17% 的动漫产业，形成了以文化博物馆为核心的文化宣传、制作与销售网络，成为动漫产业聚集地，为东京带来了良好的经济效益与社会效益。

可以发现这些产业集聚对提高规模经济效应、推动区域经济快速发展有一定的作用。东京不同的产业集群，形成了产业链，模块间的产业协作更加高效。产业集群以东京为核心向外扩散形成了网络状空间结构，提升了区域竞争力。至此，东京不断地在经济结构改革中创造新的经济增长点，成为首都经济圈增长极发挥辐射作用。

三、对我国的启示

在韩国首尔以及日本东京产业转移过程中，两国政府制定了相应的税收政策引导产业的顺利转移，但是相关税收政策更多的是从迁出地政府角度出发，为迁出地政府及迁出企业提供相应的税收优惠和扶持政策。首尔以及东京等迁出地在产业转移过程中，更注重自身的经济转型及产业结构升级。尽管在各国首都的经济转型初期，由于产业的转移以及产业控制等会对首都经济发展造成一定的影响，但是随着首都经济结构的不断优化，服务业尤其是现代服务业会在首都聚集，成为首都的主导产业，为周边城市提供支持，强化首都的核心地位。因此，我国在疏解非首都功能过程中，要坚定不移地把产业升级作为北京经济结构调整的重要方针，并根据北京各个区县的承载能力设立不同的产业集聚区，使北京拥有新的核心竞争力，促进整个区域经济的发展。

为了完成首都城市病的疏解，保障首都的可持续发展，日本政府多次出台相关法律支持东京产业转移和东京都市圈发展规划，并根据东京城市功能定位不断进行调整。韩国政府也出台了三次《首都圈整备规划》以及四次《国土综合开发计划》来保证首尔的疏解工作和发展规划，并表现出规划先行的特点，不断进行修正调整。因此，在疏解北京非首都功能的过程中，不仅要从国家层面制定支持北京进行产业转移的政策，还要根据不同时期北京的发展情况不断纠错和调整。由于《城市总体规划》具有前瞻性和严肃性，要定期根据实际情况进行修改，并把握好市场与政府间的关系。

第五节 疏解背景下加强北京市税源建设的建议

一、总体思路

从短期来看，非首都功能疏解所导致的部分产业外迁，不可避免地会造成短期内税收收入的下降，短期内可能需要找到合适的税源来缓解产业外迁所导致的税收收入下降等问题。从目前北京市税源结构来看，第三产业是北京的主导产业，对税收增长的贡献率最高，所以要重视第三产业对经济增长的贡献：①在第三产业中，金融业的税收贡献率最高，北京金融业仍有较大的发展空间。②信息传输、软件和信息技术服务业，科学研究和技术服务业在第三产业增加值中占比也排在前列，从新兴产业增加值看，现代服务业、高技术产业对经济增长的贡献率最大。因此，短期内可通过为现代服务业及高技术产业培育更加良好的营商环境，加大现代服务业及高技术产业的发展，为首都提供可持续增长的税收收入。

从长期来看，在非首都功能疏解的背景下，北京的城市功能定位为全国政治中心、文化中心、国际交往中心、科技创新中心。随着北京经济不断高速发展，北京大城市病越来越严重，劳动力、土地等资源要素成本不断上升，传统产业的优势不断下降，所以要通过疏解非首都功能，不断调整产业结构，发展高精尖产业,借助科学技术发展高端制造业以及高端服务业,提升产业附加值,构建北京新的产业布局。未来高精尖产业等新兴产业将会成为北京的主导产业,因此要牢牢把握城市功能定位,在坚持北京首都功能定位的基础上,按照北京产业禁限名录执行,减增量疏存量,发展高精尖产业,积极调整产业结构,大力发展第三产业,为发展高精尖产业提供支持,涵养潜在税源、可持续税源。

二、具体建议

(一)税收分享政策

税收作为地方政府财政收入的主要来源,承担了地方区域内的公共服务支出职责。在疏解首都功能过程中,产业转移的顺利推进势必会对地方政府税收收入产生一定的影响。迁出地伴随着产业转移会产生一定的税收收入流失,迁入地伴随产业迁入会对当地的资源承载能力提出更高的要求。非首都功能的疏解是实现京津冀协同发展这一国家重大战略的关键,是经济新常态下区域协同发展创新机制的经验探索。为了实现京津冀三地区域内要素的自由流动和资源的优化配置,我国政府应合理运用税收政策等宏观调控手段,促进非首都功能产业的有序转移,优化产业结构,调控区域经济协调发展。因此要综合考虑产业转移过程中京津冀政府间的利益关系及地方政府财权与事权的匹配度,对非首都功能疏解过程中的产业转移税收分享政策进行完善,以保证迁入地及迁出地基本公共产品和服务的提供,顺利推进非首都功能的疏解。

非首都功能疏解过程中产业转移主要有两种方式:一是在其他地区设立分支机构,二是企业总体转移。首先,产业转移过程中势必会对迁出地的税收收入造成影响,尤其是企业的总体搬迁短期内将影响到迁出地即北京的税收收入。在其他地区设立分支机构,总部仍留在北京,将由北京与分支机构所在地共享税收,北京仍然能够保留这部分税收收入。总体搬迁转移将把产业全部转移至其他地区,这部分税收未来将由迁入地接收,北京的税收会受到影响,也影响北京的经济发展和提供公共产品的能力。其次,产业转移过程涉及税收归属问题,迁入迁出地的税收分享方案影响地方政府的税收利益及财政支出能力,因此规范的税收分享方案能够保证产业转移过程中税收收入的顺利入库,避免地方政府间不当的税收竞争和利益冲突,保证产业转移的顺利推进。

2014年京津冀协同发展战略被作为国家重大战略提出后,疏解非首都功能亦被作为该战略"牛鼻子"推动京津冀协同发展,相关部门出台了一系列税收政策，指导京津冀三地的产业布局。从税收分享政策来看，2014年10月，京津冀三地税务部门联合出台了《京津冀协同发展税收合作框架协议》，以完善三地税收协调机制为目的，统一三地税收口径，建立横向税收分享机制。2015年6月，财政部、国家税务局发布财预〔2015〕92号文《京津冀协同发展产业转移对接企业税收收入分享办法》提出，政府主导的迁出企业若符合迁入地产业布局要求，则迁出前三年年均缴纳增值税、企业所得税、营业税合计大于或等于2 000万元的企业，以迁出前三年迁出地分享迁出企业三税合计为上限，在三年内的三税由迁出地和迁入地按照五五比例进行分享，若三年后迁出地分享的税收仍未到达上限，则可申请延长两年。《办法》还提出共建园区税收分享机制一事一议办法。

虽然京津冀三地的税收分享政策已经按照财预〔2015〕92号文执行，满足一定条件的企业在产业转移过程中的税收按照一定比例在一定年限内在迁出地及迁入地间进行分享，为迁出地政府即北京提供了一定的税收减缓期，减小了北京在疏解非首都功能过程中因产业转移造成的税收收入减少的巨额落差，一定程度上调动迁入迁出地产业转移的积极性。2014年5月中关村海淀园在秦皇岛建立首个全国分园，其税收分享模式也为产业转移提供了参考模板，即由两个政府各自分享税收4成，另外2成将作为支持园区内企业发展的留存资金，即4∶4∶2模式，完善区域横向合作机制及利益分配机制。

但是现行税收分享机制仍未完善，政策文件主要为财预〔2015〕92号文件和河北省的中关村秦皇岛园的4∶4∶2利益分配模式。符合税收分享条件的企业范围过窄，不同行业对税收的贡献度有所不同，若全部使用2 000万元这一固定金额，从北京迁出的企业可适用税收收入分享范围较窄，一些迁出前三年仍享受税收优惠的企业很难使用这一条件。此外，分享年限也全部统一规定，未考虑到产业转移企业所属行业的行业结构特点，不同行业对当地公共产品的耗用情况不同，若使用统一规则不利于营造公平公正的税收环境。同时，税收分享实施办法也不够完善，可能导致产业转移过程中税收分享规定不够细化造成阻碍，例如财预〔2015〕92号文件中对政府主导这一概念并未进行定义，对产业布局要求也缺乏详细的规定。此外，随着非首都功能疏解的不断推进，京津冀协同发展的不断深入，税收收入分享机制也应随实际情况更新，更具有实效性。

从北京疏解非首都功能的过程来看，产业转移中由政府主导的企业总体搬迁影响迁出地即北京短期内的税收收入，由于迁出地和迁入地的税收利益协调机制尚未完善，非首都功能疏解进程也受到阻碍。产业转移过程中合理的税收分享方法，能够减少企业搬迁一事一议成本，应在现行税收分享政策的基础上再进行调整，根据产业结构特点及企业实际情况设置差异化税收分享方案。例如，在非首都功能疏解过程中，为响应京津冀协同发展政策而进行的产业迁移，要考虑迁出地政府可以获得一定程度的税收分享权限，但若是企业自主向天津河北等地区转移以获得更好的发展机会的则考虑税收分享权限向迁入地倾斜。同时，税收分享的范围也应该适当扩大，应当考虑到新设企业，若新设企业为传统类企业，对公共产品需求较大，则税收分享权限应向迁入地倾斜；若新设企业为技术密集型企业，则相反。此外，税收分享期限也应该与企业的生命周期相结合。例如，对于传统类企业，企业生命周期长，导入期和成长期时间较长，生产平稳，因此在设置税收分享期限和税收分享限额时可根据企业的生产经营特点适当延长。对于一些新兴企业如互联网企业等，企业生命周期相较而言较短，企业发展迅猛，成长速度较快，因此对于这部分企业，税收分享年限可以适当减少，提高对接地迁入积极性。因此，规范的产业转移税收分享政策对疏解非首都功能、解决北京特大城市发展问题大有裨益。

（二）中央转移支付

非首都功能的疏解不仅是解决北京特大城市发展问题、谋求北京新发展的路径，更是立足于京津冀协同下的重大国家战略，对推动京津冀三地协同发展、探索区域协同发展机制具有重大意义。非首都功能的疏解使得北京认清自身发展定位，按照北京产业禁限名录执行，疏存量控增量，将禁限产业淘汰或疏解至天津及河北地区，并以北京为中心辐射发展，提升河北、天津的区域竞争能力，实现京津冀的协同发展。在非首都功能的疏解过程中，对北京产业发展进行限制及向外转移，不仅是谋求北京经济高质量发展的关键，也是提升河北及天津竞争力的关键。因此疏解非首都功能是京津冀协同发展的关键一环。

在北京疏解非首都功能初期，北京严格按照《北京产业禁限名录》疏存量控增量，产业大量转移造成税收流失，而疏解非首都功能后北京的产业升级所涵养的税源也需要考虑前期建设成本和时间成本。除此之外，北京作为首都，财政支出的范围广，除了维持北京基本公共服务的提供外，实现北京城市功能定位，建设四个中心，疏解非首都功能实现北京经济的转型升级也需要资金不断供给，因此财政支出压力相较疏解前却有所增加。在非首都功能疏解过程中，尽管税收收入分享政策会不断随实际情况完善，但是地方政府间税收利益衡量及迁移企业自身情况衡量存在一定难度。在税收收入分享方案存在一定局限的情况下，转移支付可以保证北京基本公共支出能力。因此考虑到产业转移过程京津冀三地的税收利益协调问题以及北京提供基本公共服务的能力，考虑给予北京一定的税收缓冲期，由中央进行财政补贴，为北京产业的转型升级及税源涵养提供支持，促进新旧动能转换。在我国现行财政体制下，中央政府承担着稳定地方财政收入和地区财政收入再分配的职能，转移支付制度是实现稳定地方财政收入的重要手段，中央政府有必要通过转移支付等财政政策稳定地方财政收入。税收收入是地方政府一般公共预算收入的主要来源，是地方进行公共财政支出的主要资金，因此考虑到非首都功能疏解初期，北京税收收入受到限制，相应自主支出能力也受到限制，为促进中央与地方财权事权相匹配，中央政府可以全面考察在产业转移过程中京津冀三地的税收收入情况，并从全局出发在产业转移初期为北京提供相应的财政补贴。

京津冀三地的税收收入分享机制还存在一定的缺陷，不仅影响非首都功能疏解进程、京津冀协同发展的质量，还可能会在产业转移过程中由于税收利益分配不当而产生财权事权不匹配。因此，除了科学合理地制定税收收入分享政策外，还可运用其他财政手段，例如转移支付等，通过转移支付弥补非首都功能疏解后北京税源受到的短期影响，或者成立区域发展专项基金，并通过横向转移支付，对北京进行一些财政补偿，促进经济协同发展。

(三) 产业升级平台化

本书认为，税收分享政策及中央转移支付制度等在一定程度上的确可以解决北京在疏解初期因税收流失造成的部分问题，但是从长远看，北京市的税收收入不能长久地依赖于税收分享政策、中央转移支付等方法，还是要立足于北京自身的经济发展，即积极调整产业结构，形成北京自身的产业优势。

在疏解非首都功能背景下，北京经济结构调整升级力度持续加大，一般制造业在加快退出，但新旧动能转换还不到位，虽然战略性新兴产业增长很快，但比重较小，尚未发展为支柱产业。北京产业结构转型给经济增长形成不小压力，但仍然要坚定不移地调整经济结构，大力发展高精尖产业。虽然北京在疏解过程中产业在向外转移，但是根据北京城市总体规划建立的各个产业集聚平台以及形成的更加优化的产业结构慢慢地会形成北京发展的新的结构性优势，资源配置会更加合理，能够形成区域发展的增长极，主导城市间的分工和协作，促进整个经济的发展。

自党的十九大以来，我国对建设创新型国家提出了新的要求，北京市正聚焦"三城一区"建设，以"三城一区"为主平台建设北京科技创新中心，推动北京产业升级，构建高精尖经济结构。就产业集聚理论的发展过程看，法国经济学家帕鲁最早提出并用增长极理论研究经济增长，保德威尔将增长极理论转化为空间集聚理论。保德威尔认为，在一个地区嵌入推动性产业形成的集聚经济,将成为这个地区的增长极,推动区域范围内经济的增长。产业集聚与区域内产业结构、创新能力以及基础设施环境等有着很大的关系。经济学家们认为,产业集聚产生的动因很多,例如公共基础设施、政策指向等,但分工与协作产生的规模经济性、外部经济则是最主要的原因。规模经济概念是由英国经济学家马歇尔提出的,后来的经济学家们认为,外部规模经济是产业集聚引起的区域内企业成本降低的表现形式之一。德国经济学家韦伯也同样认可产业集聚与企业成本降低之间的关系。相同或类似产业聚集在同一区域,交通费用的降低及规模经济使得企业成本降低,并且新进入的产业扩大了该区域的产业规模,进一步提升了劳动协作效率以及区域能源利用率,并且促进了创新的发展。同时,产业集聚的动因又促进了产业集聚的发展。特定区域内不仅集聚了相关的生产企业,科研机构以及大学性研发机构也都在特定区域内集结,这些企业和研发机构进行合作,会产生行业间及跨行业的协同效应。波特指出,产业集聚的竞争优势表现在集聚区域内企业的相互联结,相互合作使得产业集聚提高了集群区域内企业的生产效率、推动了创新,使得生产效率有再次提高的可能,进而促进新企业和新服务的形成,从而提升这个区域乃至整个国家的产业竞争力。因此,从外部来看,产业集聚又促进了区域范围内经济的发展。

税收来源于经济,经济发展的速度和质量影响着税源的丰度和质量。因此,我们可以认为,不论是自然原因形成的产业集聚还是政策导向形成的产业集聚,对产业的发展、对区域范围内经济的推动都会起到一定的促进作用,也会为国民经济培育新的税源。跨行业间的协同效应以及企业间的合作和竞争都进一步促进了创新活动的发展,加快了新技术的实际应用,吸引了更多的科研人才加入,并进一步加强产业集聚的发展。因此,应重视产业集聚的重要作用,重视产业升级的平台建设,牢牢把握首都功能定位、转变经济发展方式,加快建设全国科技创新中心;重视"三城一区"建设,将"三城一区"建设为具有全球影响力的科技创新中心,培育自主创新能力,将现代科学技术应用到各个领域,使得"三城一区"科技成果产业化发展,推进产业不断高端化,积极发展新动能,推动北京高精尖产业发展并辐射津冀。

第十一章 促进京津冀协同发展的财政政策：经验与借鉴

京津冀地区作为经济总量大、人口众多、城市较为密集、发展速度快和发展条件好的区域，在国家发展格局中的战略地位日益突显（参见表11-1）。2014年2月26日，习近平总书记提出京津冀协同发展是重大国家战略。2015年4月30日，中共中央政治局审议通过《京津冀协同发展规划纲要》，要求三地在明确功能定位的基础上找准切入点和着力点，设定实施路径，有序推进。2017年9月，国务院发布关于对《北京城市总体规划（2016年—2035年）》的批复，提出深入推进京津冀协同发展，打造以首都为核心的世界级城市群。以上问题涉及人口控制、产业升级转移、生态环境保护、公共服务水平提升、创新驱动等诸多内容，其协调均涉及政府在市场经济条件下稳定和发展区域经济的重要工具——财政政策。随着京津冀三地协同发展步伐的加快，在各方利益博弈及资源重新配置的过程中，需要与之相适应的财政政策。

表11-1 首都城市战略定位主要变迁一览

历史时期	首都城市属性
《北京城市建设总体规划方案》（1983）	全国的政治中心和文化中心
北京城市总体规划（1991年—2010年）	全国的政治中心和文化中心，世界著名的古都和现代国际城市
北京城市总体规划（2004年—2020年）	国家首都、世界城市、文化名城，宜居城市
习近平（2010）来京视察提出进一步明确和落实发展定位	国际活动聚集之都、世界高端企业总部聚集之都、世界高端人才聚集之都、中国特色社会主义先进文化之都、和谐宜居之都
习近平（2014）就推进北京发展和管理工作强调明确首都城市战略定位	全国政治中心、文化中心、国际交往中心、科技创新中心

资料来源：根据表内文件资料整理。

本书将总结国内外若干经济区（如含多国的欧盟、一国的美国、一国内某一区域的东京城市经济圈、中国一体化较为成熟的长三角城市群和珠三角城市群）财政支出政策在一体化中的经验（参见表11-2），结合京津冀地区的特殊性，得出适应于京津冀协同发展的财政政策启示及借鉴，以期为国家层面的顶层设计和科学决策提供参考。

表11-2 国外代表性区域财政体制基本情况

国家	目标区域	目标区域特点	核心区域（首都）政府事权特征
单一制分权国家	日本	东京城市经济圈	东京为本国最大城市；为政治、经济、文化、教育中心	东京与道、府、县同属第一级行政区划 事权：警察；都道府县道、一级河川（指定区间）管理、二级河川管理、港湾、公营住宅、城市规划；高中、特殊教育学校、中小学、私立学校补助、辖区内大学；环境规制；地区经济、职业培训、中小企业指导 很多名义上的地方事务实质上是共同事务
联邦制国家	美国	华盛顿哥伦比亚特区及周边	首府相对较小，为政治中心（由美国国会直接管辖，不属于美国任何一州）	华盛顿哥伦比亚特区为联邦管辖的特区与华盛顿市地方政府辖区的重叠 事权：一般行政经费，教育，消防，治安，污水处理，燃气供应，水电，家庭和社区服务、道路和交通、公用事业等
超国家	欧盟	成员国	经济社会发展不均衡	成员国向联盟让渡部分权能，联盟以共同体方式行使成员国让渡的部分权能

资料来源：楼继伟．中国政府间财政关系再思考［M］．北京：中国财政经济出版社，2013．

第一节 国外经验梳理

本部分选取美国、日本、欧盟等地区的核心区域（首都）为案例，对其职能定位、事权划分、支出政策等财政体制核心内容进行梳理，并对其有益经验加以借鉴。

一、欧盟一体化

欧盟一体化发展在世界其他经济一体化组织中发展较为成功，是全球范围内协同发展实践较为成功的区域典范。

（一）制定欧盟财政团结政策、建立专门机构

欧盟地区政策的理念起源于1957年签署的《罗马公约》，真正起步是在20世纪70年代中期。1973年欧洲共同体第一次扩大，英国、爱尔兰、丹麦3国正

式成为共同体的新成员。这次扩大凸显了地区差距问题，即希腊、葡萄牙及中东欧国家的 GDP 远不及欧盟平均水平，而德国具有较高的经济总量。欧盟为了缩小区域经济社会发展不平衡制定了团结政策，用以缩小地区间差距，提升区域竞争力，增强地区协作，实现区域协同发展。具体政策即设计组织欧洲理事会、欧盟委员会、欧洲议会等机构。这些机构为整个区域的协调发展设置了专门的职能机构和顾问机构：一是欧盟委员会内设区域政策事务部，专门负责区域政策与欧盟成员国间聚合方面的事务；二是欧盟理事会内设有区域政策委员会；三是欧洲议会设有 20 个常务委员会，其中，区域政策委员会、交通与旅游委员会、环境和公共卫生与消费者保护委员会等三个委员会与区域政策问题密切相关。

成员国政府居于第二个层次，他们一般都拥有自身的区域政策，同时接受欧盟统一的区域政策协调和整合，其主要权力由中央当局特别是议会掌握，议会负责处理所有有关区域政策的法律，即批准或否决援助措施，确定奖励力度、区域设计和分散程度，也包括批准成立或取消特定管理机构等。

地方政府也参与欧盟区域问题的决策，其渠道主要有：一是在地方层次相应设立区域政策机构；二是多数成员国地方政府在欧盟总部布鲁塞尔都设有某种形式的办事处和代表；三是比利时和德国规定，如果部长理事会讨论的问题属于其地方政府管辖范围，由地方政府的相关负责人出席会议。

（二）设立专门基金及机构促进区域均衡发展

欧盟为此建立了结构基金、聚合基金等投资基金，并且对其综合运用，有力地推动了联盟各个国家之间的合作共赢（参见表 11-3）。欧共体/欧盟缩小地区经济差距的工具主要有结构基金（structural funds）和欧洲投资银行、欧洲经济协定（European Economic Agreements）财政机制等。

表 11-3　欧盟为协调区域经济设立的投资基金一览

基金类型	基金名称	创立时间	政策目标
结构基金	欧洲社会基金（ESF）	1957 年	初创时，为工人提供职业培训和安置费用，以增强雇员在共同体范围内的流动性，通过统一市场建设促进经济增长来解决失业问题 1971 年修改共同体条约后，明确授权欧洲社会基金对欧洲共同体劳动力市场进行干预以求改善其平衡状况。当时干预的重点有：农业人口向非农产业转移；由贸易自由化引起的纺织和服装业大规模的结构调整而产生的人员冗余现象 1988 年改革后，主要用于消除长期失业和提高青年人的就业能力，1993 年后又用于增强工人对产业变化的适应能力。主要方式是提供职业培训和就业帮助，改善教育体制

续表

基金类型	基金名称	创立时间	政策目标
结构基金	欧洲农业指导和保障基金（EAGGF）	1962年	促进农业的结构调整，主要是为农村地区采用农业新技术、发展非农产业提供资金支持
	渔业指导融资基金（FIFG）	1963年	是为帮助沿海地区受渔业生产萎缩影响的渔民而设立的
	欧洲地区发展基金（ERDF）（结构基金中规模最大，占比近半）	1975年	增强受援地区的经济发展潜力、支持结构调整、促进经济增长和持续就业。为达此目的，该基金主要用于资助生产性投资、基础设施项目、开发本地经济潜力的活动以及技术援助和大型项目等，同时也用于鼓励成员国之间的跨国经济合作和交流
聚合基金		1994年	为实现欧洲经济货币联盟

资料来源：根据商务部网站"欧盟地区政策"整理，网址：http://eu.mofcom.gov.cn/article/ddfg/l/201706/20170602591923.shtml。

1. 结构基金。欧盟出自深化和扩大一体化的需要，为了缩小其内部区域经济发展的不平衡，专门设立了欧洲结构和投资基金（简称"结构基金"），主要任务之一就是支持落后地区或产业衰退地区的经济发展与产业结构调整。结构基金来源于欧盟预算，由欧盟理事会和欧洲议会批准，属于欧盟财政专项支出，是欧盟首创的一种全新的产业政策工具。

目前，结构基金主要由四部分组成[①]：欧洲社会基金（ESF）、欧洲地区发展基金（ERDF）[②]、欧洲农村发展农业基金（EAFRD）、欧洲海事和渔业基金（EMFF）。欧洲社会基金主要提供职业培训和就业帮助，以解决青年和妇女的就业问题。欧洲地区发展基金是四个基金中最大的，约占整个结构基金的一半。该基金的主要目的是支持落后地区的中小企业的发展、促进投资和改善基础设施。欧洲农村发展农业基金主要是为农村地区采用农业新技术、改进农业产业结构和发展非农产业提供资金支持。欧洲海事和渔业基金是为帮助沿海地区受渔业生产萎缩影响的渔民而设立的。结构基金数额在1989—1993年间翻番，共计达到600亿欧洲货币单位。地区政策同时又被称为结构

---

① 1988年，成员国一致决定，将欧洲地区发展基金、欧洲社会基金、欧洲农业指导与保证基金中的指导部分合并成结构基金。

② 1975年3月，共同体部长理事会就全面实行共同地区发展政策达成一致。地区政策的核心是设立欧洲地区发展基金。欧洲共同体决策机构认为，欧洲一体化会促使其内部经济向发达中心地区集中。如果忽略经济欠发达的外围地区的话，最终会因贫富悬殊太大而危及共同体的存在。地区政策的宗旨就是要抵消一体化进程所带来的负面影响。

政策。结构基金占共同体预算的比重由 1986 年的 17.6% 提高到 1992 年的 25.4%。①

值得一提的是，虽然欧盟区域协调政策的目的在于加强整个欧盟经济、社会和区域方面的整合，但其首要关心的问题是创造就业机会，并不是把经济增长放在首位。而且，对受助区域的资格条件和扶持额度是全面把关的。经过不断的完善，欧盟区域协调政策成功地支持了欧盟经济落后地区和产业衰退地区的发展和结构调整。

2. 聚合基金（Cohesion Funds）②。为实现欧洲经济货币联盟，欧盟于 1994 年 5 月 16 日引入一个新的基金，即聚合基金，该基金对人均国民生产总值（GNP）低于欧盟平均水平 90% 的国家的环境和交通基础设施项目实施资助，资助额高达项目全部费用的 80%~85%。该基金从欧盟预算中拨款，用于经济落后国家，最终目的是减少欧盟内部经济差距，推动欧洲一体化的发展。

二、东京城市经济圈

（一）规划城市功能，疏解首都非核心功能

由于东京承担着全国政治、经济、文化、交通，甚至是世界城市多个中心职能，难以回避过度集中的城市功能带来的人口密集、环境污染、交通拥堵等"大城市病"，而通过对东京大都市圈中其他城市功能的合理规划，在一定程度上疏解首都的非核心功能（参见图 11-1）。

（二）对经济落后地区进行大量转移支付，设立相关机构

日本在平衡区域发展差异时，注重发挥财政的收入分配职能，通过转移支付缓解落后地区财政困境，促进落后地区经济、社会发展，最终缩小地区经济社会差距，实现区域协同发展。在日本经济高速增长的后期，为解决区域经济发展差距过大问题，日本政府将注重对落后地区的财政转移支付，并实行减免税收、价格补贴和优惠贷款，还设立负责落后地区开发金融的国家政策银行（如：北海道开发公库和冲绳振兴金融开发公库）。在北海道开发过程中，对于河流改造、港口建设、交通基础设施建设等开发项目的补贴均提高了 13%~35%③不等。

---

① 整理自：http://baike.baidu.com/link?url=c_v-1eoEnMeZ4P1doaIEp7jP3R44UIpMZhGP01kf5OiRP-IBpefmAfSwYddPo_f9OiNJCi6VW2eVIEH77f4tN_。

② 关于该基金的其他翻译，主要有凝聚（力）基金、团结基金和整合基金等，考虑到该基金从欧盟预算中拨款，用于经济落后国家，最终目的是减少欧盟内部经济差距，推动欧洲一体化的发展，此译译聚合基金。

③ 韩佳，徐长乐. 长三角区域经济一体化发展问题及对策研究：日本区域经济开发对长三角的启示 [J]. 经济问题探索，2007（8）.

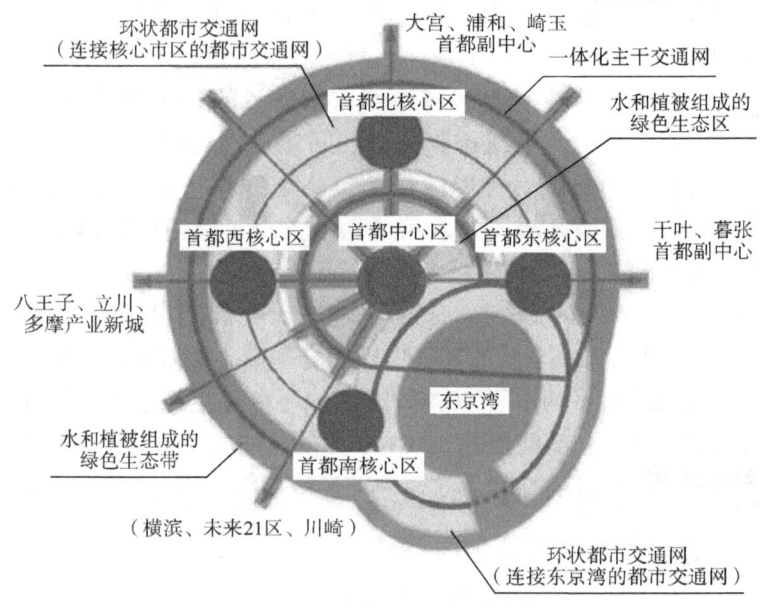

图 11-1　日本东京大首都圈功能规划

资料来源：日本 13 年前的首都圈整体规划 http://www.chla.com.cn/htm/2014/0416/206618.html。

日本政府颁布全民年金和全民保险制，以消除地区间经济发展差距对各地居民生活水平的影响。

推进基础设施建设以促进落后地区经济发展、实现区域经济协调发展。日本在区域开发规划和法律中都有促进基础设施建设的相关措施，政府还给予各种优惠政策，并鼓励私人企业和财团投资。中央政府主要负责跨地区的基础设施建设，地方政府则负责区域内建设项目。在基础设施投资中，交通设施建设占有很大比重，交通线路网基本覆盖了落后偏远地区，为当地经济发展奠定了良好基础。

三、美国

（一）首都单一功能定位及与其相适应的首都财政政策

美国首府华盛顿由国会直接管辖，不属于美国任何一州，其没有其他城市的经济、科技、金融等功能，美国政府单一化了首都职能，使其主要担当美国的政治中心的角色，美国大多数联邦政府机构都设在这里，同时这里也具备一些文化功能，如高校及国家美术馆等基本公共产品。

定位清晰且单一的首都职能避免了地区政府对财政规模及经济总量的追求，进而避免了大城市病及区域协同发展矛盾。

（二）清晰的联邦转移支付标准支持落后地区

美国区域发展援助有法可依，保证了援助政策的稳定性和连贯性。20世纪初至今，美国先后颁布了《宅地法》《木材种植法令》《太平洋铁路法》《地区再开发法》《公共工程与经济发展法》《联邦受援区和受援社区法》《人力发展与训练法案》等法律，这些法案的颁布为援助落后地区提供了法律依据，有力地促进了美国各区域社会、经济和文化的长期协调发展，为美国经济的繁荣奠定了基础。

同时，美国联邦援助条件、标准、程序明晰。美国法律以可量化指标而非含糊的文字描述对受援地区的主体资格予以明确规定，符合条件者都可以申请政府的援助。

第二节　国内经验梳理

京津冀同长三角、珠三角作为国内三大经济圈，以占全国6.3%的国土面积承载了全国27.6%的人口和40.9%的经济总量，以占全国72.1%的进出口额和66.4%的外商投资企业投资额，成为国家对外经济贸易往来的重要区域。与长三角、珠三角相比，京津冀地区在总体规模、产业结构、对外经济、GDP增速方面均处于较低水平（见表11-4），其中经济密度略低于珠三角，远低于长三角。

表11-4　三大区域主要指标比较（2015年）

区域		总体规模			产业结构		对外经济		发展水平		增长速度	
		面积（万平方千米）	人口（万人）	GDP（万亿元）	第二产业增加值（万亿元）	第三产业增加值（万亿元）	进出口总额（亿美元）	外商投资企业投资（亿美元）	人均GDP（万元）	经济密度（万元/平方千米）	GDP增速（%）	国定资产投资增速（%）
京津冀	数量	21.6	11 142	6.9	2.7	3.9	4 852.4	6 359.1	6.2	3 214	4.3	10.6
	占全国（%）	2.2	8.1	10.1	8.3	11.4	12.3	14	—	—	—	—
长三角	数量	21.1	15 931	13.8	6	7.2	13 415.8	17 352	8.7	6 549.4	7.2	10.7
	占全国（%）	2.2	11.6	20.1	18.6	21.2	33.9	38.2	—	—	—	—

续表

区域		总体规模			产业结构		对外经济			发展水平		增长速度
		面积（万平方千米）	人口（万人）	GDP（万亿元）	第二产业增加值（万亿元）	第三产业增加值（万亿元）	进出口总额（亿美元）	外商投资企业投资（亿美元）	人均GDP（万元）	经济密度（万元/平方千米）	GDP增速（%）	固定资产投资增速（%）
珠三角	数量	18	10 849	7.3	3.3	3.7	10 225	6 443.1	6.7	4 045.1	7.4	15.4
	占全国（%）	1.9	7.9	10.6	10.2	10.8	25.9	14.2	—	—	—	—
三大区域占全国比重（%）		6.3	27.6	40.9	37.1	43.5	72.1	66.4	—	—	—	—

资料来源：根据《2016年中国统计年鉴》《2016年中国财政年鉴》《2016年中国税务年鉴》分地区指标数据计算得出。受限于数据来源，京津冀由北京、天津、河北加总，长三角由上海、浙江、江苏加总，珠三角指广东。

从长三角、珠三角的经验来看，珠三角的区域协调在本省内协调，难度相对较小。长三角以上海为中心进行的区域协作与内部整合已达到较高水平。

一、长三角地区

长三角地区经济一体化的快速发展在很大程度上缘于改革开放后生产要素的跨地区流动、产业合理分工与密切协作。目前，长三角地区一体化坚持"政府为引导，市场为基础，企业为主体，多方共参与"的原则，充分发挥各自的比较优势，通力合作，达到了合作共赢。

（一）城市功能区域定位完善[①]

长三角城市群中大中小城市齐全，各具特色的小城镇星罗棋布，城镇间联系密切，遵循错位发展思路，既竞争又协同、相互协调、相互带动，构成"一核五圈四带"的网络化空间格局："一核"是指上海；"五圈"是南京都市圈、杭州都市圈、合肥都市圈、苏锡常都市圈和宁波都市圈；"四带"是沿海发展带、沿江发展带、沪宁合杭甬发展带以及沪杭金发展带。这意味着，

[①] 引自：魏亭亭，周桂荣. 京津冀区域与长三角区域协同一体化发展比较分析[J]. 经济界，2017（1）：37-44.

南京、杭州、宁波3个副省级城市在注重自身发展之外，还要充分发挥其作为区域龙头的带动与辐射作用。

而京津冀区域内当前三省市之间发展定位衔接不够，内部城市结构梯度不够合理，大城市处于绝对优势，缺少"中心城市辐射"作用，尤其河北省内各城市与京津两地的发展差距太大。此外，京津冀区域不同规模城市没有形成合理分工和分布布局，城市群规划结构存在明显断层，城市之间未能有效相互衔接互动。河北在京津冀的格局中处于相对弱势地位，京津对河北的"虹吸效应"，导致京津冀三地之间的差距越来越大，且京津地区出现的产业聚集、形成的产业规模和产业链不能向周边落后地区推广和扩散。

（二）设立政策性公益基金

2012年，上海、浙江、江苏和安徽四省市各出资1 000万元成立区域发展促进基金，用于跨省市基础设施建设、生态建设、环境治理，以及产业升级等。该基金由长三角合作与发展联席会议办公室负责管理，在上海设立统一账户。该基金主要用于两省（市）以上合作共建项目，解决跨区域发展过程中任何一方难以单独解决的重大问题，从而促进区域一体化。作为国务院批准实施的《长江三角洲地区区域规划》的"重大改革实验"之一，该基金在跨省市基础设施建设、生态建设、环境治理以及产业升级等领域发挥了积极的作用。

具体而言，长三角合作与发展联席会议每年会确立若干合作项目，并对列入计划的项目及资金安排进行审查商议，最后确定资金的投向等相关问题。根据每年拟定的合作重点不同，该资金的投向也发生相应的变化。

（三）设立一体化发展投资基金

2016年公布的《长江三角洲城市群发展规划》（以下简称《规划》）提出，研究设立长三角城市群一体化发展投资基金，建立合理的税收利益共享和征管协调机制。《规划》提出，研究设立长三角城市群一体化发展投资基金。在相关城市自愿协商的基础上，研究设立长三角城市群一体化发展投资基金，分期确定基金规模，采用直接投资与参股设立子基金相结合的运作模式，鼓励社会资本参与基金设立和运营，重点投向跨区域重大基础设施互联互通、生态环境联防共治、创新体系共建、公共服务和信息系统共享、园区合作等领域。完善基金治理结构，构建基金支出监督和绩效评估机制，确保基金合理高效利用。

以市场化手段撬动社会资本，进行重大基础设施建设，较之单纯依靠地方财政更有效，设立长三角城市群一体化发展投资基金将成为促进产业发展的有力杠杆，将丰富企业的融资渠道，为企业进行产业升级提供资金保障，对经济转型起到积极作用。

二、珠三角地区

（一）建立税收合作与利益协调机制

珠三角方面，2004年2月9日泛珠三角区域签订了《泛珠三角区域地方税务合作协议》，正式建立了泛珠三角区域内的税收合作机制。泛珠三角区域税收合作的目标是：整合税制资源，形成治税合力，加强税收管理，打击偷逃税行为，防止税收流失；营造法治、公正、文明的税收环境，促进资金、商品及其他要素的顺畅流转；加强协调配合，为九省区的纳税人提供优质高效的纳税服务，降低税收成本；相互交流工作经验，提高税收工作水平，互相派遣干部到九省区兄弟系统挂职锻炼等。泛珠三角税收合作机制的建立对区域内税收利益的协调起到了积极作用，是我国地区税收合作项目的一种新的尝试；协调划分内地与港澳之间的税收管辖权，避免重复征税，促进港澳与内地经济的协调发展。

（二）财税管理及服务功能相对完善

政务一体化步伐不断加快。2010年12月20日广东省政府出台《广东省涉税信息交换与共享规定（试行）》（粤府办〔2010〕69号），搭建集涉税信息采集、交换、分析、处理为一体的网络平台，联合工商、物价等职能部门通过该平台报送、传递涉税信息，实现多部门联合控税。

第三节　对京津冀协同发展的启示与借鉴

一、启示

（一）跨区域协作机制需先行

对于局部地区无法单独治理的跨区域问题，需建立有效的协作机制，如欧盟构建了多层次、网络状的区域协调体系，并随着实践的发展，不断完善法制、经济和行政等多管齐下的区域协调机制。再如日本首都圈整体规划中，强调7个都县市一体化协同发展，重点解决首都圈面临的并且是需要各城市共同解决的重大共性问题，例如提高交通效率、大气污染治理、工业和信息化政策等。

（二）区域政策要有充分的资金支持

作为世界上最为典型也最为成功的区域政策实践，共同财政基金在欧洲区域发展演进的各个时期均发挥了重要的作用。投资是协调区域经济关系的重要推动力，资金在地区间的分配对生产力的合理布局具有重要意义。

（三）中心城市的事权应与其承担的核心功能相适应

受政治体制的影响，联邦制国家的首都仅为全国政治中心，除提供首都公共产品外，相应的政府职能与同级非中心城市无明显差异，事权与财政支出责任相对较少（如堪培拉、华盛顿）。单一制国家的首都往往为复合型中心城市，承担更多的事权和支出责任。

东京在经济快速发展过程中，产业集聚效果形成的同时，城市规模不断扩大，这一点与北京情况颇为相似。日本政府采取联合7个都县市，推进一体化战略，在都市圈内建立多个首都副中心城市的方法，有效规避了中心城市过度膨胀。

在空间与功能上，东京与周边县市已经密不可分了，但是在行政体制上互不隶属，都市圈规划涉及的各个方面必然跨越行政区域。都市圈规划从都市圈整体角度出发进行综合规划，分散东京城市中枢管理的功能，将政府、教育、工业及商业等不同职能向周边城市扩散，并在不同的核心城市形成独立的首都副中心。

（四）借助横向转移支付体系以平衡区域财政能力

从横向转移支付方面，需加强落后地区财政补偿，促进地区经济发展，缩小经济差距，实现区域协同发展。

二、借鉴

（一）构建协同发展的合作制度和机制

京津冀三地定位和职能分工日趋明确，在落实顶层设计、推进区域协同发展过程中，将面对诸如区域内环境污染治理、区域内基本公共设施建设、区域内产业的错位发展和整合等需要跨行政区进行统一规划和管理的事务，涉及中央与地方纵向协调和京津冀三地的横向协调。

然而，在我国现行行政区划体制下，"不平等"身份的三地政府在话语权和资源配置能力方面差异巨大，三地之间是很难进行协调的。目前区域内没有能够科学权威而又有效地进行统一协调的公共管理组织，或协同发展合作制度，即使在实践中有一些协调发展的会议和决议，也往往受限于京津冀区域"三地四方"的行政管理体制。各地政府仍以自身利益的最大化而非以区域整体可持续协同发展为出发点来进行决策，缺乏完善的协调和合作机制，导致京津冀区域内公共资源的管理难以开展。

可借鉴欧盟政策，由中央设置区域管理协调机构，建立共同财政基金，可尝试地方政府和中央共同出资，用以应对区域性公共事务和协调区域均衡发展，如跨省市基础设施建设、产业转型升级、科技研发和创新能力建设等方面。

（二）形成多层次的网络型合作治理模式

在世界范围内的区域协调发展实践中，一些地区①尝试调动各类社会组织、企业、区域性合作组织积极性，引入多元治理机制，即吸纳非营利组织、私营部门和公民来参与区域协同治理。我国长三角地区的一体化发展也得益于这种多元治理机制：1997年成立的长三角城市经济协调会积极引入协会、商会等社会中介组织参与区域治理，并于2012年成立长三角协调会，成为国内首个独立办公的区域合作组织。

目前，京津冀区域既缺乏专门负责区域政策实施的职能部门，又作为单一政府管理模式，相对缺乏吸纳非政府组织、企业、公民参与区域事务治理机制。通常，京津冀区域在制定发展规划之前，会通过听证会等形式向公众征求意见和建议，但是并没有实现常态化，公民参与治理的渠道很狭窄，这与发达国家的城市群治理中的公共参与水平相差甚远。加之我国社会组织发育程度很低，现有的社会组织大多是在政府管理部门的培育和推动下产生的，对政府的依附性较强，在参与区域协同发展中的作用极为有限。由于京津冀三地政府同企业和社会组织之间未形成多层次、良性互动的网络型合作治理模式，往往难以有效降低京津冀三地信息沟通、协商或分配成本，以及执行或监控成本。因而，可以运用财政手段增进政府、企业、社会组织之间的合作和良性互动。对跨地区的行业协会联盟或新的行业协会组织，在其协同政府、共同制定区域行业发展规划、区域共同市场规则以推进区域市场秩序建立过程中，可给予适当税收减免及财力支持。

还可以运用税收手段鼓励相关学术机构、科研院所加强京津冀协同发展研究，开展有关京津冀地区协同发展的重大专题类研究。积极鼓励外省市研究机构共同参与研究，通过轮流举办各种层次的研讨会和宣讲会等增进地区间的了解与合作，进而为京津冀协同发展实践提供理论指导和智库支撑。

（三）在疏解首都功能基础上明确各地政府事权

通过立法手段，从根本上明确与首都核心功能相适应的事权与支出责任，确保政府角色在法律框架内不缺位、不越位。

结合首都功能，厘清京津冀"三地四方"事权与支出责任，适当减轻地方财政支出压力。如可以通过提高社会保险的统筹层次，实现社会保险由省级统筹调整为由国家统筹，由地方承担社会保险支出责任调整为由国家承担社会保险支出责任，有利于解决我国人口跨区域流动状态下转移人口的社会

---

① 如美国华盛顿大都市区政府委员会，欧盟设立区域专项基金。

保险接续不畅问题，提高社会保险运行的管理效率，同时缓解地方财政困难；再如，在实现京津冀环境保护一体化、交通一体化和改善首都及周边城市功能建设、维护首都及周边稳定等方面，中央应承担更多的事权和财政支出责任，通过加大中央对实施国家重大战略的财政投入，减轻地方政府为国家重大战略买单的支付压力。

（四）探索横向财政转移支付制度进行利益补偿

京津冀区域内部经济差距巨大，三地之间在发展水平、基础设施、公共服务和商业环境等方面差距较大。河北经济总量和税收规模与北京、天津相差悬殊，省内部分中小城市发展严重滞后，在城镇建设、基础设施等方面财力严重不足，行政分割的管理体制及断崖式财政落差直接影响资源和要素在三地之间的自由流动和优化配置，使北京凭借其高水平的公共服务和优越的资源配置地位，不断虹吸周边地区人口、资源与产业，不仅未能缩小地区间贫富差距，反而进一步加剧区域间发展不平衡。另外，大量优质生产要素不断单方向集聚于北京，也使得作为中心地区的北京缺少与天津及河北协同发展的动力，推进京津冀三地协同发展更加艰难。进一步讲，京津冀"断崖式"财政落差与京津对河北的"虹吸效应"有关，在官员考核机制下政府展开经济竞争且不完善的财政体制加剧了财政落差的结果。

因而，京津冀"断崖式"财政落差制约了三地协同发展，可引入横向转移支付机制纠正区域资源错配，特别是在环境、空气及水资源等方面，天津和北京应该对做出巨大利益牺牲的河北省相关地区进行一定的补偿，如以在业帮扶、人员培训、产业合作等形式加大补偿力度。值得注意的是，在横向转移支付体系构建中，需弥补特定领域内的财政支出外溢，如在生态治理领域，根据收益和成本主体的一致性，讨论补偿标准，确定补偿机制，必要时引入环境税以缓解财政压力。在产业转移领域也可以横向转移支付引导产业的合理布局。

参考文献

[1] 安体富, 任强. 中国公共服务均等化水平指标体系的构建: 基于地区差别视角的量化分析 [J]. 财贸经济, 2008 (6): 79-82.

[2] 安体富, 任强. 公共服务均等化: 理论、问题与对策 [J]. 财贸经济, 2007 (8).

[3] 安体富. 如何看待近几年我国税收的超常增长和减税的问题 [J]. 税务研究, 2002 (8): 10-17.

[4] 白景明. 经济增长、产业结构调整与税收增长 [J]. 财经问题研究, 2015 (8): 56-61.

[5] 柏良泽. 中国基本公共服务均等化的路径和策略 [J]. 中国浦东干部学院学报, 2009 (1): 50-56.

[6] 薄文广, 陈飞. 京津冀协同发展: 挑战与困境 [J]. 南开学报 (哲学社会科学版), 2015 (1).

[7] 萨缪尔森. 经济学 [M]. 19版. 北京: 商务印书馆, 2012.

[8] 贝弗里奇. 贝弗里奇报告: 社会保障和相关服务 [M]. 北京: 中国劳动社会保障出版社, 2004.

[9] 庇古. 福利经济学 [M]. 朱泱, 译. 北京: 商务印书馆, 2006.

[10] 布坎南. 公共财政与公共选择两种截然不同的国家观 [M]. 类承曜, 译. 北京: 中国财经出版社, 2000: 128.

[11] 蔡黎, 鲁周琴, 谢年华, 等. 武汉市基本公共卫生服务均等化评价指标体系的建立 [J]. 现代预防医学, 2015, 42 (1): 76-79, 153.

[12] 曹俊文, 罗良清. 转移支付的财政均等化效果实证研究 [J]. 统计研究, 2006 (1).

[13] 曾红颖. 我国基本公共服务均等化标准体系及转移支付效果评价 [J]. 经济研究, 2012 (6): 20-32.

[14] 曾军平. 政府间转移支付制度的财政平衡效应研究 [J]. 经济研究, 2000 (6).

[15] 常修泽. 中国现阶段基本公共服务均等化研究 [J]. 中共天津市委

党校学报，2007（2）：66-71.

［16］陈昌盛．基本公共服务均等化：中国行动路线图［J］．财会研究，2008（2）：15-16.

［17］陈海威，田侃．中国基本公共服务均等化问题探讨［J］．中共福建省委党校学报，2007（5）：2-5.

［18］陈瑞莲，张紧跟．试论区域经济发展中政府间关系的协调［J］．中国行政管理，2002（12）.

［19］陈仰东．提高统筹层次需要利益机制助推［J］．中国医疗保险，2010（4）.

［20］程恩富，王新建．京津冀协同发展：演进、现状与对策［J］．管理学刊，2015（3）.

［21］程毛林．我国税收增长的影响因素和预测分析［J］．扬州大学税务学院学报，1998（2）：19-22.

［22］迟福林．政府转型与基本公共服务［J］．中国浦东干部学院学报，2009（1）.

［23］崔晓冬．破解异地就医报销难的症结所在［J］．中国社会保障，2012（6）：87.

［24］瑞．发展经济学（中译本）［M］.1版．北京：北京大学出版社，2002：155-175.

［25］邓小平．中央要有权威［M］//邓小平文选.1版，3卷．北京：人民出版社，1993：277-278.

［26］邓砚丹，张永庆，齐闯．总部经济与都市圈联动发展研究：以东京为例［J］．当代经济，2010（1）：82-83.

［27］丁元竹．界定基本公共服务及其绩效［J］．国家行政学院学报，2009（2）.

［28］范子英、田彬彬．税收竞争、税收执法与企业避税［J］．经济研究，2013（9）.

［29］冯瑜．产业结构调整与税收增长分析［J］．税务研究，2011（7）：84-86.

［30］干春晖，郑若谷，余典范．中国产业结构变迁对经济增长和波动的影响［J］．经济研究，2011（5）：4-16，31.

［31］高洪显、陈渝．京津冀一体化背景下地方政府财政政策协同研究［J］．经营与管理，2015（6）.

［32］高雪莲．京津冀公共服务一体化下的财政均衡分配［J］．经济社会

体制比较，2015（9）.

［33］高玉. 京津冀协同发展税收分享政策研究［J］. 首都经济贸易大学学报，2015（6）：64-68.

［34］巩琳萌，李爱玲，宋丽群，等. 京津冀协同发展四问［J］. 前线，2014（4）.

［35］谷瑞，周宇涵. 基于F-H模型的京津冀金融协同发展程度测量［J］. 商业经济研究，2016（1）.

［36］谷彦芳，王坤，李克桥. 京津冀协同发展下产业转移税收分享政策研究［J］. 经济研究参考，2018（46）：4-7.

［37］郭杰，李涛. 中国地方政府间税收竞争研究：基于中国省级面板数据的经验证据［J］. 管理世界，2009（11）.

［38］郭庆旺，吕冰洋. 经济增长与产业结构调整对税收增长的影响［J］. 涉外税务，2004（9）：11-16.

［39］国家发展改革委宏观经济研究院课题组. 促进我国的基本公共服务均等化［J］. 宏观经济研究，2008（5）.

［40］陈志国. 促进京津冀基本公共服务均等化研究［J］. 经济研究参考，2018（15）：55-64.

［41］胡怡建，许文，原铁忠. 税收收入可持续增长研究：来自上海的实证分析［J］. 上海财经大学学报，2006（2）：85-91.

［42］黄涛，胡宜国，胡宜朝. 地区人均GDP分布的基尼系数分析［J］. 管理世界，2006（5）.

［43］黄小平. 地方税收增长因素分析与地方税源建设思考：以福建省三明市为例［J］. 福建论坛（人文社会科学版），2009（3）：131-134.

［44］贾洪波. 中国基本医疗保险制度改革关键问题研究［M］. 北京：北京大学出版社，2013（1）.

［45］贾俊雪. 政府间财政收支责任安排与地方公共服务均等化：实证研究［J］. 中国软科学，2011（12）.

［46］贾康. 公共服务的均等化应积极推进，但不能急于求成［J］. 审计与理财，2007（8）：5-6.

［47］贾康. 区分"公平"与"均平"：把握好政府责任与政策理性［J］. 财政研究，2006（12）.

［48］贾琦，运迎霞. 京津冀都市圈城镇化质量测度及区域差异分析［J］. 干旱区资源与环境，2015（3）.

［49］江庆. 省际间财力差距的地区分解和结构分解［J］. 统计研究，

2009（6）.

[50] 江庆．中国地方政府总体财力不均等程度及其分解：1997—2005 [J]．南方经济，2010（8）．

[51] 姜溪，刘瑛莹．京津冀公共服务均等化研究 [J]．商业经济研究，2017（3）：211-213．

[52] 金人庆．完善公共财政制度逐步实现基本公共服务均等化 [J]．求是，2006（22）．

[53] 牛丽，刘群，王传成．京津冀协同发展税收问题研究 [J]．天津经济，2015（7）：56-60．

[54] 狄骥．公法的变迁：法律与国家 [M]．郑戈，冷静，译．沈阳：辽海出版社，1999．

[55] 黎昌卫．影响产业结构优化的税收因素与政策措施 [J]．税务研究，2006（11）：21-25．

[56] 李彬，韩增林，马慧强．辽宁省城市基本公共服务质量差异的时空分析 [J]．人文地理，2015（3）：111-117．

[57] 李华．高质量发展目标下税收体系构建与减税降费再推进 [J]．税务研究，2019（5）：25-29．

[58] 李洺，孟春，李晓玉．公共服务均等化中的服务标准：各国理论与实践 [J]．财政研究，2008（10）：3．

[59] 李萍．中国政府间财政关系图解 [M]．北京：中国财政经济出版社，2006：44-49，63-66．

[60] 李清章，赵峰，张京．基本公共服务均等化的内涵、目标追求及必要性研究：基于京津冀一体化视野下的角度视察 [J]．河北工程大学学报（社会科学版），2016（1）：18-21．

[61] 李卫刚．税收增长影响因素的可持续性分析：基于江苏、安徽、四川情况的比较 [J]．地方财政研究，2007（3）：34-37．

[62] 李艳艳．山东省税源建设统计实证研究 [J]．商业会计，2013（14）：42-44．

[63] 李宇嘉．疏解首都功能，北京可从东京借鉴些什么 [N]．上海证券报，2015-03-05（A02）．

[64] 李玉涛．京津冀地区基础设施一体化建设研究 [J]．经济研究参考，2015（2）：20．

[65] 梁林，刘兵．京津冀基本公共服务均等化评价及河北省提升途径研究 [J]．河北工业大学学报（社会科学版），2016，8（3）：1-10．

[66] 林颖．中部地区税源结构与经济结构调整取向的初步研究［J］．税务研究，2001（12）：20-22．

[67] 刘德吉．国内外公共服务均等化问题研究综述［J］．上海行政学院学报，2009（11）．

[68] 刘芬，邓宏兵，李雪平．增长极理论、产业集群理论与我国区域经济发展［J］．华中师范大学学报（自然科学版），2007（1）：130-133．

[69] 刘海云．京津冀三地税收与税源背离问题研究［J］．经济与管理，2017（3）．

[70] 刘建民，宋建军．税收增长与经济增长关系的理论分析和实证研究［J］．财经理论与实践，2005（6）：74-78．

[71] 刘溶沧，焦国华．地区间财政能力差异与转移支付制度创新［J］．财贸经济，2002（6）．

[72] 刘瑞，伍琴．首都经济圈八大经济形态的比较与启示：伦敦、巴黎、东京、首尔与北京［J］．经济理论与经济管理，2015（1）：79-94．

[73] 刘尚希．逐步实现基本公共服务均等化的路径选择［J］．中国财政，2007（3）．

[74] 刘馨颖．企业所得税分享机制研析［J］．税务研究，2014（11）．

[75] 刘雪芹，张贵．京津冀区域产业协同创新能力评价与战略选择［J］．河北师范大学学报（哲学社会科学版），2015（1）．

[76] 龙小宁．基于空间计量模型的中国县级政府间税收竞争的实证分析［J］．经济研究，2014（4）．

[77] 卢洪友，袁光平，陈思霞，等．中国环境基本公共服务绩效的数量测度［J］．中国人口资源与环境，2012（10）．

[78] 芦俊成，王思月．关于京津冀协同发展中税收分享机制的探讨［J］．税收经济研究，2019（4）：86-95．

[79] 鲁金萍，杨振武，孙久文．京津冀城市群经济联系测度研究［J］．城市发展研究，2015（1）．

[80] 陆大道．京津冀城市群功能定位及协同发展［J］．地理科学进展，2015（3）．

[81] 陆军，李玉萍．区域税收空间相关性的理论检验方法研究：以京津冀大都市区为例［J］．财贸经济，2010（1）．

[82] 陆益龙．户口还起作用吗：户籍制度与社会分层和流动［J］．中国社会科学，2008（1）．

[83] 马国贤．基本公共服务均等化的公共财政政策研究［J］．财政研

究，2007（10）.

［84］马海涛，程岚，秦强. 论我国城乡基本公共服务均等化［J］. 财经科学，2008（12）.

［85］马慧强，韩增林，江海旭. 我国基本公共服务空间差异格局与质量特征分析［J］. 经济地理。2011（2）：212-217.

［86］马俊炯. 京津冀协同发展产业合作路径研究［J］. 调研世界，2015（2）.

［87］苗长虹. 马歇尔产业区理论的复兴及其理论意义［J］. 地域研究与开发，2004（1）：1-6.

［88］聂巧平. 基于区域环境治理创新机制视角下的京津冀产业升级思考［J］. 当代经济管理，2014（11）.

［89］欧阳华生. 中国省际间财力分配差异与转移支付效果分析［J］. 上海财经大学学报，2007（10）.

［90］基利. 公共部门标杆管理：突破政府绩效的瓶颈［M］. 北京：中国人民大学出版社，2005.

［91］沈坤荣，付文林. 税收竞争、地区博弈及其增长绩效［J］. 经济研究，2006（6）.

［92］沈锡权，李柯勇，谭飞，等. 城乡一体化关键在产权改革：来自我国城乡统筹先行先试地区的调查报告［N］. 经济参考报，2012-12-05.

［93］苏武江，高静，黄继生. 基本公共服务均等化、内涵、范围和标准［J］. 改革与战略，2013（3）：32-35.

［94］孙芳，刘明河，刘立波. 京津冀农业协同发展区域比较优势分析［J］. 中国农业资源与规划，2015（2）.

［95］孙久文，姚鹏. 京津冀产业空间转移、地区专业化与协同发展：基于新经济地理学的分析框架［J］. 南开学报（哲学社会版），2015（1）.

［96］孙久文，原倩. 京津冀协同发展战略的比较和演进重点［J］. 经济社会体制比较，2014（5）.

［97］孙庆国. 论基本公共服务均等化的衡量指标［J］. 中国浦东干部学院学报，2009（1）：57-62.

［98］孙玉栋. 影响我国税收收入快速增长的因素及其数量分析［J］. 经济理论与经济管理，2008（6）：31-35.

［99］孙玉妮. 基本公共服务均等化问题研究综述［J］. 辽宁行政学院学报，2010（12）：16-18.

［100］唐钧. 公共服务均等化保障六种基本权利［J］. 时事报告，2006

（6）.

［101］万广华. 不平等的度量与分解［J］. 经济学（季刊），2008（1）.

［102］王道树. 关于税收增长影响因素的实证分析：统计学中的指数体系方法在税收分析领域的一个应用案例［J］. 涉外税务，2008（2）：25-31.

［103］王虎峰. 中国社会医疗保险统筹层次提升的模式选择：基于国际经验借鉴的视角［J］. 经济社会体制比较，2009（6）.

［104］王辉，李占平. 京津冀跨区域轨道交通一体化的实现路径［J］. 河北学刊，2015（1）.

［105］王磊. 我国政府间转移支付制度对公共服务均等化的影响［J］. 经济体制改革，2006（1）.

［106］王曼怡，李雷. 金融支持京津冀产业结构调整研究［J］. 国际经济合作，2015（10）.

［107］王少剑，方创琳，王洋. 京津冀地区城市化与生态环境交互耦合关系定量测度［J］. 生态学报，2014（5）.

［108］王晓东，王旭冉，张路瑶，等. 公共服务绩效评价体系构建与应用研究：以河北省为例［J］. 会计之友，2016（8）：67-71.

［109］王晓洁. 京津冀医疗卫生服务均等化量化研究：基于AHP方法的分析［J］. 中国卫生经济，2015（10）：48-50.

［110］王新民，南锐. 基本公共服务均等化水平评价体系构建及应用：基于我国31个省域的实证研究［J］. 软科学，2011（7）：21-26.

［111］王延杰，冉希. 京津冀基本公共服务差距、成因及对策［J］. 河北大学学报（哲学社会科学版），2016（4）：83-90.

［112］王郁琛. 促进长三角高质量一体化发展的税收分享政策研究［J］. 税收经济研究，2019（3）：34-40.

［113］王桢桢，郭正林. 公共服务均等化的影响因素及标准化体系建构［J］. 学术研究，2009（6）：59-63，159.

［114］魏福成，胡洪曙. 我国基本公共服务均等化：评价指标与实证研究［J］. 中南财经政法大学学报，2015（5）：26-36.

［115］文魁，祝尔娟. 京津冀发展报告协同创新研究［M］. 北京：社会科学文献出版社，2015.

［116］文魁，祝尔娟. 京津冀发展报告（2014）［M］. 北京：社会科学文献出版社，2014.

［117］邬晓霞，李青. 京津冀区域金融一体化进程的测度与评价［J］. 广东社会科学，2015（5）.

[118] 吴婵丹,甘德林.新时期湖北省地方税种税源结构与产业结构协同优化路径研究[J].经济研究参考,2018(23):13-19.

[119] 吴康.京津冀城市群职能分工演进与产业网络的互补性分析[J].经济与管理研究,2015(3).

[120] 吴强,刘静.区际基本公共服务均等化的财政转移支付图解量化研究[J].北京工商大学学报(社会科学版),2015(3):84-94.

[121] 武力超,林子辰,关悦.我国地区公共服务均等化的测度及影响因素研究[J].数量经济技术经济研究,2014(8):72-86.

[122] 武义青,赵建强.区域基本公共服务一体化水平测度:以京津冀和长三角地区为例[J].经济与管理,2017(4):11-16.

[123] 项继权.基本公共服务均等化:政策目标与制度保障[J].华东师范大学学报(人文社会科学版),2008(1).

[124] 肖金成.京津冀区域合作的战略思考[J].经济研究参考,2015(2).

[125] 徐宽.基尼系数的研究文献在过去八十年是如何拓展的[J].经济学(季刊),2003(4).

[126] 徐妍.京津冀协同发展中的税收协调问题刍议[J].税务研究,2018(8):95-99.

[127] 薛菁.论区域经济一体化中地方政府的财税合作[J].社会科学辑刊,2010(4).

[128] 言卫东,杨建宏.长三角经济转型中江苏经济税收可持续发展[J].税务研究,2012(2):62-66.

[129] 杨斌.对关于城乡收入差距拉大和县乡财政困难原因的诸种观点的辨析:并论中国财政机制的逆向特征[J].公共经济学评论,2010,6(1):1.

[130] 杨斌.非对称的财政机制:财富从农村自动地转移至城市[J].涉外税务,2002(12).

[131] 杨崇勇.推进京津冀协同发展的关键是政策一体化[J].经济与管理,2015(1).

[132] 杨光.省际间基本公共服务供给均等化绩效评价[J].财经问题研究,2015(1):111-116.

[133] 杨开忠.京津冀大战略与首都未来构想:调整疏解北京城市功能的几个基本问题[J].人民论坛·学术前沿,2015(2):72-83,95.

[134] 杨林,于小玭.产业结构调整与地方税源结构优化相关性研究:以

青岛市为例 [J]. 经济与管理评论, 2014 (6): 138-142.

[135] 杨龙见, 尹恒. 中国县级政府税收竞争研究 [J]. 统计研究, 2014 (6).

[136] 姚东旭. 产业集聚竞争优势研究 [M]. 北京: 中国财政经济出版社, 2012.

[137] 姚峰, 范红辉. 河北省对接京津冀协同发展的五大着力点 [J]. 经济纵横, 2015 (1).

[138] 尹恒, 王丽娟, 康琳琳. 中国县级政府间财力差距: 1993—2003年 [J]. 统计研究, 2007 (11).

[139] 尹恒, 朱虹. 县级财政生产性支出偏向研究 [J]. 中国社会科学, 2011 (1).

[140] 于树一. 公共服务均等化的理论基础探析 [J]. 财政研究, 2007 (7).

[141] 于学深. 京津冀一体化下的财税政策研究 [J]. 天津经济, 2015 (4): 54-56.

[142] 罗尔斯. 正义论 [M]. 谢延光, 译. 上海: 上海译文出版社, 1991: 216-219, 267.

[143] 臧维, 秦凯, 于畅. 基于资源视角的京津冀高技术产业协同创新研究 [J]. 华东经济管理, 2015 (2).

[144] 臧秀清. 京津冀协同发展中的利益分配问题研究 [J]. 河北学刊, 2015 (1).

[145] 张波. 推进京津冀协同发展的财政政策研究 [J]. 经济研究参考, 2016 (64).

[146] 石林. 京津冀地区产业转移与协同发展研究 [J]. 当代经济管理, 2015 (4).

[147] 张峰, 肖文东. 京津冀产业转移与承接的金融支持问题分析 [J]. 商业经济研究, 2015 (12).

[148] 张钢, 牛志江, 贺珊. 地方政府公共服务质量评价体系及其应用 [J]. 浙江大学学报 (人文社会科学版), 2008 (6): 31-40.

[149] 张可云, 蔡之兵. 北京非首都功能的内涵、影响机理及其疏解思路 [J]. 河北学刊, 2015 (3): 116-123.

[150] 张可云, 董静媚. 首尔疏解策略及其对北京疏解非首都功能的启示 [J]. 中国流通经济, 2015 (11): 64-71.

[151] 张立荣. 加快服务型政府建设的对策与建议: 基于东部、中部、

西部和东北地区调研的系统思考［J］．人民论坛，2011（20）：25-29．

［152］张伦俊．结构调整中的税收与经济增长关系［J］．统计研究，2005（1）：20-24．

［153］张晓，高璇，丁婷婷．提高统筹层次的现实路径应该分制度分阶段分区域推进［J］．中国医疗保险，2010（4）．

［154］张晓兰，朱秋．东京都市圈演化与发展机制研究［J］．现代日本经济，2013（2）：66-72．

［155］张燕．税收收入与经济增长的关系研究：以长三角为例［J］．财政监督，2011（36）：53-55．

［156］赵国钦，宁静．京津冀协同发展的财政体制：一个框架设计［J］．改革，2015（8）．

［157］郑功成．中国社会保障改革与发展战略：理念、目标与行动方案［M］．北京：人民出版社，2008．

［158］郑庆源．首尔城市设计战略［J］．设计，2010（12）：112-113．

［159］中国（海南）改革发展研究院．中国人类发展报告2007/2008：惠及13亿人的基本公共服务［M］．北京：中国对外翻译出版公司，2008．

［160］中国（海南）改革发展研究院课题组．基本公共服务体制变迁与制度创新：惠及13亿人的基本公共服务［J］．财贸经济，2009（2）：22-29，136．

［161］罗扬．东京城市经济圈发展经验及其对长三角区域经济一体化的借鉴［J］．上海金融，2008（4）：10-13．

［162］中华人民共和国财政部．2007年政府收支分类科目第1［M］．北京：中国财政经济出版社，2006．

［163］钟晓敏，赵海利．基本公共服务均等化下的我国义务教育转移支付模型［J］．财政研究，2009（3）．

［164］周艳．税源建设与产业结构调整：源自湖南省统计数据的实证研究［J］．税务与经济，2011（4）：96-99．

［165］周振华．伦敦、纽约、东京经济转型的经验及其借鉴［J］．科学发展，2011（10）：3-11．

［166］朱柏铭．从性价比角度看"基本公共服务均等化"［J］．财贸经济，2008（10）．

［167］朱根．日本服务经济论争与东京服务功能转型［J］．日本学刊，2009（1）：102-112．

［168］祝尔娟，文魁．推进京津冀区域协同发展的战略思考［J］．前线，

2015 (5).

[169] 阿特金森, 布吉尼翁. 收入分配经济学手册 [M]. 1卷. 经济科学出版社, 2009: 87-142.

[170] AGRANOFF R, MCGUIRE M. Collaborative public management: new strategies for local governments [M]. Washingtong D. C.: Georgetown University Press, 2004.

[171] ANAND, SUDHIR. Inequality and poverty in malaysia: measurement and decomposition [M]. New York: Oxford University Press, 1983.

[172] ATKINSON, ANTHONY B. On the measurement of inequality [J]. Journal of economic theory, 1970 (2): 244-263.

[173] BARNEVELD, VAN E M, Lamers L M, et al. Mandatory pooling as a supplement to risk-adjusted capitation payments in a competitive health insurance market [J]. Journal of social science & medicine, 1998: 223-232.

[174] BOURGUIGNON F. Decomposable income inequality measures [J]. Econometrica, 1979 (47): 901-920.

[175] BUCHANAN J M. The theory of public finance [J]. Southern economic journal, 1959, 26 (3): 234-238.

[176] CHAKRAVARTY S R. Ethical social index numbers [J]. Springer-verlag, 1990.

[177] COWELL F A. The structure of additive inequality measures [J]. Review of economic studies, 1980 (47): 521-531.

[178] COWELL F A, KUGA K. Additivity and the entropy concept: an axiomatic approach to inequality measurement [J]. Journal of economic theory, 1980 (25): 131-143.

[179] DALTON HUGH. Measurement of the inequality of income [J]. The economic journal, 1920 (30): 348-361.

[180] FEI J, RANIS G, KUO S. Growth and the family distribution of income by factor-compenents [J]. Quarterly journal of economics, 1978, 92 (1): 17-53.

[181] FOSTER J, SHNEYEROV A. Paty independent inequality measures [J]. Journal of economic theory, 2000, 91 (2): 199-222.

[182] CORRADO G. Measurement of inequality of incomes [J]. The economic journal, 1921 (31): 124-126.

[183] FUNG K K. Decentralizing tragic choices - pooling health risks with health unions [J]. American journal of economics and sociology, 1998: 7.

[184] KAKWANI N. Applications of lorenz curves in economic analysis [J]. Econometrica, 1977, 45 (3): 719-727.

[185] HAYES K J, SLOTTJE D J, TAYLOR L L. Equality and fiscal equity in school finance reform [J]. Economics of education review, 1993, 12 (2): 171-176.

[186] KOLM S. Unequal inequalities [J]. Journal of economic theory, 1976a, 12 (3): 416-442.

[187] KOLM S. Unequal inequalities [J]. 2nd ed. Journal of economic theory, 1976b, 13 (1): 82-111.

[188] LERMAN R, YITZAKI S. Income inequality effects by income source: a new approach and application to United States [J]. Review of economics and statistic, 1985, 67 (1): 151-156.

[189] LISAC, MELANIE. Health care reform in Germany: not the big bang [M]. Berlin: Bertelsmann Stiftung, Gütersloh, 2006.

[190] BRANDT L, HOLZ C A. Spatial price differences in China: estimates and implications [J]. Economic development and cultural change, 2006, 55 (1): 43-86.

[191] LORENZ M. Methods of measuring concentration of wealth [J]. Journal of american statistical association, 1905: 209-219.

[192] LYYTIKÄINEN T. Tax competition among local governments: evidence from a property tax reform in Finland [J]. Journal of public economics, 2012, 96 (7-8): 584-595.

[193] QING YU, KAIYUEN TSUI. Factor decomposition of sub-provincial fiscal disparities in China [J]. China economic review, 2005, 16 (4): 403-418.

[194] ROY A, CARR-HILL. Efficiency and equity implications of the health care reforms [J]. Social science & medicine, 1994, 9 (9): 1189-1201.

[195] SAMUELSON P A. The pure theory of public expenditure [J]. The Review of economics and statistics, 1954 (36): 387-389.

[196] SHORROCKS A F. The class of additively decomposable inequality measures [J]. Econometrica, 1980, 48: 613-625.

[197] SHORROCKS A F. Aggregation issues in inequality measurement [J]. Measurement in economics, Physica Verlag, 1988.

[198] SILBER, JACQUES. Handbook of income inequality measurement [J]. Kluwer academic, 1999.

[199] WILSON J D. A theory of interregional tax competition [J]. Journal of

urban economics, 1986, 19 (3): 296-315.

［200］ZODROW G R, MIESZKOWSKI G R. Pigou, tiebout, property taxation, and the underprovision of local public goods ［J］. Journal of urban economics, 1986, 19 (3): 356-370.